LA PROPHÉTIE INCA

Du même auteur

Le Codex maya, Éditions First, 2011 ; Pocket, 2012

La Menace Oméga, Éditions First, 2008

Adrian d'Hagé

LA PROPHÉTIE INCA

Traduit de l'anglais (Australie)
par Paul Benita

LES ESCALES

Titre original : *The Inca Prophecy*

Première publication par Penguin Group (Australie)

Édition française publiée par :

60, rue Mazarine
75006 Paris – France
Courriel : contact@lesescales.fr
Internet : www.lesescales.fr

ISBN : 978-2-36569-034-8
Dépôt légal : novembre 2012
Imprimé en France

Édition : Véronique Cardi
Correction : Josiane Attucci-Jan et Vanessa Bourmaut
Mise en page : Nord Compo
Couverture : Hokus Pokus créations
Traduction : Paul Benita

À Sophie, Ella et Chloe

LIVRE 1

PREMIÈRE DÉCENNIE DU NOUVEAU MILLÉNAIRE

1

Machu Picchu, Pérou

Un crâne de cristal gisait aux pieds du roi momifié. Il scintillait dans la lueur incertaine des lampes à huile accrochées aux murs du tombeau creusé dans les entrailles d'une montagne des Andes couverte de neige.

À peine visible dans la pénombre, le chaman était assis en tailleur sur le sol glacé. Petit et robuste, le visage ovale, la peau marron tannée par les années, les cheveux noirs désormais grisonnants rassemblés en queue de cheval, Carlos Huayta était un descendant direct du peuple q'ero. Il serra son poncho en laine autour de ses épaules. Le motif en diamant rouge, jaune et bleu indiquait son lieu de naissance : un village isolé en très haute altitude au nord du lac Titicaca. L'homme se concentra sur le crâne de cristal au pied de la momie, ralentissant délibérément sa respiration jusqu'à ce que son rythme cardiaque en fasse de même.

Hormis les visites de quelques chamans très particuliers, la chambre funéraire de Pachacuti Yupanqui, neuvième empereur des Incas, n'avait guère été fréquentée depuis 1472, quand les Anciens avaient conduit leur souverain dans son ultime lieu de repos pour l'installer sur un trône en or massif, les mains croisées sur la poitrine. Son masque mortuaire était orné d'incrustations complexes en or, en argent et en jade. Un collier d'argent pendait à son cou et des bracelets en or entouraient ses poignets momifiés. Au fond de la salle, d'incroyables richesses garnissaient des niches creusées dans le granit : figurines et statuettes en or, calices d'argent, vases remplis d'émeraudes et autres colliers et masques d'or ciselé. Un peu à l'écart, dans le recoin le plus éloigné du tombeau, une vulgaire poterie faisait pâle figure aux côtés de ces merveilles mais Huayta savait qu'elle contenait peut-être le plus précieux des objets.

Il contemplait le crâne de cristal. Il avait fallu attendre la science du XXe siècle pour enfin comprendre l'extraordinaire capacité de ce matériau à stocker des informations, chose que les Incas savaient depuis bien longtemps déjà. Huayta songea une fois de plus à l'ancienne prophétie transmise de chaman en chaman. Quand l'Aigle du Nord et le Condor du Sud voleront ensemble, la Terre se réveillera.

Soudain, le crâne s'agita et le vieil homme eut, malgré lui, un geste de recul tandis que des images apparaissaient au fond des cavités orbitales. Enveloppées de brume, les montagnes de l'Elbourz en Iran s'étalaient des frontières de l'Arménie et de l'Azerbaïdjan à l'ouest jusqu'au Turkménistan et l'Afghanistan à l'est, frôlant les rives sud de la Caspienne. Le mont Damavand, le plus haut volcan du Moyen-Orient, couronné par un panache de nuages de soufre, dominait ses voisins. La scène changea pour laisser place à un paysage désertique mais tout aussi reconnaissable, le dôme du Rocher à Jérusalem. Qui fut à son tour remplacé par un autre lieu, puis un autre... tous des sites uniques, irremplaçables.

Une heure plus part, profondément plongé dans ses pensées, Huayta éteignit les lampes à huile et revint vers l'entrée qui protégeait le tombeau. Après s'être incliné devant les restes révérés du roi inca, il recula dans un étroit tunnel taillé dans la roche. Il glissa la main derrière la figurine en or logée dans une niche sous l'entrée du tombeau pour activer le mécanisme en obsidienne. La porte en pierre glissa sans effort sur le granit et vint fermer l'ouverture avec une telle précision que ses contours étaient indécelables. Empruntant un corridor fortement incliné, le chaman remonta à la surface, éteignant chaque lampe l'une après l'autre jusqu'à la porte externe. À nouveau, il attendit que la pierre glisse en silence, scellant l'entrée.

* * *

Tôt le lendemain matin, un condor géant planait au-dessus de la Vallée sacrée. Huayta l'observait tandis que l'animal splendide, que les Incas surnommaient « le fils du Soleil », se laissait porter sans effort par les courants thermiques. Les ailes massives du rapace atteignaient plus de trois mètres d'envergure ; noires et plus larges aux extrémités, elles luisaient dans la brume matinale. Un anneau de plumes blanches formait un collier autour de son cou. Huayta se demanda si cette apparition était un nouveau présage. Des siècles auparavant, un condor avait été attaqué par une nuée de faucons au-dessus de l'ancienne capitale inca, Cuzco. Il était tombé du ciel pour s'écraser sur la place de la cité où les prêtres avaient en vain tenté de le soigner. Ceux-ci avaient alors prévenu le onzième roi inca, Huayna Capac, que cette mort était annonciatrice de désastres imminents. Peu de temps après, le roi avait reçu des informations annonçant le débarquement d'étrangers barbus à la peau claire, munis d'étranges bâtons qui crachaient le feu. L'annihilation de la magnifique civilisation inca par les Espagnols commençait.

Pour Huayta, les présages actuels étaient tout aussi clairs. Des catastrophes naturelles sans précédent avaient dévasté des milliers de villes à travers le monde. Au cours de la dernière décennie, ouragans, cyclones, tremblements de terre, inondations et tsunamis avaient infligé des dégâts phénoménaux... et il savait que le pire était encore à venir. En décembre 2012, le cinquième soleil de l'Inca arriverait à son terme. Chacun des quatre précédents cycles du calendrier inca s'était achevé par un désastre. Si le monde moderne voulait éviter un autre cataclysme, Huayta savait qu'il restait très peu de temps pour agir.

Le chaman reprit son ascension vers la Puerta del Sol, la porte du Soleil, songeant à un artefact doté d'un immense pouvoir : le Disque Solaire en Or des Incas, qui était dissimulé depuis si longtemps. Celui ou celle qui avait la charge de découvrir et d'interpréter la prophétie inca allait d'abord devoir le retrouver. Mais l'objet sacré était bien caché, et férocement protégé.

Malgré son âge, bientôt soixante-sept ans, Huayta gravissait la montagne avec aisance. Les brumes abandonnaient les sommets pour tomber vers la forêt tropicale, léchant les feuilles de *chalanque*, de *pisonay* et de *tasta* qui submergeaient la vieille piste inca. D'immenses fougères, des broméliacées multicolores, des orchidées wayna et des fleurs de la passion roses bordaient le chemin qui dominait les ruines de Machu Picchu. Un coati roux à la longue queue annelée fila parmi les pierres. Dans un arbre un peu plus bas, un cotinga avec sa tête couverte d'un plumage rouge très vif sautait de branche en branche.

Le chaman atteignit le col où les anciens avaient bâti Intipunku, la muraille de défense, et il continua à grimper sur la ligne de crête jusqu'à un rocher que peu connaissaient. En contrebas, au sud, le sommet du Machu Picchu – la montagne dont les Incas avaient pris le nom pour baptiser leur ville – crevait les nuages. Pour eux, c'était la vieille montagne, ou la montagne de l'expérience. Plus loin au sud, le sommet enneigé du Salcantay dominait les chaînes voisines. Au nord, les nuages s'accrochaient au pic de granit du Huayna Picchu, la jeune montagne, celle de l'érudition et de l'apprentissage, tandis qu'au creux de la vallée la rivière Urubamba formait un torrent tumultueux au pied des falaises.

Le regard de Huayta se porta à nouveau sur les ruines. Les cultures en terrasses s'interrompaient brusquement devant la place centrale couverte d'herbe. À gauche, il distinguait clairement les fortifications entourant la place Sacrée, le temple principal et le temple des Trois Fenêtres. Quelques jeunes gens étaient rassemblés là. Le chaman fouilla dans son sac arborant le même motif que son poncho. Il braqua ses jumelles sur la jeune femme qui dirigeait le groupe.

* * *

Le docteur Aleta Weizman était lancée dans une discussion passionnée avec ses étudiants. Ses longs cheveux noirs cascadaient sur la peau bronzée de ses épaules, couvrant en partie les traits délicats de son beau visage.

— Il est généralement admis que Machu Picchu a été bâti afin de servir de retraite à Pachacuti, le neuvième sapa, ou roi, inca, expliqua-t-elle en faisant un large geste du bras pour englober l'Urubamba qui dévalait plus bas pour aller se jeter dans la puissante Amazone. Imaginez ! s'exclama-t-elle, les yeux brillants. Pendant des siècles ont perduré les rumeurs d'une mystérieuse cité perdue dans les nuages des Andes, une cité que les envahisseurs espagnols n'avaient jamais trouvée. Elle n'a été découverte qu'en 1911 par un jeune aventurier américain, Hiram Bingham. Et maintenant, nous allons gravir ces marches derrière le mur nord du temple principal pour monter au plus haut point des ruines, la pyramide du Soleil !

La jeune et brillante archéologue prit les devants, passant devant une pierre polie taillée, la Croix du Sud, pour gagner l'entrée d'une petite sacristie où prêtresses et prêtres incas s'asseyaient pour méditer face aux spectaculaires sommets enneigés du mont Pumasillo à l'ouest. Elle emprunta ensuite une série d'escaliers dont chaque marche était taillée dans un bloc de granit différent.

Tout en grimpant, Aleta se demanda où sa vie allait la conduire. Son mariage avec Ryan Crosier, chef de mission adjoint à l'ambassade américaine de Guatemala City, lui pesait chaque jour un peu plus et ce voyage avec ses étudiants constituait une escapade bienvenue. Mais demain, il faudrait rentrer et affronter la réalité. Ryan lui avait imposé un voyage à Washington pour assister à une conférence de soutien à Israël.

Elle grimaça. Elle avait l'impression que la religion, ou du moins la conception que s'en faisait son mari, était en train de détruire leur relation. Au moins, elle était parvenue à conserver son nom de jeune fille, Weizman, pour ses activités professionnelles. Malgré tout, elle était résolue à donner une dernière chance à leur mariage. Elle repoussa Washington et Israël dans les limbes de son esprit pour se concentrer sur le présent.

— Ces marches superbement construites témoignent qu'à son apogée la pyramide du Soleil était d'une grande importance pour les Incas, expliqua-t-elle tandis qu'ils parvenaient au sommet. C'est ici le lieu de l'Apu, l'esprit des montagnes.

Elle sentait un surcroît d'énergie envahir son corps. Machu Picchu, elle le savait, se trouvait sur un des grands vortex d'énergie de la Terre : ces sites où les forces électromagnétiques sont les plus puissantes. Une caractéristique partagée avec d'autres sites sacrés comme la grande pyramide de Gizeh, le mont des Oliviers ou Uluru.

— Les Incas ont érigé leurs bâtiments et monuments en conjonction avec les mouvements des planètes et du Soleil, et la pierre que vous voyez devant vous est la célèbre Intiwatana, c'est-à-dire « celle à laquelle le soleil est attaché ».

Aleta montrait un bloc de granit massif taillé de façon à ressembler au pic du Huayna Picchu, sur l'autre rive de l'Urubamba.

— Aux équinoxes, le soleil et l'Intiwatana sont alignés avec le plus haut sommet de la chaîne de montagnes de la Veronica à l'est. Au solstice d'hiver, la pierre et le soleil sont alignés avec le plus haut pic de la chaîne Pumasillo, ces montagnes couvertes de neige que vous voyez là-bas à l'ouest.

Sous les sommets étincelants de blancheur, les brumes se massaient au-dessus de gigantesques forêts. Aleta frissonna. Les ruines n'avaient pas encore livré tous leurs secrets.

Quelque part, tout près de Machu Picchu, une sinistre prophétie demeurait cachée.

2

Montmartre

À l'abri des regards dans sa mansarde de la rue des Abbesses, Curtis O'Connor braqua le rayon laser sur la fenêtre de l'appartement situé de l'autre côté de la rue. À 8 heures du matin, les bistrots de la butte Montmartre étaient déjà bondés : les habitués prenaient leur petit café en vitesse au comptoir avant d'aller travailler tandis que les touristes installés à table savouraient leur petit déjeuner.

Grand, mince et solidement bâti, O'Connor fit glisser le petit point vert jusqu'au coin supérieur droit de la vitre, là où, à moins de le chercher spécifiquement, personne ne le remarquerait. Toute conversation qui se tiendrait dans cette pièce générerait des vibrations contre le verre. La valise que les gars enfermés dans les labos de la CIA à Langley avait conçue permettait de convertir ces vibrations en impulsions électriques qui, à leur tour, étaient transformées en signal audio.

Si les dernières informations que les États-Unis possédaient sur l'Iran étaient exactes, deux scientifiques pakistanais spécialistes des questions nucléaires n'allaient pas tarder à venir rencontrer l'occupant des lieux : le général de brigade Hossein Shakiba. Shakiba dirigeait la division nucléaire des Gardiens de la révolution islamique. C'était un des militaires les plus puissants d'Iran. En tant que membre du Conseil de sécurité nationale, il ne rendait de comptes qu'au président. À travers ses jumelles, O'Connor l'observa en train d'étudier des papiers dans le salon. Pâle et mince, la barbe et la moustache impeccablement taillées, il ne correspondait pas au profil typique des Gardiens de la Révolution. O'Connor en avait croisé quelques-uns par le passé et il savait que cet homme-là était bien plus dangereux. Brillant physicien nucléaire, il avait été formé à Harvard à l'époque où l'Iran était un allié fidèle des États-Unis, quand le shah et sa femme étaient toujours reçus en grande pompe par les Kennedy, les Johnson, les Ford, les Nixon et les Carter.

— Un instant... j'arrive.

La réponse de Shakiba à la sonnerie retentit clairement dans le casque d'O'Connor. Celui-ci braqua ses jumelles vers l'entrée sur rue et n'eut aucun mal à reconnaître les deux Pakistanais. O'Connor, un des esprits les plus aiguisés de la Firme – le nom donné à la CIA par ses membres –, avait pris soin d'apprendre les dossiers les concernant par cœur.

Le général Vijay ul-Haq, un cinquantenaire au teint basané, avait longtemps été un des inspirateurs du programme nucléaire militaire de son pays ; l'autre, le docteur Wasim Yousef, était un scientifique des laboratoires de recherche A.Q. Khan à Kahuta dans le Penjab, spécialiste des réacteurs à eau lourde, des centrifugeuses et de l'enrichissement de l'uranium. Il avait fallu à Mohamed El Baradei et à son équipe de l'Agence internationale de l'énergie atomique de l'ONU plusieurs années de pénibles recherches, mais ils avaient fini par mettre au jour les sinistres tentacules du complexe A.Q. Khan, établissant les activités criminelles que les Pakistanais menaient avec au moins trente pays différents. Ces révélations étaient déjà assez terrifiantes, mais pour O'Connor, maintenant que la technologie nucléaire était sortie de sa phase de recherche initiale, le pire était encore à venir. Il observa Shakiba accueillir ses invités et leur offrir du café.

— Nous rencontrons quelques problèmes pour obtenir certains composants pour nos centrifugeuses P1, commença Shakiba en déroulant des diagrammes sur la table basse. En particulier les paliers, et nous avons aussi quelques difficultés avec le site de notre réacteur à eau lourde d'Arak.

O'Connor prit une profonde inspiration tandis que Shakiba déroulait de nouveaux dessins. Un réacteur à eau lourde : autrement dit, du plutonium.

— Pour les composants des centrifugeuses P1, nous devrions pouvoir vous mettre en contact avec un fournisseur fiable en Chine, proposa ul-Haq, mais nous pouvons faire mieux que cela. Le concept des P2 est bien supérieur, même si ce sera bien sûr plus cher, conclut-il avec un petit sourire cupide.

— L'argent ne sera pas un problème, général. Ce programme décidé par nos plus hautes instances a la priorité absolue, le rassura Shakiba. Seriez-vous prêts à venir en Iran ?

— Cela ne serait pas sans risque, observa le général.

— Nous ferons en sorte que le risque en vaille la peine, répliqua aussitôt Shakiba.

Le général haussa un sourcil.

— Un million de dollars américains... expliqua Shakiba. Chacun... ainsi qu'une confortable rémunération pour vos techniciens, cela vous paraît-il suffisant ?

Ul-Haq et Yousef échangèrent un regard.

Une heure plus tard, O'Connor siffla doucement. Les Iraniens rencontraient peut-être quelques difficultés avec leur programme nucléaire, mais ils avaient déjà accompli des progrès bien supérieurs à ce que croyaient ses supérieurs à Washington, l'AIEA ou même les Israéliens.

* * *

Il envoya une brève transmission cryptée à Tom McNamara, le directeur adjoint des opérations à Langley, puis alluma la télé et se brancha sur Al Jazeera. La chaîne arabe retransmettait en direct l'allocution du président Mahmoud Ahmadinejad à la conférence du « Monde sans le sionisme » à Téhéran. Le minuscule président iranien aux cheveux noirs se tenait devant un immense sablier dont la partie supérieure contenait un globe terrestre. Deux pays, les États-Unis et Israël, étaient passés à travers le goulot d'étranglement pour venir se briser dans la partie inférieure.

— *Een rezhim-e eshghalgar-e qods, bayad az safheh-ye ruzgar mahv shaved !* disait-il, les doigts pointés pour souligner son propos. Ce régime qui occupe Jérusalem doit disparaître des pages de l'histoire !

Le public composé de membres du Hamas, du Jihad islamique et de quelques centaines d'étudiants l'acclama avec force :

— *Allahou Akbar !* Dieu est grand ! Nous vous aimons, président Ahmadinejad !

O'Connor secoua la tête. *Le monde sombre dans la folie*, se dit-il en éteignant la télé. Il enferma son ordinateur portable dans le coffre de sa chambre et sortit de l'hôtel pour gagner la station de métro la plus proche.

Il redescendit la rue des Abbesses, toujours aussi animée, avec ses cavistes, ses maraîchers et ses brasseries. Des arômes de pain frais s'échappaient des nombreuses boulangeries et des serveurs vêtus de gilets noirs servaient des *cafés**, des *thés** et des *chocolats** en terrasse. Scooters, motos et camionnettes de livraison occupaient toute la place disponible le long des trottoirs.

L'entrée Art Nouveau de la station Abbesses avec son édicule en fer forgé et en verre avait été conçue à la fin du XIXe siècle. C'était la station la plus profonde du métro parisien. Avant de s'y engouffrer, O'Connor observa attentivement tous ceux qui l'entouraient. Il préférait se montrer prudent plutôt que de se retrouver coincé dans un ascenseur avec un tueur.

Il effectua un changement à Pigalle pour se rendre à la gare du Nord. Avec cent quatre-vingt-dix millions de voyageurs qui y transitaient chaque année, c'était la gare la plus fréquentée d'Europe. O'Connor gagna le quai d'où partait le train pour Auvers-sur-Oise et attendit. Il embarqua au dernier moment. Inutile de faciliter une éventuelle filature.

---

* Les mots en italique suivis d'un astérisque sont en français dans le texte. *(Toutes les notes sont du traducteur.)*

3

Villa Felici, lac de Côme

La grosse limousine noire quitta le Grande Raccordo Anulare, le périphérique extérieur de Rome, pour prendre la direction du deuxième aéroport de la ville. Le vigile posté à l'entrée de l'accès VIP se mit au garde-à-vous quand il aperçut le petit fanion argenté arborant le blason du cardinal Salvatore Felici flottant sur le capot.

Le préfet de la Congrégation pour la doctrine de la foi descendit de voiture et parcourut à pied les quelques mètres qui le séparaient de son Beriev Be-103, un appareil amphibie fabriqué en Russie. Grand, solidement bâti, la chevelure poivre et sel impeccablement coiffée sous son *zucchetto* écarlate, l'ecclésiastique avait un long visage rectangulaire et un grand nez aquilin. Ses yeux gris semblaient d'autant plus perçants à cause de ses paupières tombantes et des cernes qui les soulignaient. À l'image d'un faucon pèlerin, Salvatore Felici ne ratait jamais sa proie.

Dès qu'il fut installé dans la carlingue, son pilote demanda l'autorisation de décollage et la reçut en priorité devant cinq vols commerciaux. Ils roulèrent jusqu'en bout de piste. Fabriqué par la même compagnie qui produisait les fameux jets de chasse Soukhoï, le Be-103 flottait sur ses ailes quand il amerrissait. Démuni de flotteur, il pouvait ainsi atteindre une vitesse impressionnante. La patience n'ayant jamais été un de ses points forts, le cardinal Felici trouvait dans cet appareil le compagnon idéal de ses voyages.

— Tour de Ciampino, ici India November Oscar Juliett, prêt sur piste trois trois.

— India November Oscar Juliett, vous avez l'autorisation pour un décollage immédiat, piste trois trois, destination lac de Côme. Bon vol.

— Oscar Juliett, terminé, autorisation pour décollage immédiat, piste trois trois.

Le pilote engagea l'engin sur la piste et poussa la manette des gaz. Les moteurs Continental rugirent. Dès que le Be-103 atteignit soixante-dix nœuds, il tira sur le manche et l'appareil s'éleva rapidement.

Felici s'enfonça dans son fauteuil en cuir. À travers la brume à l'ouest, il distingua le Tibre et le dôme reconnaissable entre tous de la basilique Saint-Pierre entouré par les murs du Vatican, une cité-État qu'il était bien décidé à gouverner, dans un futur proche maintenant. À deux mois de son soixante-troisième anniversaire, c'était une composante dont il devait tenir compte, conscient que certains le considéraient comme trop jeune encore pour être *papabile*, candidat éligible à la papauté. Après le long règne de Jean-Paul II – vingt-six ans et cent soixante-huit jours –, les cardinaux de la Curie rechigneraient à élire quelqu'un qui pourrait les diriger aussi longtemps. Felici sourit. Le prédécesseur de Jean-Paul II, Jean-Paul I, n'avait tenu que trente-trois jours... Il avait commis l'erreur de vouloir changer la position de l'Église sur la contraception. Pire encore pour certains, il envisageait de lancer une enquête sur les activités de la Banque du Vatican. Alors que ce tout nouveau pape était sur le point de révoquer un bon nombre de cardinaux et d'évêques tous membres de la sinistre loge P2, on l'avait retrouvé mort dans son lit. Felici se massa le menton. Il allait devoir s'occuper de la Curie.

Ouvrant sa serviette en cuir très fin, il en sortit ses notes pour la réunion qu'il avait organisée dans sa résidence privée, à l'abri des regards indiscrets. Ces antiques crânes de cristal pouvaient-ils représenter une menace pour la sainte Église ? Toujours très méticuleux, Felici n'était pas disposé à prendre le moindre risque. Plusieurs siècles auparavant, la Sainte-Alliance, les services d'espionnage du Vatican créés sur ordre du pape Pie V en 1566, avait retrouvé un de ces crânes qui depuis était conservé en secret. Et voilà que des rapports récents signalaient l'existence d'artefacts identiques.

* * *

Trois heures plus tard, l'avion entama sa descente vers les eaux bleu foncé du lac de Côme, l'un des plus beaux et des plus profonds d'Europe. D'origine glaciaire, il avait la forme d'un Y au pied des montagnes. Pendant très longtemps, les luxueuses villas qui ornaient ses rives avaient surtout été occupées par des cardinaux. Plus récemment, des célébrités comme George Clooney, Madonna, Gianni Versace, Sylvester Stallone ou Richard Branson avaient ajouté leurs noms à une illustre liste.

Près de la rive occidentale, Felici discernait l'unique île du lac, Isola Comacina. Un ferry, une fumée noire s'échappant de sa cheminée, quittait la jetée proche du fameux restaurant la Locanda. En arrière-plan, les toits de tuiles rouges de plusieurs petites cités lacustres s'étiraient vers les Alpes : Lenno, Mezzegra, Tremezzo, Menaggio ; et, à l'est, San Giovanni, Bellagio et Varenna ; chacune dotée de son clocher. À l'ouest et au nord, des pics escarpés et enneigés marquaient la frontière entre la Suisse et l'Italie.

Le pilote de l'hydravion trouva une zone délaissée par les hydroptères, les ferrys et la myriade d'embarcations plus petites qui croisaient sur le lac. Il régla les volets à trente degrés, vint frôler les eaux lisses et calmes en maintenant le nez de l'appareil incliné vers le haut, laissant les ailes prendre contact dans un impressionnant geyser. Il maintint l'assiette jusqu'à ce que la vague d'étrave du Be-103 se calme et que l'engin flotte en oscillant doucement à environ un kilomètre de la Villa Felici, nichée au milieu des cyprès, des eucalyptus et d'immenses platanes sur l'un des nombreux promontoires du lac. Aussitôt, un hors-bord à coque en acajou doubla la jetée qui protégeait la villa et fonça vers l'avion.

Quelques minutes plus tard, Felici était à bord de l'engin arborant lui aussi son blason personnel à la poupe. Filant sur les vagues à près de trente nœuds, le cardinal contemplait sa villa avec un sentiment de profonde satisfaction. Elle lui avait été léguée par son père, Alberto Felici – gentilhomme de Sa Sainteté, le pape Pie XII, chevalier commandeur de l'Ordre de Saint-Sylvestre et banquier du Vatican durant la Seconde Guerre mondiale. La propriété datant du XVIIIe siècle couvrait plusieurs hectares et était considérée comme l'une des plus belles de toute l'Italie. Une splendide loggia de pierre donnait sur Isola Comacina et le golfe de Diane au sud, tandis qu'au nord se trouvaient le golfe de Vénus et les villes de Tremezzo et de Bellagio. Des figuiers rampants grimpaient sur des arches en pierre reliant le salon de musique à la bibliothèque. Un passage secret, connu seulement de Felici, partait de celle-ci pour rejoindre directement le lac. Une allée couverte de gravier et flanquée de statues de marbre et de glycines serpentait devant le bâtiment principal sous la loggia tandis que les derniers rayons de soleil incendiaient les tuiles du toit. Juste au-dessus de la jetée de bois, deux tours jumelles, restes d'un monastère franciscain du XIIIe siècle, se dressaient parmi des sycomores.

Le pilote manœuvra le hors-bord de façon à lui faire franchir un étroit passage menant à un hangar à bateaux souterrain, avant de le ranger le long des pneus qui protégeaient les deux quais situés de chaque côté d'un escalier en pierre conduisant à la maison. Le matelot sauta sur les marches, amarra le bateau et offrit sa main au cardinal. Sœur Bridget, arrivée de Rome la veille en voiture, attendait au sommet des marches, ses longs cheveux noirs soigneusement noués sous son voile. La nonne était d'une beauté saisissante avec ses yeux d'un bleu très pâle et sa peau laiteuse... Son affectation au service personnel du cardinal Felici avait provoqué quelques haussements de sourcils au Vatican.

— Bienvenue, Votre Éminence, dit-elle avec un modeste sourire. Tout est prêt, ajouta-t-elle, anticipant la première question de son maître. Le professeur Macchiarolo vous attend au fumoir.

Autorité de renommée mondiale sur les crânes de cristal, le professeur était aussi un fervent catholique.

— Et le vin pour le dîner ? s'enquit Felici.

— Le chef s'est procuré quelques bouteilles de clos-des-goisses 1975. Il a aussi trouvé une caisse de Château Haut-Brion 1989.

— Excellent.

Le Château Haut-Brion, il le savait pertinemment, était un des préférés de Bridget. Le sourire qui apparut sur les lèvres du cardinal était presque aussi rare que ce grand cru.

* * *

Des boiseries du XVIIIe siècle ornaient les murs du fumoir de la villa auxquels étaient accrochées des peintures sur cuir de la Renaissance. Les tables Louis XV et Louis XVI se mariaient élégamment avec de confortables fauteuils et des sofas de velours bleu tandis que des lampes or et bleues projetaient une douce lumière sur le tapis persan et sur le manteau de la cheminée où trônaient plusieurs statuettes en bronze. Pour Felici, c'était là un décor digne d'un prince de l'Église.

— Professeur, quelle gentillesse d'être venu jusqu'ici, dit-il en offrant une main manucurée à son interlocuteur grassouillet.

— Tout le plaisir est pour moi, Votre Éminence. Avant votre arrivée, j'admirais la vue. C'est un endroit magnifique. Un des plus beaux au monde.

— En effet, professeur.

— Mais je dois avouer, Votre Éminence, que l'intérêt du Vatican pour les crânes de cristal me laisse perplexe, enchaîna Macchiarolo en lui jetant un regard par-dessus ses lunettes à monture d'écaille.

Felici se contenta de sourire sans répondre tout en lui faisant signe de s'installer sur un fauteuil en cuir.

— J'irai droit au but, professeur. Il est fréquent que l'Église doive faire face à des menaces ; certaines réelles, d'autres imaginaires. Vous avez donné cette interview à *Panorama*, continua le cardinal en sortant le magazine en question de sa serviette.

En couverture, Silvio Berlusconi était flanqué de deux très jeunes demoiselles, mais c'était un autre cliché représentant un crâne de cristal, figurant lui aussi sur la une, qui avait attiré son attention.

Macchiarolo acquiesça, un sourire aux lèvres.

— Ah, oui... l'article sur les crânes incas.

— Vous souriez, professeur ?

— L'article a été écrit par un journaliste qui ne connaissait pas grand-chose au sujet, Votre Éminence. En dépit de tous mes efforts, je crains qu'il ne subsiste de nombreuses erreurs, provenant... comment dire... de sources plus attirées par le sensationnalisme.

— Dans ce cas, répondit Felici, glacial, iriez-vous jusqu'à dire que nous pouvons négliger les assertions de ce journaliste selon lesquelles ces crânes de cristal constitueraient une menace pour la Doctrine de la foi ?

Le sourire du professeur Macchiarolo disparut.

— Non, je n'irais pas jusque-là. La spiritualité des Incas était en profonde contradiction avec les Écritures, et si les crânes de cristal venaient à être découverts, les connaissances qu'ils recèlent provoqueraient, au minimum, un débat féroce. Tous les cristaux peuvent être programmés de façon à y stocker des informations – au cœur de nos ordinateurs modernes, par exemple, se trouve une minuscule puce de cristal en silicone –, et plusieurs rapports archéologiques indiquent l'existence de trois de ces crânes. S'ils sont rassemblés, ils pourraient délivrer un message concernant le monde entier... un message qui pourrait être explosif.

À mesure que l'éminent chercheur expliquait la substance de ce message, Felici blêmissait.

* * *

— Le docteur Rossi est en ligne, Votre Éminence, annonça sœur Bridget après le départ du professeur.

— Merci, je vais le prendre dans la bibliothèque.

Felici s'y rendit d'un pas vif et décrocha le combiné.

— *Dottore, buongiorno. Come stai ?*

— *Bene, grazie, Eminenza,* répondit le chirurgien personnel du pape, mais j'ai bien peur que ce ne soit pas le cas de Sa Sainteté. Nous venons de lui diagnostiquer un cancer de la vessie... une tumeur sur la paroi interne. Une intervention est déjà programmée la semaine prochaine.

— Une nouvelle affligeante, commenta Felici, le cerveau tournant déjà à plein régime. Quel est le pronostic ?

— Ces cancers sont particulièrement agressifs. Tout dépendra si la tumeur a perforé la paroi de la vessie et si elle a atteint les ganglions lymphatiques. J'ai pensé que vous voudriez être le premier informé.

— Bien sûr, merci. Je rentrerai à Rome dans les plus brefs délais.

Felici raccrocha pour appeler aussitôt le secrétaire privé du souverain pontife, monsignor Abati.

— Je viens de parler avec le docteur Rossi, monsignor. C'est terrible. J'espère que Sa Sainteté se repose.

— Je ne suis pas certain que le mot repos fasse partie du vocabulaire de Sa Sainteté, mais nous faisons de notre mieux pour lui épargner certaines obligations.

— Je comprends tout à fait, monsignor.

Cette politesse onctueuse ne lui ressemblait guère, mais depuis très longtemps, Felici veillait à soigner ses relations avec l'efficace secrétaire. Non pas en raison d'une quelconque affection pour lui, mais parce qu'il ne négligeait aucun détail pour accroître son influence.

— Une tâche difficile, reprit-il, que vous êtes bien le seul à pouvoir mener à bien, j'en suis persuadé. Pour le moment, il est important d'éviter toute rumeur ou fausse information. Je publierai très vite un communiqué de presse, dont je vous enverrai une copie bien sûr, mais il me paraît prématuré d'informer la Curie. Nous parlerons de tests de routine.

— Absolument, Votre Éminence.

Après avoir raccroché, Felici s'avança vers le grand balcon. Le soleil s'était couché derrière les neiges éternelles et des ombres froides s'étalaient sur les eaux profondes du lac. Le moment était venu. Dès son retour à Rome, il entamerait sa campagne électorale. Il détenait déjà des dossiers détaillés sur tous les autres candidats potentiels, mais seul le secrétaire d'État l'inquiétait vraiment. Le cardinal Sabatani, un éminent juriste et un des rares Jésuites du collège, était un progressiste et, pour Felici, l'élection d'un pape aux opinions libérales était tout simplement impossible. Ses pensées revinrent vers le crâne de cristal déjà en possession du Vatican.

Celui-ci avait été récupéré par la Sainte-Alliance en 1805. L'objet ainsi que deux parchemins jaunis comportant un ancien code et la traduction d'une prophétie inca avaient à l'origine été découverts par les conquistadors espagnols. En 1532, Francisco Pizarro avait capturé le roi Atahualpa et massacré des milliers d'Incas innocents à Cajamarca. Les survivants avaient été forcés de se convertir au catholicisme tandis que le crâne et les parchemins avaient échoué entre les mains des missionnaires qui accompagnaient les conquistadors. Incapables de déchiffrer le code et redoutant le pouvoir du crâne, ceux-ci avaient fini par alerter la Sainte-Alliance qui avait fait rapatrier les artefacts au Vatican où ils avaient été cachés dans les archives secrètes. Tous ceux qui étaient au courant de leur existence croyaient qu'ils y séjournaient encore.

Felici revint vers le rayonnage le plus éloigné de la bibliothèque. Passant la main derrière une version de *L'Enfer* de Dante, il pressa un petit bouton. L'ensemble du panneau glissa en silence, révélant un escalier en bois. Le cardinal le descendit jusqu'à d'autres marches creusées à même la roche du promontoire. Ici, les parois humides étaient couvertes de mousse. Le passage secret avait été construit en 1850, sur ordre du cardinal Dorino lors du règne du pape Pie IX, quand le nord de l'Italie et les armées pontificales étaient assiégés par les Autrichiens. Le corridor menait à des pièces situées sous la villa et, de là, au hangar à bateaux, mais Felici y avait ajouté une extension importante – une chambre forte, elle aussi taillée dans la roche, juste au-dessus des eaux du hangar. C'était dans cette pièce que se trouvaient désormais le crâne de cristal et les antiques parchemins.

Une petite ampoule, protégée par un grillage rouillé, tentait de crever les ombres autour de la lourde porte en acier de la chambre forte équipée de serrures jumelles. Felici composa les deux combinaisons. Une fois encore, le battant pivota sans effort et, malgré lui, Felici eut un geste de recul à la vue du crâne. La perfection de ce chef-d'œuvre de cristal le troublait plus profondément qu'il ne voulait l'admettre. Une étrange lueur bleuâtre en émanait et, au moment où il s'en approcha, des étincelles orange et rouges surgirent autour des cavités orbitales. Comme si le crâne était capable de communiquer.

Si, par le passé, Felici avait envisagé de le briser, il était désormais déterminé à découvrir les informations qu'il contenait. Mais comment ? Soudain, une image apparut dans un des yeux, aussitôt suivie par une autre dans l'autre œil. Une étrange brume se propagea à l'intérieur du crâne et, pris de vertige, Felici dut se retenir au mur de la pièce. À l'intérieur du cristal, certains des monuments et sites les plus prestigieux de la Terre étaient détruits dans des explosions d'une puissance terrifiante. Sidéré, le cardinal ne put que contempler ce désastre jusqu'à ce que les images s'effacent lentement. Il lui fallut un moment avant de retrouver une respiration normale. Il se dirigea alors vers le petit coffre percé dans la roche qui avait été conçu pour protéger son contenu d'une chaleur intense et, plus important encore, d'une très forte humidité. Après avoir composé une nouvelle combinaison, Felici en sortit deux dossiers écarlates ornés de son blason doré.

Le premier document avait été traduit du quichua, et s'il ne posait aucune difficulté de déchiffrage, sa signification demeurait obscure :

Advertencia – *un avertissement*

Quand l'Aigle du Nord et le Condor du Sud voleront ensemble, la Terre se réveillera.

Il y a douze mille ans, les derniers vestiges des antiques civilisations d'Atlantis et de Lémurie ont été détruits. Leurs savants avaient ignoré les avertissements des Maîtres contre leurs expériences qui troublaient le fragile équilibre de la planète. Alors, les Maîtres ont rassemblé leurs documents sacrés les plus précieux.

Le Disque solaire de l'Atlantide et d'autres objets essentiels ont été préservés dans le temple du Soleil de la capitale inca, Cuzco. Mais, à l'arrivée des Espagnols, tout a été transporté dans la cité perdue de Païtiti.

Felici avait lu Platon. Il savait que le célèbre mathématicien et philosophe grec avait mentionné l'existence d'Atlantis en 360 avant J.-C. Il avait longtemps cru que le continent perdu était une invention due à une imagination trop fertile, mais maintenant il n'en était plus aussi sûr. Il avait récemment appris qu'un autre philosophe grec du IIIe siècle avant J.-C., Crantor, avait lui aussi évoqué Atlantis. Il avait visité l'Égypte et, après plusieurs rencontres avec des prêtres de l'ancienne capitale, Alexandrie, avait été autorisé à voir des hiéroglyphes que ces mêmes prêtres conservaient dans le plus grand secret. Les hiéroglyphes confirmaient non seulement l'existence d'une civilisation atlante, mais indiquaient qu'elle était très avancée, notamment en sciences et en mathématiques. Felici consulta la deuxième page de la prophétie inca :

La cité perdue de Païtiti se trouve au plus profond de la jungle de l'Amazonie. Le Disque solaire est maintenant caché dans un temple souterrain, dans le monastère de la Fraternité des Sept Rayons. Il y restera jusqu'à ce que l'humanité soit prête à le recevoir et soit capable d'utiliser son extraordinaire pouvoir pour le bien commun.

Ceux qu'on a appelés les conquistadors n'ont pas trouvé le monastère caché, pas plus qu'ils n'ont trouvé la citadelle du Machu Picchu, car seuls l'or et la cupidité les guidaient.

Viendra un temps où la Terre, comme les continents d'Atlantis et de Lémurie, sera menacée de destruction, mais, cette fois, le désastre pourra être évité. L'énergie de la Source pénètre dans la planète en deux endroits : le rayon masculin dans l'Himalaya et son pendant féminin dans le lac Titicaca, le plus haut du monde. À partir de ces deux points, un réseau magnétique se déploie sur lequel se trouvent tous les anciens lieux de pouvoir. Pour éviter la destruction qui a annihilé Atlantis, il vous faut réunir les trois crânes de cristal quand le soleil est à son zénith. Mais ceux qui rechercheront Païtiti devront d'abord trouver le sanctuaire extérieur dans la Vallée cachée.

Le Grand Chiffre fournit la clé. La vieille carte et le puma doré sont aussi essentiels.

Felici rangea le parchemin dans le coffre et ouvrit le second dossier. Comme il l'avait déjà si souvent fait, il contempla longuement le document jauni qui ne portait qu'une longue série de nombres mystérieux :

Le Chiffre

299 4 164 177 3 228 45 287 36 224 84 200 83 232 50 145 194 219 101 10 125 127 9 166 216 113 241 38 158 1 3 61 306 187 199 272 217 206 6 183 152 67 145 200 106 306 253 310 231 218 12 108 156 23 126 111 78 219 279 281 260 145 287 166 106 304 7 6 225 66 270 246 204 223 126 218 171 108 140 273 170 281 50

272 243 145 307 270 6 27 250 295 314 107 146 48 207 189 108 304 53 204 180 126 158 210 78 279 68 3 9 105 124 108 6 253 172 208 125 256 78 71 206 225 7 6 70 206 279 225 126 218 9 108 125 212 182 101 291 106 147 219 61 218 152 190 38 24 150 243 189 145 217 55 125 35 234 152 71 158 38 156 6 123 101 219 96 187 125 69 217 117 169 223 270 250 3 225 252 158 68 240 182 104 38 158 196 6 107 124 218 125 79 112 232 114 78 241 55 111 247 170 227 137 145 162 38 192 253 33 96 206 125 69 293 52 287 78 69 147 70125 78 168 17 152 33 239 52 219 140 3 254 158 309 207 242 75

Incapable de trouver un sens à cette litanie de chiffres, Felici en avait confié une photocopie à monsignor Lorenzo de Luca, chef de la Sainte-Alliance. Les prêtres de la section du décodage s'étaient mis au travail, se servant des programmes informatiques les plus sophistiqués, mais pour l'instant, tous leurs efforts restaient vains. Felici leur avait aussi fourni une copie de la première page de la prophétie inca en gardant pour lui, bien sûr, les informations essentielles sur les Andes et le lac Titicaca. Il était convaincu que le chiffre permettrait de découvrir Païtiti.

À son grand agacement, de nouvelles informations étaient apparues dans les médias. Quelques années auparavant, un autre document avait émergé des archives jésuites à Rome, décrivant une ancienne cité inca dans la jungle péruvienne que les locaux appelaient Païtiti et qui serait riche en or et en pierres précieuses. À la suite de quoi diverses expéditions archéologiques avaient été organisées, que Felici avait surveillées avec attention, mais qui n'avaient rien donné non plus.

Il rangea les documents dans le coffre, décidé à vérifier où en étaient les recherches une fois rentré à Rome.

— Vous semblez troublé, Votre Éminence, observa sœur Bridget tout en préparant une assiette de *frittata* aux asperges et champignons sur l'élégante desserte en marbre Louis XVI.

— C'est à cause de la santé du pape, répondit Felici, pas tout à fait sincère. On vient de lui diagnostiquer un cancer de la vessie.

— Oh, non... Quand voulez-vous rentrer ?

Felici lui saisit la main. Sœur Bridget était l'une des rares personnes vivant dans l'enceinte du Saint-Siège à qui il accordait sa confiance.

— Nous avons bien mérité une pause, ma chère. J'ai déjà approuvé un communiqué de presse à l'intention du Vatican et du public en général. Le docteur Rossi et le secrétaire privé de Sa Sainteté connaissent la vérité, mais pour le reste du monde, et cela inclut les cardinaux de la Curie, notre Saint-Père ne fait que subir un contrôle de santé de routine. Nous nous coucherons de bonne heure ce soir, vous et moi, et demain nous irons faire une promenade en voiture dans la montagne. Nous rentrerons à Rome bien assez tôt.

Bridget sourit et pressa à son tour la main du cardinal.

4

Auvers-sur-Oise

O'Connor descendit du train et scruta le quai de la petite gare d'Auvers-sur-Oise. En dehors de quelques touristes, il était désert. Rassuré, il se dirigea vers la sortie puis vers la rue des Gords, à moins de deux kilomètres de là. Un lieu paradoxal, se dit-il, pour y avoir installé le Conseil national de la Résistance iranienne.

Auvers, sur les bords de l'Oise, paisible petite commune perdue parmi les champs dans la grande banlieue au nord-ouest de Paris, était plus connue pour les peintres qui y avaient résidé que pour ses combattants en exil. Daubigny, Pissarro, Cézanne, Henri Rousseau, Freundlich et Van Gogh avaient tous séjourné dans ce village idyllique. O'Connor consulta sa montre. Midi tout juste passé. Il avait prévu de rencontrer son contact du CNRI au Commerce de vins, un petit restaurant situé au rez-de-chaussée de l'auberge Ravoux, non loin de la gare.

Il traversa et descendit la rue du Général-de-Gaulle. Les vieilles maisons en pierre et les boutiques étaient à l'ombre des chênes et de quelques grands ormes. Sous les balcons en fer forgé, des stores rouges, verts ou bleus venaient protéger les trottoirs. Malgré la faible circulation, O'Connor devait parfois se frayer un chemin parmi les voitures et les véhicules de livraison garés à cheval sur le trottoir.

Il ne lui fallut que quelques minutes pour apercevoir le bâtiment à un étage avec son toit de tuiles couvertes de mousse. Van Gogh avait vécu ici, au-dessus du Commerce de vins et sa devanture en bois peinte en rouge. Des rideaux de dentelle empêchaient de voir l'intérieur de la salle depuis la rue. Avant d'entrer, O'Connor inspecta attentivement le parking qui lui faisait face. Satisfait, il poussa la porte.

L'homme était déjà installé à l'une des petites tables au fond de la salle. À près de cinquante ans, Jalal Ashtar était doté d'un visage carré au teint basané, d'une épaisse chevelure sombre, d'une barbe et d'une moustache taillées très court. Il portait des lunettes sans monture, une chemise bleue au col ouvert sous une veste bleu marine. Selon son dossier à la CIA, c'était un personnage très habile, mais qu'en était-il de ses contacts en Iran ? O'Connor traversa la salle à moitié pleine tandis que la fumée de cigarettes venait s'enrouler autour des lampes suspendues au plafond.

— *Bonjour, monsieur Ashtar**, fit-il en tirant une chaise en bois. *Préférez-vous parler en anglais ou en français** ?

— Vous possédez à l'évidence de nombreux talents, monsieur O'Connor, mais l'anglais me conviendra. Vous fumez ? demanda Ashtar en lui offrant une Sobranie Black Russian à bout doré.

— Je n'ai pas ce vice, *monsieur**.

O'Connor sourit à la jeune et séduisante serveuse avant de commander une terrine de campagne aux pistaches avec un pot de cornichons.

Ashtar préféra le saumon accompagné d'une sauce au miel et attendit que la jeune femme se soit éloignée avant de reprendre la parole à voix basse :

— Le temps presse, monsieur O'Connor. L'Occident commet une grossière erreur en sous-estimant la volonté de l'Iran de devenir une puissance nucléaire... Depuis l'élection de Mahmoud Ahmadinejad en 2005, le régime redouble d'effort.

La voix d'Ashtar était teintée de l'accent d'un homme qui était né et avait été éduqué à Ispahan, une ville située à quatre cents kilomètres au sud de Téhéran. Il avait fui le pays en 1979 quand le shah s'était réfugié aux États-Unis après la révolution et l'accession au pouvoir de l'ayatollah Khomeini. Avec les années, Ashtar avait gravi les échelons et détenait désormais une position influente au sein du gouvernement en exil.

— L'Agence internationale de l'énergie atomique ne semble pas du même avis, remarqua O'Connor. Elle effectue pourtant des inspections régulières.

— L'AIEA ne voit que ce qu'on veut bien lui montrer. Ahmadinejad et l'ayatollah Khamenei veillent à ce que les inspecteurs des Nations unies soient tenus à l'écart de toute zone sensible. Êtes-vous conscients que les Iraniens mènent deux programmes différents ?

— Pardon ?

— Washington surveille ce qui se passe au centre de recherche de l'université de Téhéran et les réacteurs nucléaires que les Russes installent à Bouchehr dans le Golfe – mais il s'agit là de la partie émergée. Le programme top secret est conduit par les Gardiens de la Révolution. Ils ont créé une unité de recherche stratégique dirigée par le général Hossein Shakiba. Il ne rend de comptes qu'au Conseil suprême de sécurité nationale et au président. Rares sont ceux qui connaissent l'existence de cette unité. Même le Parlement l'ignore.

— Comment est-elle financée, dans ce cas ?

— De la même manière que vous financez bon nombre de vos opérations, monsieur O'Connor.

Celui-ci hocha la tête. Des douzaines de *black operations*, littéralement des « opérations noires », conduites par les Forces spéciales et la CIA se voyaient octroyer des fonds importants sans même que le président ne soit mis au courant, et encore moins le Congrès.

— Et je vous rappelle que le budget iranien dégage un excédent d'un milliard de dollars, ajouta Ashtar.

— Impressionnant.

Le général Shakiba, songea O'Connor, pouvait se permettre d'offrir quelques millions en pots-de-vin : pour lui, ce n'était que de l'argent de poche.

— Oui, d'autant plus que l'économie iranienne est soi-disant boycottée par la plupart des pays occidentaux.

Ashtar fit glisser une petite enveloppe en papier kraft sur la table et alluma une autre cigarette.

— Le quartier général de la division nucléaire des Gardiens est située au nord de Téhéran, près de la place Vanak. Vous trouverez là-dedans une clé USB qui vous donnera de plus amples détails sur les programmes et ce que nous pensons être les plans actuels et futurs du régime – y compris la construction d'un réacteur à eau lourde à Arak, de nouvelles centrifugeuses à Natanz et d'autres sites dont nous soupçonnons qu'ils sont en train d'être enfouis sous des montagnes.

— « Soupçonnons » ? répéta O'Connor.

— Il est difficile d'en obtenir la confirmation, admit Ashtar. Les monts Zagros et la chaîne de l'Elbourz sont très vastes.

Encore une fois, O'Connor acquiesça. L'Iran était un pays très montagneux qui possédait deux plaines principales : celle marécageuse du Khuzestan au sud-ouest, et la plus longue et plus étroite plaine de la mer Caspienne au nord. De nombreux sommets aussi bien des Zagros que de l'Elbourz approchaient les quatre mille mètres.

— Les progrès de l'Iran en vue d'obtenir une capacité nucléaire restent très mal évalués en Occident, reprit Ashtar. Nous pensons que le complexe de centrifugeuses de Natanz comprendra soixante mille machines enfouies sous du béton renforcé, mais encore une fois nous n'en sommes pas certains, car nous n'avons plus guère d'informateurs sur le terrain.

O'Connor le scruta, se demandant ce qu'il savait réellement.

— Mais c'est l'usine d'eau lourde d'Arak qui devrait surtout vous préoccuper.

— Du plutonium ?

O'Connor songeait à la discussion entre le général Shakiba et les deux Pakistanais.

— Précisément. Vos agences de renseignements se concentrent sur l'enrichissement d'uranium 235 et la fabrication de têtes de missiles, mais songez plutôt à la quantité de plutonium qui sera disponible après la mise en service du réacteur d'Arak, dit Ashtar avant de s'interrompre quelques secondes pour se caresser la barbe. Et je n'en tirerais pas forcément la conclusion qu'il sera utilisé dans un missile, même s'il y en aura plus qu'assez pour en armer un grand nombre.

— Ce qui veut dire ?

— Ce qui veut dire que même si le pouvoir ultime réside entre les mains du Guide Suprême, celui-ci le tient d'abord et avant tout des Gardiens de la Révolution. Des hommes qui font preuve d'une loyauté féroce à son égard, mais dont la seule vraie cause est l'islam – l'islam chiite. Nous avons des raisons de croire que le général Shakiba, en particulier, surveille la situation politique dans son pays avec attention. Il n'est pas ce qu'il paraît.

— Que voulez-vous dire par là ?

Ashtar attendit que la serveuse leur eût servi leurs plats.

— Shakiba est d'abord et avant tout musulman, mais surtout chiite. Sa femme et son fils unique ont été assassinés par des extrémistes sunnites lors d'un pèlerinage à la Mosquée d'or de Samarra en Irak, un des sites sacrés de l'islam chiite. Depuis, Shakiba a juré de se venger des sunnites. L'accès de l'Iran à un arsenal nucléaire est déjà une très mauvaise nouvelle, mais si quelqu'un comme le général Shakiba dispose d'armes de destruction massive, cela pourrait avoir des conséquences qui iront bien au-delà des violences interconfessionnelles chiites-sunnites.

— Avez-vous une preuve que Shakiba soit lié au Hezbollah ?

En Occident, le Hezbollah était considéré comme une organisation terroriste, mais dans le monde arabo-musulman, il était vu comme un mouvement politique et de résistance chiite.

— Après le renversement du shah, les conservateurs de Téhéran ont commencé à s'intéresser à Beyrouth, dit Ashtar. Le Liban est leur prochaine cible dans leur quête pour islamiser le monde entier. Ils ne s'arrêteront pas tant qu'ils n'en auront pas fait un État chiite.

O'Connor acquiesça. Le Liban et sa capitale, Beyrouth, autrefois surnommée le Paris du Moyen-Orient, était une poudrière permanente. Une guerre civile y avait éclaté en 1975 entre les différentes factions : chrétiens maronites, Druzes, sunnites et chiites. À la frontière sud, les Palestiniens fuyant les persécutions ne faisaient que compliquer une situation déjà terrible. Israël avait envahi le pays à deux reprises, et depuis 1976, l'armée syrienne de sinistre réputation passait à la baïonnette tout opposant au régime de Damas. O'Connor songea à la brève et naïve implication des États-Unis dans ce marasme. En 1983, deux cent quarante et un marines américains et cinquante-huit parachutistes français du régiment de chasseurs avaient été massacrés, leurs baraquements pulvérisés par des camions remplis d'explosifs conduits par des kamikazes chiites. Beaucoup à la CIA pensaient que ces attaques avaient été inspirées par l'Iran. O'Connor partageait l'avis du ministre de la Défense israélien, Yitzhak Rabin : quiconque risquait un pied dans le bourbier libanais s'y enliserait.

— Les Iraniens ne s'arrêteront que lorsque le monde entier sera gouverné par la charia et le combat s'est maintenant déplacé au Liban, insista Ashtar. Connaissez-vous la technologie associée aux bombes-valises au plutonium, monsieur O'Connor ?

— Oui, mais je ne suis pas expert, mentit O'Connor qui avait fait des études de physique nucléaire.

Les avantages de créer une arme nucléaire portable étaient nombreux. Les Russes avaient réussi à fabriquer de tels engins et, après l'effondrement de l'URSS, O'Connor avait lu des rapports selon lesquels quatre-vingts de ces « valises atomiques » avaient disparu. Tous les services de sécurité occidentaux s'étaient mis en chasse mais aucun de ces engins n'avait jamais été retrouvé. O'Connor savait que les systèmes de mise à feu présents dans ces bombes avaient maintenant besoin d'être remplacés.

— Vous n'ignorez donc pas qu'un seul kilo de plutonium équivaut en puissance à plus de vingt mille tonnes de TNT. Nous pensons que Shakiba va tenter de développer des bombes-valises dès qu'Arak lui fournira le plutonium nécessaire.

O'Connor écoutait son interlocuteur avec une inquiétude croissante. Comme les Russes, les Américains avaient conduit des expériences sur de petites armes nucléaires tactiques, mais ils s'étaient bien gardés d'en faire la publicité. Par ailleurs, la technologie mise en œuvre était particulièrement complexe.

— Vous en êtes certain ? Qui leur fournirait l'expertise nécessaire ?

— Je peux vous citer au moins trois possibilités, *monsieur** : les Pakistanais, les Chinois et les Russes.

— Mais vous n'avez aucune preuve.

— Les États-Unis pourraient peut-être consacrer quelques efforts à trouver ces preuves ? répliqua Ashtar.

— Et cette politique a été décidée au sommet de l'État ?

— Selon toute probabilité, même si nous n'en avons aucune preuve non plus. Mais, de même que le président des États-Unis ne sait pas tout ce qui se passe à la CIA, il est peu probable que le président Ahmadinejad et l'ayatollah Khamenei connaissent tous les détails des divers programmes nucléaires. De plus, des dissensions apparaissent au sein même de la hiérarchie : le Parlement compte aussi quelques libéraux. Si cette course à l'armement nucléaire venait à être connue, les pacifistes pourraient se faire entendre et leur point de vue prévaloir. Quoi qu'il en soit, une chose demeure certaine, monsieur O'Connor : si des fanatiques iraniens parviennent à élaborer une bombe-valise, les attaques-suicides entreront dans une nouvelle dimension...

La voix d'Ashtar s'éteignit lentement.

— Pourquoi donner tous ces éléments à la CIA ? Pourquoi ne pas vous contenter de les rendre publics ? Ce ne serait pas la première fois.

Ashtar souffla une bouffée de fumée vers le plafond avant de sourire.

— Il y a deux ans, l'un des nôtres a révélé l'existence d'un programme d'armes de destruction massive basé à Lavizan-Shian, un centre de recherche au nord-est de Téhéran.

O'Connor s'en souvenait : l'affaire avait été suivie avec beaucoup d'intérêt par la CIA.

— Le régime a aussitôt déménagé tous les équipements nucléaires et biologiques sur un autre site militaire de vingt-quatre hectares près de Téhéran. Celui-ci a reçu le nom de Lavizan 2.

— Je croyais que l'AIEA l'avait visité ?

— Pas Lavizan 2, et quand leurs inspecteurs sont arrivés à Lavizan 1, il n'y avait plus rien à voir. Le site avait été passé au bulldozer et vingt centimètres de terre avaient été prélevés pour s'assurer qu'il ne restait plus aucune trace d'uranium enrichi ou d'armes biologiques. Si nous révélions ce que nous savons aux médias, cela ne ferait que fournir aux ayatollahs assez de temps pour recouvrir leurs traces. Les États-Unis et Israël sont les deux seuls pays au monde capables d'arrêter ça...

— Comment, exactement ?

— Vous êtes les meilleurs alliés d'Israël et, une fois que votre peuple sera conscient de la menace que représentent l'islam, la charia et un Iran doté de l'arme atomique, beaucoup, en tout cas dans le camp républicain, voudront attaquer Téhéran pour protéger Israël.

O'Connor savait qu'il était inutile de demander si les mêmes informations avaient été divulguées au Mossad. Israël avait déjà frappé ses ennemis par le passé sans attendre l'approbation du « grand frère américain ». Quand le président égyptien de l'époque, Gamal Nasser, avait nationalisé le canal de Suez en 1956, Israël s'était allié en secret aux Français et aux Anglais pour lancer une offensive. Le président Eisenhower avait été furieux. Pour l'heure, O'Connor était au moins sûr d'une chose : Israël disposait déjà de plans pour attaquer l'Iran.

— Cela n'explique toujours pas ce que vous et le CNRI espérez de tout ceci, s'enquit-il.

— C'est très simple. Le CNRI représente l'immense majorité silencieuse des Iraniens qui veulent qu'on leur rende leur pays. Dans les années soixante-dix, le shah et sa monstrueuse police secrète, la SAVAK, ont assassiné et torturé des milliers de mes concitoyens. L'un des sévices préférés de ces messieurs consistait à injecter du verre brisé puis de l'eau bouillante dans le rectum, expliqua Ashtar en haussant un sourcil. Beaucoup de ces officiers avaient été entraînés et formés par la CIA, monsieur O'Connor. Votre CIA.

O'Connor resta silencieux.

— J'ai grandi dans une des plus pauvres régions d'Iran, à Vali-Asr, un petit village pas très éloigné des ruines de Persépolis.

— L'ancienne capitale ?

— Persa, ou la cité des Perses. Pour comprendre pourquoi nous voulons récupérer notre pays, il vous faut connaître un peu de notre histoire. En 1971 – j'avais tout juste huit ans – le shah a organisé une cérémonie à Persépolis pour célébrer le deux mille cinq centième anniversaire du trône perse. Six rois, quatre reines et vingt présidents sont passés en Rolls-Royce dans notre village. Tandis que ma famille avait les plus grandes peines à mettre un bol de riz sur la table, le shah a fait organiser par Maxim's, de Paris, un dîner en l'honneur de sa femme avec au menu des langoustes, des œufs de caille, des truffes et du canard rôti fourré au foie gras. Ashtar lâcha un soupir méprisant avant d'enchaîner : Comme vous devez le savoir, le régime du shah bénéficiait d'un soutien sans faille de la part de votre gouvernement car l'Iran offrait une barrière commode contre l'expansion soviétique au Moyen-Orient, sans compter que les réserves pétrolières de mon pays étaient à l'époque les troisièmes du monde. Quand Khomeini a pris le pouvoir en 1979, beaucoup d'Iraniens l'ont soutenu car nous pensions tous qu'il fallait en finir avec cette époque de malheur, avec ce maudit shah soutenu par les Américains.

O'Connor sentait la colère dans la voix d'Ashtar. Dans quelle mesure affectait-elle son analyse de la situation actuelle ?

— En fait, ce n'était que le début. Sous le régime des ayatollahs, la vie est devenue un cauchemar. L'article 102 du nouveau Code pénal iranien stipule qu'en cas d'adultère le châtiment est la lapidation à mort. On enterre la personne dans le sol, un homme jusqu'à la taille, une femme jusqu'à la poitrine, avant de lui jeter des pierres. Ces nouvelles lois se basent sur un code qui remonte au VIIe siècle – Khomeini a fait faire à tout un pays un bond en arrière de mille quatre cents ans et son successeur, Khamenei, veille à ce qu'il y reste.

— Je comprends, fit O'Connor qui, pour le moment, s'inquiétait moins de la lapidation que de la menace nucléaire. Donc, vous espérez que les États-Unis interviendront et, que d'une manière ou d'une autre, ils chasseront les ayatollahs. Mais qu'est-ce qui vous fait croire que le Conseil suprême ordonnera une frappe nucléaire contre l'Occident ?

— Les intentions des ayatollahs sont très claires, du moins pour nous. Espérons que les vôtres à Washington ne commettront pas les mêmes erreurs qu'en 1978.

— Lors de la révolution iranienne ?

Ashtar acquiesça.

— À l'époque, Washington ne se doutait pas de l'état catastrophique de la situation. Les conseillers de Carter n'en avaient pas la moindre idée. Le shah s'était mis tout le peuple à dos : le clergé, les commerçants, les paysans, les intellectuels, les étudiants... les seuls qui le soutenaient encore, c'étaient les militaires.

Mais même après que l'armée et la police ont commencé à tuer des manifestants dans les rues, le gouvernement américain a continué naïvement à croire que cette révolte était l'œuvre d'une poignée d'extrémistes. Ashtar effectua une pause infime avant de se pencher en avant : Ce régime ne s'arrêtera pas avant que le monde entier soit gouverné par la loi islamique, par la charia. C'est écrit en toutes lettres dans la Constitution iranienne, un document public. La déclaration finale est limpide, monsieur O'Connor : ce siècle verra l'établissement d'un gouvernement sacré universel et la chute de tous les autres. Ne vous laissez pas abuser par leur propagande selon laquelle ils désirent utiliser l'énergie nucléaire à des fins civiles.

Les ayatollahs veulent disposer de l'arme atomique et ils sont près d'y arriver. Il est impératif que les États-Unis et Israël frappent maintenant, avant qu'il ne soit trop tard.

* * *

En quittant le restaurant une heure plus tard, O'Connor scruta la rue qui remontait vers la gare. Il était inquiet. Si Jalal Ashtar avait raison, les États-Unis ne seraient pas le seul pays sur lequel pèserait une terrible menace. Mais pouvait-on se fier à lui ? Le CNRI comptait peut-être sur les États-Unis et Israël pour chasser le régime actuel et prendre sa place ? Ashtar n'avait fourni aucune preuve de ses dires : chacune des pistes qu'il avait ouverte allait devoir être minutieusement examinée. Il était temps de faire un rapport à Langley.

5

Quartier général de la CIA, Langley, Virginie

— Entrez, mon vieux. Prenez un siège.

Tom McNamara, directeur adjoint des opérations, indiqua un des deux vieux fauteuils en cuir marron disposés devant son bureau surchargé de piles de papiers et de dossiers à couverture rouge. Le DAO était le deuxième personnage le plus puissant de la Firme, responsable de la supervision de tous les agents de la CIA et des innombrables opérations « officieuses » un peu partout dans le monde. L'homme ressemblait au mobilier de son bureau, très « vieille école » et accueillant, mais les apparences étaient trompeuses. Le réaménagement de la pièce avait déjà été programmé à plusieurs reprises, mais McNamara avait annoncé à « ces cons » de l'administration qu'il étranglerait le premier qui tenterait de toucher un seul de ses meubles. À une place de choix sur le mur derrière lui, était accroché le sceau de l'Agence, un aigle au-dessus d'un bouclier avec une étoile à seize branches symbolisant le fait que les informations provenaient de tous les points du globe.

— J'ai jeté un œil aux trucs d'Ashtar, commença McNamara. Qu'en pensez-vous ?

L'ex-marine au gabarit imposant se laissa aller dans sa chaise pivotante et posa les pieds sur son bureau. Il avait un gros visage rond, des cheveux gris coupés très court et des yeux bleus perçants.

— Il pourrait y avoir beaucoup de vrai, mais le conditionnel reste de rigueur. Étant donné le merdier dans lequel on s'est fourré en Irak, il nous faudra des preuves solides avant d'aller trouver la Maison Blanche, répondit O'Connor.

Ils avaient déjà travaillé ensemble sur le terrain à l'époque où McNamara était chef de station à Moscou et O'Connor agent infiltré. Les deux hommes partageaient cette confiance qui se forge quand on affronte le danger.

— C'est aussi mon avis, dit McNamara. Je me demande encore si toutes ces conneries à propos de Saddam et de ses armes de destruction massive n'ont pas été refourguées au Pentagone par les services iraniens.

— Sans parler du secrétaire à la Défense et de ses petits copains conservateurs qui ont tenu à créer leur propre agence de renseignements... comment ça s'appelle déjà ?

— Ah oui... le Bureau des plans spéciaux, nom de code pour « Si vous n'avez pas de quoi justifier une guerre, on vous inventera bien quelque chose. » Ces mecs du Pentagone ont de la merde dans les yeux.

L'invasion de l'Irak – le rival ancestral de l'Iran – en 2003 par les États-Unis avait fait le jeu des ayatollahs. Maintenant que l'Irak était transformé en champ de ruines fumantes, l'Iran devenait la puissance chiite dominante du Moyen-Orient, un fait qui ne cessait d'inquiéter les pays sunnites de la région comme l'Arabie saoudite.

— Obtenir la confirmation de l'existence d'un programme nucléaire militaire en Iran ne va pas être simple, observa O'Connor.

— Je sais. Surtout maintenant que ces connards du Pentagone ont convaincu la Maison Blanche que nous n'avions plus besoin d'agents sur le terrain. Les satellites peuvent tout faire, à ce qu'il paraît... sauf quand il s'agit d'aller fouiller sous terre ou au cœur d'une montagne, à des profondeurs où même nos plus grosses bombes anti-bunker ne servent à rien.

McNamara s'empara d'un dossier écarlate marqué *Top Secret – NOFORN,* ce qui signifiait qu'en plus des habituelles normes de sécurité drastiques imposées par la CIA, les informations contenues dans ce dossier ne devaient en aucun cas être communiquées à un étranger.

— C'est là où vous intervenez, dit-il.

O'Connor sourit.

— C'est bien ce que je craignais.

— On se fout des directives du Pentagone. Pour la première fois depuis longtemps, nous avons l'opportunité de recruter un dissident – un membre des Gardiens de la Révolution. Un certain Farid Jafari. Tous les détails sont là-dedans, annonça McNamara en poussant un dossier sur sa table. Nous essayons de l'entraîner à rester en vie.

— Ici ? Ça ne va pas éveiller des soupçons à Téhéran ?

— Heureusement – ou malheureusement, selon le point de vue – Jafari a un oncle malade dans le Maryland. Il a donc un bon prétexte pour se trouver aux États-Unis.

— Ils l'ont mis sous surveillance ?

— Non… Pour autant que nous puissions en juger, ce qui signifie qu'il ne les intéresse guère, mais il sera interrogé dès son retour. C'est une certitude. Nous sommes en train de préparer l'extraction de son épouse de façon à ce qu'ils ne puissent pas faire pression sur lui à travers elle.

— Mon rôle dans l'histoire ?

— Vous allez l'aider à acquérir en vitesse quelques techniques de survie puis nous vous enverrons en Iran pour le superviser et obtenir confirmation de l'histoire d'Ashtar. Si possible. Pour ce que nous en savons, Ashtar pourrait très bien être un autre « Curveball ».

Le dissident irakien, Rafid Ahmed Alwan al-Janabi, nom de code Curveball, « Balle coupée », avait entièrement fabriqué les informations dont l'administration s'était servie pour soutenir sa volonté d'envahir l'Irak. Le contre-espionnage allemand, le BND, avait prévenu les Américains des doutes importants qu'il nourrissait à l'égard d'al-Janabi mais ces avertissements avaient été ignorés. Les États-Unis avaient prétendu disposer de preuves irréfutables de l'existence de laboratoires mobiles d'armes biologiques.

— Ai-je fait quoi que ce soit ces derniers temps qui vous a mis en rogne ? s'enquit O'Connor avec un sourire en coin.

— Ces derniers temps, non, mais d'habitude, oui. Donc, on va dire qu'on est quitte. Normalement on aurait utilisé un Iranien, mais grâce au secrétaire de la Défense, nous sommes plutôt à court d'agents locaux et vous êtes l'un des très rares chez nous qui parle le farsi.

— Vous n'oubliez pas un détail ? La dernière fois que je me suis renseigné, nous n'avions pas d'ambassade là-bas.

— Et c'est fort dommage, approuva McNamara.

Toujours fidèle à la vieille école, le DAO préférait la négociation et les pressions diplomatiques aux méthodes des néo-cons, les conservateurs les plus radicaux du camp républicain, pour qui la politique étrangère se résumait à charger des régiments entiers dans des avions transporteurs.

— Mais l'argent est toujours un argument. Nous devrions pouvoir disposer d'une boîte aux lettres à Téhéran. On y déposera un Glock 21 qui, si j'ai bonne mémoire, est votre péché mignon, ainsi qu'un téléphone satellitaire qui vous permettra d'entrer en contact avec une de nos équipes SEAL si vous avez besoin d'une extraction d'urgence. Votre nom de code pour cette opération est « Cyrus », celui pour activer l'extraction est « Asman ».

— Bien vu, apprécia O'Connor.

Cyrus le Grand avait été le plus grand roi perse de l'Antiquité et avait conquis un immense empire depuis l'Hindus jusqu'en Europe. C'était lui qui en 540 avant J.-C. avait libéré les juifs de leurs colonisateurs babyloniens. Quant à Asman, c'était l'ancien dieu du ciel.

— Pour votre couverture, vous serez un chercheur en mission sur le terrain, et c'est là que nous avons un peu de chance – ou plus exactement qu'une récente tragédie va pouvoir nous servir.

McNamara poussa un autre épais dossier vers O'Connor.

— La vie et l'œuvre du professeur Darragh McLoughlin. Tout ce qu'il a écrit ou publié. De deux ans votre cadet et avec lequel vous partagez une vague ressemblance, surtout quand vous vous serez fait pousser la barbe. Grand spécialiste de l'islam, il tient une chaire de science politique au Trinity College de Dublin... ou plutôt il tenait.

— Tenait ?

— Mort d'une crise cardiaque il y a deux mois. Nous sommes parvenus à purger ce petit détail de tous les sites Web ou de tout autre endroit où nos amis de Téhéran pourraient avoir envie de fouiner. Par chance, McLoughlin était célibataire et d'un naturel très solitaire. Si l'envie prenait aux Iraniens de s'inquiéter à son sujet, ils découvriraient qu'il est bien portant et toujours en activité. Le dossier contient aussi un rapport détaillé sur ses habitudes personnelles... juste au cas où. McLoughlin, continua le DAO avec un sourire sardonique, ne buvait pas, ne fumait pas et, contrairement à vous, ne s'intéressait guère aux femmes, mais je suis sûr que vous saurez vous maîtriser le temps de votre mission en Perse.

— Ses penchants le poussaient vers l'autre sexe ?

— C'est fou, ça, fit McNamara, faussement exaspéré. Juste parce qu'un type n'est pas un dragueur obsessionnel, c'est qu'il est pédé. Non, c'était juste un mec qui ne passait pas son temps à tenter d'attirer dans son lit toutes les femmes qu'il rencontrait.

— Les Iraniennes sont très séduisantes, répliqua O'Connor en affectant un air blessé.

McNamara secoua la tête avant de l'observer par-dessus la monture de ses lunettes.

— La lapidation l'est beaucoup moins, je vous suggère donc de laisser ces dames tranquilles et de vous occuper uniquement des manigances des ayatollahs. Il nous faut des preuves confirmant l'existence de chaque complexe nucléaire, leur localisation, leur spécialisation, leurs effectifs et leur type d'équipement. Votre première rencontre avec Jafari est prévue demain à midi dans le complexe du Watergate. Après cela, il suivra un entraînement intensif à la ferme.

Située à environ cent cinquante kilomètres au sud de Washington, non loin de Williamsburg, la « ferme » couvrait plus de trois mille cinq cents hectares sur la rive sud de la York River en Virginie. C'était l'un des sites top secret de l'agence, fermé au public depuis le début des années cinquante. O'Connor y avait passé de longues semaines à perfectionner les talents les plus sombres de son art.

— Des questions ?

— Pourquoi Jafari veut-il faire défection ?

— Comme beaucoup d'Iraniens, sa famille a été en butte aux ayatollahs. Son père était un scientifique qui a fait ses études à Yale dans les années soixante-dix, quand nous aidions le shah à obtenir des capacités nucléaires pour l'Iran. Après 1979, l'Iran a beaucoup changé. Le père de Jafari a refusé de coopérer, même quand la police secrète a débarqué chez lui et l'a passé à tabac. Quand les voyous au service des ayatollahs sont revenus, Jafari était absent – il servait comme ingénieur sur un patrouilleur de la marine iranienne –, et cette fois, personne n'a survécu : son père, sa mère et ses deux sœurs ont été battus à mort.

— Seigneur ! Je savais que j'avais raison de ne pas être religieux. Mais pourquoi avait-il donc accepté de servir dans la marine ?

— Tout est dans son dossier, dit McNamara. Comme beaucoup de jeunes Iraniens, Jafari était en faveur de la révolution. Mais il est intelligent et il n'a pas tardé à se rendre compte que les Iraniens n'ont rien gagné au change. Maintenant que les autorités tentent d'acquérir la bombe, il a été transféré et promu au grade de *sargord*... major de la division nucléaire des Gardiens. Il est jeune pour un tel rang, mais il détient un master en physique nucléaire. Ce qui a dû impressionner ses supérieurs au point de lui promettre un avenir glorieux. Bien sûr, conclut McNamara d'un air pensif, il n'y a aucune garantie qu'il ne soit pas un agent double. Mais, après ce qui est arrivé à sa famille, c'est peu probable.

En retournant vers son propre bureau, trois étages plus bas, O'Connor se dit que cette opération semblait bien partie. Un peu trop bien, peut-être.

6

Le Vatican, Rome

Le cardinal Felici quitta son confortable fauteuil en cuir rouge pour gagner le balcon de son bureau. Le Palazzo della Sacra Inquisizione, un impressionnant édifice gris et ocre, gardait toujours son ancien nom de l'Inquisition sacrée. Il avait été construit en 1571 par le pape Pie V pour abriter ce qui s'appelait alors la Suprême Congrégation sacrée de l'Inquisition romaine et universelle. Au XVIe siècle, la sainte Église approuvait l'usage massif de la torture à l'encontre de ceux qui refusaient d'embrasser « la seule vraie foi », une politique qui avait fait de l'Inquisition une des organisations les plus redoutées d'Europe. Celle qui avait pris sa suite s'était vue accorder un titre moins effrayant – La Congrégation pour la doctrine de la foi – mais elle logeait toujours dans le même palais et était toujours chargée d'enquêter sur les hérésies. Un portrait de Tomás de Torquemada, le Grand Inquisiteur d'Espagne, occupait une place de choix sur le mur de Felici. Ardent défenseur de la foi, Torquemada soutenait avec ferveur le décret de l'Alhambra, l'édit d'expulsion des juifs d'Espagne promulgué en 1492, et il avait lutté avec tout autant de détermination contre les musulmans. Felici partageait avec lui une même communion d'esprit.

À l'autre bout de la place Saint-Pierre, le cardinal contemplait la colonnade du Bernin. Le docteur Rossi n'allait pas tarder à lui fournir un rapport sur la santé du pontife et son pronostic serait crucial. Selon ce qu'il lui annoncerait, Felici allait pouvoir ou non se lancer dans la prochaine étape de sa quête pour le pouvoir ultime. Monsignor Lorenzo de Luca de la Sainte-Alliance suivrait Rossi pour une entrevue tout aussi importante. Felici tripota le gros rubis entouré de diamants qui ornaient la croix d'or sur sa poitrine. Jusqu'à maintenant, il était parvenu à en dissimuler la provenance, mais si jamais celle-ci venait à être connue, il savait que ce serait sa fin. Son père, signor Alberto Felici, avait organisé la fuite de plusieurs nazis de haut rang devant l'avancée des Alliés en Allemagne en les déguisant en prêtres. Klaus Barbie, le Boucher de Lyon, Adolf Eichmann, Josef Mengele et bien d'autres avaient pu, grâce au « tunnel du Vatican », fuir en Amérique centrale et du Sud. La croix en or avait été offerte au père de Felici par un de ces fugitifs, le commandant du camp de concentration de Mauthausen en Autriche, Karl von Heiβen.

Von Heiβen avait été choisi par Himmler en personne pour diriger l'un des camps chargés d'appliquer la solution finale. Mais von Heiβen n'aurait été qu'un officier SS parmi d'autres s'il n'avait tenu un journal méticuleux de ses activités. L'Église lui avait fourni une nouvelle vie et avait confié au « père Hernandez » la petite paroisse de San Pedro sur les rives du lac Atitlán au Guatemala. Von Heiβen, à présent proche des quatre-vingt-dix ans, refusait toujours avec obstination – en dépit des menaces de Felici de révéler son identité – de lui transmettre ses fameux journaux, prétendant qu'il les publierait si Felici le dénonçait. Le cardinal était convaincu qu'il allait bientôt devoir prendre des mesures plus drastiques. Un coup frappé à la porte interrompit ses pensées.

— Le docteur Rossi est ici, Votre Éminence, annonça le père Cordonna, son secrétaire particulier.

— Docteur, quelle joie de vous revoir, déclara Felici en emprisonnant la main du chirurgien du pape entre les siennes avant de lui indiquer les élégants canapés en velours bleu foncé disposés dans un coin de la pièce. Café ? Thé ?

— Non, merci, Votre Éminence, répondit Rossi en casant sa longue carcasse sur un des fauteuils. Je ne vous retiendrai pas longtemps, mais j'ai pensé que vous aimeriez apprendre que l'opération a été couronnée de succès... pour l'instant.

— Pour l'instant ?

— Oui. La tumeur avait la taille d'une olive et, même si j'ai nettoyé autant qu'il m'était possible les tissus environnants, il s'agit d'une forme de cancer agressive. Le souverain pontife aura besoin d'un traitement.

— Vous pensez à une hospitalisation ? s'enquit Felici, se demandant aussitôt comment cacher cette éventualité au public.

Rossi, qui n'ignorait rien des intrigues du Vatican, sourit.

— Non. Le traitement n'est pas plaisant, mais il est relativement simple. Nous insérons un tube dans la vessie pour y pomper le bacille de Calmette-Guérin, une bactérie utilisée dans les vaccins antituberculeux. Dans le cas présent, elle permet de stimuler le système immunitaire. Sa Sainteté sera donc immobilisée un jour par semaine au cours des six prochaines semaines, mais nous devrions pouvoir la soigner dans ses appartements.

— Et le pronostic ? demanda Felici d'un ton neutre.

Le docteur Rosssi réfléchit soigneusement avant de livrer sa réponse.

— Normalement, les chances de guérison sont raisonnables et il est possible que Sa Sainteté connaisse une rémission de plusieurs années. D'un autre côté, son âge avancé...

— Pouvons-nous avoir des indications sur ses progrès ?

— Tous les trimestres, un examen de cytologie nous indiquera la présence ou non de cellules cancéreuses dans ses urines.

— Bien, dit Felici. Pour le moment, tout ceci pourra passer pour des examens de routine.

— Et la Curie, Votre Éminence ? Les cardinaux pourraient se... vexer si nous les... *come si dice...* tenons à l'écart ?

Felici masqua son irritation.

— Malheureusement, docteur, la Curie est une usine à ragots. Occupez-vous de la santé de Sa Sainteté et laissez-moi la Curie et les médias. Je vais faire publier un communiqué de presse dans lequel j'aimerais vous citer, déclara Felici en se levant. Je vous suis très reconnaissant de votre visite, dit-il en raccompagnant le chirurgien à la porte.

Ceci fait, il sonna son secrétaire. Le père Cordonna apparut aussitôt.

— Éminence ?

— Il me faudrait une liste de tous les cardinaux étrangers qui séjourneront à Rome au cours des prochaines semaines, ainsi que les noms des membres de leur délégation, le but de leur visite et leur programme.

— Certainement, Votre Éminence. Monsignor de Luca attend.

— Faites-le entrer.

Quand son secrétaire eut refermé la porte derrière le chef de la Sainte-Alliance, Felici lui indiqua la chaise à dossier dur installée face à son bureau.

— Alors... qu'avez-vous pour moi ?

— Pas grand-chose, j'en ai peur, Votre Éminence, répondit de Luca en sortant un dossier écarlate de sa sacoche. Ce code, ou chiffre, ne ressemble à rien de ce que nous connaissons.

Le jésuite grisonnant, dernier en date de la longue lignée de maîtres-espions du Vatican, dirigeait les services de renseignements depuis près de dix ans.

— Un code ou un chiffre ? Il y a une différence ?

— Les chiffres sont surtout basés sur une seule lettre remplaçant une autre lettre ou un nombre, Votre Éminence. Les codes, quant à eux, opèrent sur des parties plus longues, un mot, une phrase ou même un paragraphe. Les Égyptiens et les Chinois de l'Antiquité utilisaient de simples codes à substitution, comme les Hébreux quand ils ont écrit le livre de Jérémie. Mais cela restait assez sommaire : l'alphabet était inversé, le Z prenant la place du A, le Y celle du B... ou bien il était superposé mais avec un décalage de telle sorte que le Z devenait D et ainsi de suite. Pour ce qui est des Incas, ils n'ont laissé aucun document écrit. Nous supposons donc que les frères qui accompagnaient les conquistadors ont transcrit des récits oraux, mais même en accordant aux Incas une certaine sophistication, nos plus puissants programmes informatiques n'ont pas pu percer ce chiffre.

— Vous n'avez pas trouvé la clé ?

— Pas pour le moment, et nous avons même tenté de comparer les croyances incas avec beaucoup d'autres comme le bouddhisme, le shinto, le taoïsme, la kabbale juive...

Felici ne masqua pas une moue de dégoût. Il n'existait qu'une seule religion, qu'une seule vraie foi, tout le reste n'était qu'hérésie.

— Nous avons aussi tenté d'autres rapprochements, reprit très vite de Luca, conscient de l'agacement du cardinal. Par exemple, il existe un système chez les Hébreux, la *gematria*, dans lequel chaque lettre de leur alphabet se voit attribuer un nombre. C'est assez complexe, mais pour résumer, quand la somme des lettres de mots différents donne la même valeur, cela indique l'existence d'un lien caché. Cela ne semble cependant pas s'appliquer au code inca.

— Peu m'importe ce qui s'applique ou pas. Je veux que ce code, ce chiffre, ou quel que soit le nom que vous lui donnez, soit décrypté, gronda Felici.

— Je comprends, Votre Éminence.

— Ce qui m'amène à un autre problème. Vous savez que, quand nous avons acquis le chiffre et la prophétie inca, ces documents se trouvaient accompagnés d'un crâne en cristal ?

— Oui, Votre Éminence, même si je n'ai jamais eu le privilège de le voir.

— Le voir n'a aucune importance, monsignor, aboya Felici. La semaine dernière, j'ai parlé avec le professeur Macchiarolo du Musée national de Rome. Il me dit qu'en plus du crâne qui est en notre possession il en existe deux autres. Je veux qu'on les retrouve avant que quiconque ne s'y intéresse.

De Luca resta parfaitement impassible, résultat de longues années de métier.

— Cela exigera de considérables ressources, Votre Éminence. Et sans doute aussi l'approbation du cardinal Sabatani.

Techniquement, les services d'espionnage et de contre-espionnage dépendaient du cardinal secrétaire d'État.

— Mes services vous fourniront toutes les ressources nécessaires, monsignor, répliqua Felici, glacial. L'opération de récupération de ces crânes recevra le nom de code « Apollon ». Nul, en dehors des agents qui seront assignés à cette mission

– et je tiens à ce qu'ils soient les plus dignes de confiance –, ne sera mis au courant. Cette consigne vaut également pour le secrétaire d'État.

Felici n'avait pas choisi le nom du dieu grec par hasard. Il avait de tout temps méprisé l'ancienne prêtresse grecque, la Pythie de Delphes, dont les oracles étaient, paraissait-il, inspirés par le dieu Apollon – des prophéties dans lesquelles il voyait encore à ce jour un danger potentiel pour l'Église.

De Luca restait indéchiffrable. Il connaissait mieux que quiconque la féroce rivalité qui avait éclaté quand le libéral et très respecté Sabatani avait été préféré à Felici pour le poste de secrétaire d'État, la fonction la plus puissante du Saint-Siège après celle de souverain pontife.

Felici produisit une autre chemise écarlate arborant son propre blason.

— Ce dossier devrait se trouver aux archives secrètes. Il contient toutes les informations disponibles sur le crâne inca, ainsi qu'un rapport sur celui de Mitchell-Hedges.

— L'un de ceux que vous recherchez, Votre Éminence ?

Felici secoua la tête.

— Le crâne de Mitchell-Hedges est maya, pas inca, et très célèbre. Il a été découvert en 1924 par Anna Mitchell-Hedges, la fille adoptive d'un explorateur britannique. Cela étant, il pourrait nous fournir certains indices. Sœur Bridget a aussi tapé un compte rendu de mon entretien avec le professeur Macchiarolo.

— Elle est au courant de cette affaire ? s'enquit de Luca, surpris.

— Sœur Bridget est une de mes proches collaboratrices, monsignor. En tant que telle, elle a accès à Apollon. Vous devriez aussi avoir besoin de Matthias Jennings, un jésuite tout comme vous. Vous le connaissez sans doute ?

— Pas vraiment, Votre Éminence, mentit de Luca.

Le chef de la Sainte-Alliance savait pertinemment que, si un jour les pratiques sexuelles de cet individu étaient révélées au grand jour, le scandale éclabousserait le Vatican... et emporterait tous ceux qui avaient protégé Jennings.

Felici récupéra l'un des deux dossiers qu'il tenait sur le prêtre-archéologue et donna à de Luca la version expurgée.

— Tous les détails se trouvent ici. Il réside actuellement à Guatemala City mais je veillerai à ce qu'il soit muté à Lima dès que vous aurez besoin de lui.

— Je vous le ferai savoir, Votre Éminence, mais je dois tout d'abord effectuer quelques recherches préliminaires.

S'il pouvait l'éviter, de Luca n'avait nullement l'intention de s'adjoindre les services d'un Jennings.

— Bien sûr. D'autres questions, monsignor ?

— Juste une, Votre Éminence. Il pourrait m'être utile de savoir pourquoi ces crânes sont si importants. À moins que ceci ne soit expliqué dans les dossiers ?

— Il vous suffit de savoir que tout ce qui menace l'unicité du message du Christ représente un danger pour l'Église elle-même. Je veux que cette affaire soit traitée en toute priorité, souligna Felici en se levant.

Après le départ de de Luca, il ouvrit le second dossier qu'il gardait sur Jennings afin de se rafraîchir la mémoire. Satisfait de constater qu'il détenait assez d'éléments pour le tenir en laisse, il se dirigea vers le mur du fond de son bureau. Le portrait de saint Jérôme par Léonard de Vinci était un prêt de la pinacothèque du Vatican. En 393, Jérôme avait proclamé qu'une « femme doit se soumettre à l'homme. Elle doit rester silencieuse et ne jamais recevoir la permission d'enseigner ». De tous les saints, c'était le préféré de Felici. Celui-ci fit pivoter le tableau, composa la combinaison du coffre mural et y rangea le dossier.

Revenant au balcon, il réfléchit à la façon de mener sa quête de la papauté. Il fallait faire preuve de subtilité. Ne pas démarcher les grands électeurs de façon trop ostensible pour ne pas se mettre à dos la puissante Curie et, dans le même temps, neutraliser ce maudit cardinal Sabatani.

7

Washington

Farid Jafari se sentait seul et vulnérable. Un vent mordant soufflait du Potomac et les chutes de neige record de la semaine précédente s'accrochaient toujours au sol, formant de vilaines plaques de verglas. Petit et basané, Jafari correspondait en tout point à ce que les médias américains appelaient un « homme d'apparence moyen-orientale ». De quoi renforcer le malaise qu'il éprouvait à se promener dans la « capitale des infidèles », selon un autre stéréotype, celui de ses supérieurs. La circulation à Téhéran était plus chaotique, se dit-il en pressant le pas sur la 19e Rue en direction de M Street, mais au moins il y était chez lui. Ici, tout lui était étranger… et maintenant, il était sûr d'être suivi.

Se forçant à rester calme, il essaya de se souvenir des instructions qu'on lui avait données pour des situations de ce genre. Il attendit le dernier moment pour traverser au feu rouge au carrefour avant de s'engager dans la 19e Rue. Le grand type costaud en pardessus noir resta de l'autre côté. Peut-être se faisait-il des idées, pensa Jafari, juste au moment où l'homme prit le risque de traverser au beau milieu des voitures. Jafari emprunta L Street avant de faire soudain demi-tour et de revenir sur ses pas. Le type en noir s'arrêta, pénétra dans un immeuble de bureaux et fit mine d'examiner la liste des occupants dans le hall. Jafari repartit dans la 19e Rue au moment où le bus 929 s'arrêtait. Il monta à bord, mais l'autre le suivit. Jafari le laissa passer dans l'allée. Au moment où le chauffeur redémarrait, il se pencha vers lui.

— Pardonnez-moi… je me suis trompé. Désolé…

Le conducteur haussa les épaules, rouvrit la porte et Jafari sauta sur le trottoir. Il ne se retourna pas vers le bus mais il eut l'impression de sentir la frustration de l'homme en noir tandis que le véhicule s'éloignait. Jafari revint vers L Street, puis descendit Connecticut Avenue vers la station de métro Farragut North. Comme on le lui avait enjoint, il avait mémorisé les lignes et effectua sans incident le changement sur l'Orange Line. Un quart d'heure plus tard, il se trouvait sur le quai de Foggy Bottom et empruntait l'escalator vers le carrefour de I Street et de la 23e Rue, émergeant devant le George Washington University Hospital. La circulation était moins dense ici. Jafari scruta les rues. Aucun signe de l'homme en noir. Il héla un taxi pour la dernière et brève partie du trajet jusqu'au Watergate.

Le complexe de quatre hectares planté sur les rives du Potomac devait son nom Watergate, « Porte d'eau », au mémorial Lincoln voisin dont les marches à l'ouest avaient, à l'origine, été conçues comme plate-forme de débarquement pour les dignitaires arrivant de Virginie par le fleuve. Les cinq bâtiments en forme de fer à cheval comprenaient des bureaux, des appartements d'habitation dont beaucoup étaient occupés par des élus du Congrès et enfin un hôtel qui avait été le théâtre du grotesque cambriolage des bureaux du Comité national démocrate qui avait finalement conduit à la chute du président Nixon.

O'Connor attendait Jafari dans l'un des appartements que la CIA y possédait. Celui-ci offrait une vue panoramique sur le Key Bridge au nord-ouest et, au-delà de la Theodore Roosevelt Island, vers le cimetière d'Arlington et le Pentagone au sud.

Les présentations faites, les deux hommes s'installèrent sur le canapé.

— Vous vous êtes très bien débrouillé, félicita O'Connor. Vous avez réussi à vous débarrasser d'un de nos agents très expérimentés... et croyez-moi, il n'a pas apprécié.

Encore nerveux, Jafari hocha la tête. Il avait donc bien été filé... par la CIA.

— Quel effet cela vous fait-il de rentrer en Iran ? demanda O'Connor, guettant le moindre signe de fébrilité chez son nouvel agent.

Il en avait déjà supervisé plusieurs à Moscou, Pékin et au Moyen-Orient mais tous étaient bien plus expérimentés. O'Connor était loin d'être sûr que Jafari serait capable d'assurer sa mission.

— Je suis prêt à faire tout ce qu'il faudra pour retrouver mon pays, répondit celui-ci d'une voix sourde de colère. L'ayatollah Khomeini critiquait durement le shah et c'est pour cela que nous l'avons aimé – tout le monde haïssait le shah et sa police secrète. Mais, quand la révolution a donné le pouvoir aux ayatollahs, ils se sont montrés tout aussi brutaux, réprimant toute opposition. Dans les mois qui ont suivi l'accession de Khomeini au pouvoir, près de dix mille Iraniens ont été assassinés. Nous avons cru qu'une fois débarrassés du pantin des Américains nous connaîtrions enfin la démocratie, mais nous avons simplement troqué un dictateur contre un autre.

Et maintenant, c'est Khamenei. En tant que Guide suprême, il dispose du pouvoir absolu. Il dirige, entre autres, le Conseil des Gardiens qui décide de qui a le droit de se présenter aux élections pour le Parlement et la présidence.

— Bien évidemment, renchérit O'Connor, ceux qui ne se conforment pas aux dogmes des ayatollahs ne sont pas autorisés à y prendre part.

— La révolution qui a porté Khomeini au pouvoir a été détournée par les fanatiques qui exigent une loyauté absolue envers un gouvernement islamique qui n'a plus aucun lien avec le peuple, ragea Jafari. Aucun d'entre nous ne voulait être dominé par l'Occident ou par le bloc communiste, mais nous ne voulons pas non plus d'un régime fondamentaliste.

— J'imagine que beaucoup d'Iraniens – surtout les femmes – partagent cet avis, marmonna O'Connor.

Jafari rit mais sans aucune gaieté.

— Ahmadinejad veut des ascenseurs et des trottoirs séparés, les hommes d'un côté, les femmes de l'autre. Un millier d'Iraniens ont voulu se présenter aux élections présidentielles de 2005. Le Conseil des Gardiens n'a accepté que sept candidatures – tous des hommes. Nous avons peut-être renversé le shah, mais nous sommes revenus à l'époque barbare.

— Que savez-vous des projets du régime en matière nucléaire ?

— Pas autant que mon père, répondit Jafari, l'air sombre. Mais j'en ai appris assez pour comprendre que la situation risque de devenir très dangereuse, surtout pour l'Occident. Ceci étant, un Iran doté de l'arme nucléaire représente une menace pour les Iraniens eux-mêmes.

— Je ne suis pas sûr de vous suivre. Vous craignez des représailles au cas où l'Iran frapperait le premier ?

— En partie... Connaissez-vous le cycle du carburant nucléaire et les réacteurs à eau lourde ?

— Juste les bases, mentit O'Connor.

— La CIA devrait savoir que l'Iran construit une usine de production d'eau lourde dans une région isolée située non loin de la ville d'Arak, à deux cent soixante kilomètres au sud-est de Téhéran. Vous avez un papier et un stylo ?

O'Connor lui tendit un bloc.

— L'eau lourde, ou D_2O, est essentiellement de l'eau, H_2O, où les atomes d'hydrogène sont remplacés par du deutérium – des atomes d'hydrogène plus lourds contenant un neutron supplémentaire, expliqua Jafari en écrivant les différentes formules. L'eau normale contient de faibles quantités d'eau lourde, mais dans une proportion d'à peine une pour cinq mille. Il est donc difficile de séparer l'eau lourde et cela exige une technologie et une infrastructure de pointe.

— Je crois me rappeler que les Allemands ont tenté d'en produire pendant la Seconde Guerre mondiale.

— Oui. C'était une course entre les Alliés et les nazis pour savoir qui allait produire la première bombe atomique. Le programme allemand était basé sur le plutonium et c'est pour cela qu'ils avaient besoin d'eau lourde pour leurs réacteurs. Ils ont bien failli y parvenir dans des montagnes non loin d'Oslo

– jusqu'à ce que des commandos norvégiens fassent sauter leurs installations et coulent le navire qui ramenait l'eau lourde en Allemagne.

— Une des opérations les plus audacieuses de toute la guerre, acquiesça O'Connor. Et maintenant, il semble que nous ayons une autre usine sur les bras.

Jafari hocha la tête.

— Le régime iranien ne se contente pas d'une seule approche pour obtenir l'arme atomique. À l'usine d'Arak, s'ajoute l'enrichissement d'uranium. Dans n'importe quel réacteur nucléaire, le processus démarre en bombardant de l'uranium avec des neutrons de façon à provoquer une réaction contrôlée au cours de laquelle les atomes se fractionnent, produisant de nouveaux neutrons… et ainsi de suite de façon à provoquer une réaction en chaîne, expliqua-t-il en dessinant un nouveau diagramme. Ce qui produit une énorme quantité de chaleur, qu'on utilise pour faire bouillir de l'eau dont la vapeur actionne des turbines, comme dans n'importe quelle centrale. Mais ce processus doit être modéré, sinon les neutrons se déplacent trop vite pour que la réaction se produise. L'eau lourde n'est que l'un des deux modérateurs qui permet l'usage de l'uranium naturel comme source d'énergie, l'autre étant le graphite, dit Jafari en baissant la voix.

Une précaution inutile : l'appartement était à l'abri de tout dispositif d'écoute.

— Et l'AIEA ne contrôlant pas l'usage d'uranium naturel, les Iraniens peuvent continuer leur programme sous le manteau, observa O'Connor.

— Oui. Ce n'est pas du réacteur lui-même dont Washington devrait s'inquiéter, mais de la raison pour laquelle on est en train de le construire. Une fois que vous avez obtenu du plutonium 239, vous êtes très proche de réaliser une bombe assez petite pour loger dans une valise. L'Occident n'a plus beaucoup de temps devant lui.

O'Connor sentit un frisson lui parcourir le dos. Les renseignements de Jafari corroboraient en tous points ceux qui se trouvaient sur la clé USB d'Ashtar. Mais il savait que cela ne suffisait pas. La moindre information devait être vérifiée et revérifiée, si possible à partir d'autres sources. Jafari était sur le point de devenir cette autre source.

8

— Le Jefferson se trouve à l'angle de la 16e et de M Street, dit Ryan tandis que leur taxi traversait le Potomac, ce qui est plutôt pratique pour nous.

Aleta acquiesça vaguement, notant à peine le nom de l'hôtel, l'esprit vagabondant encore sur les hauteurs de Machu Picchu. Jetant un coup d'œil vers son mari, elle se demanda pour la centième fois ce qui avait bien pu la séduire chez lui. Ryan était le fils unique d'une riche famille du Massachusetts qui avait veillé à ce que son rejeton bénéficie de tous les privilèges, parmi lesquels un diplôme de Harvard en science politique. Les premiers signes inquiétants étaient apparus lors de sa rencontre avec son père, un ex-avocat irascible et ultra-conservateur devenu sénateur républicain : Austin Crosier faisait maintenant figure d'ancien dans l'auguste assemblée et siégeait depuis de nombreuses années à la puissante commission sénatoriale pour le renseignement. Aleta n'était pas près d'oublier cette rencontre.

* * *

— Alors, Ryan me dit que vous venez du Guatemala, c'est ça ? avait demandé le sénateur au cou de taureau dès qu'ils s'étaient retrouvés seuls, elle et lui, sur la véranda de la demeure dominant Nantucket Sound. Vous devez trouver que les États-Unis sont un changement agréable.

— J'ai grandi sur les rives du lac Atitlán, sénateur.

Le maître des lieux ne l'ayant pas invitée à se montrer familière, Aleta préférait rester très formelle.

— Aldous Huxley, poursuivit-elle, l'a un jour décrit comme un des plus beaux du monde… le lac de Côme avec des volcans.

— Huxley ! gronda le sénateur. Un athéiste, ou presque, bon sang ! Qui s'est retrouvé embringué dans une de ces sectes mystiques là-bas en Inde. Ryan me dit que vous êtes catholique, mais Weizman, ça sonne plutôt juif, non ? Êtes-vous religieuse ? Craignez-vous le Seigneur ?

Elle ne s'attendait pas à cette rafale de questions. Mais, après une courte hésitation, elle avait décidé de faire front.

— Les parents de mes parents étaient juifs tous les deux, sénateur, et ils ont tous les deux été tués au cours de la Shoah. Mon père s'est échappé du camp de Mauthausen dans un camion de linge sale alors qu'il n'avait que dix ans, avec ma tante Rebekkah qui, elle, en avait huit. Elle est morte lors du naufrage du cargo qui les transportait sur le Bosphore.

— Mais ceci n'explique pas pourquoi vous êtes catholique, répliqua le sénateur. Nous n'avons eu qu'un seul catholique à la Maison Blanche et c'était un démocrate. Pff ! Kennedy ! Mon père s'est toujours demandé comment des Américains avaient pu voter pour lui.

Aleta se força à sourire.

— Mon père était juif, sénateur, mais le nonce apostolique à Istanbul, l'archevêque Angelo Roncalli qui devint plus tard le pape Jean XXIII, lui a sauvé la vie. Roncalli passait des nuits entières à forger de faux certificats de baptême pour des enfants juifs, dit-elle au bord des larmes. Papa disait toujours que Roncalli était un vrai prêtre, le prêtre idéal, et il n'a jamais oublié sa gentillesse. Mes grands-parents étaient très croyants, mais je crois que mon père s'est converti par respect pour lui.

Le sénateur s'était contenté d'émettre un autre grondement avant de quitter sa chaise. Alors qu'elle suivait son futur beau-père dans son immense demeure de la Nouvelle-Angleterre, Aleta s'était dit qu'après tout elle n'épousait pas toute la famille.

* * *

Le père de Ryan aurait dû se montrer encore plus odieux, se dit-elle, alors que leur taxi empruntait l'Expressway de la E Street. S'il l'avait fait, elle se serait sentie obligée de dire à ce vieux bâtard borgne qu'elle avait depuis longtemps abandonné toute notion d'un Dieu vengeur et que cette prétention chrétienne selon laquelle il n'existait qu'une seule vraie foi lui paraissait d'une stupidité sans nom. Ce qui, conclut-elle avec une pointe d'amertume, aurait pu mettre fin à toute cette histoire avant même qu'elle ne commence. Mais, se rappela-t-elle, elle s'était promis de donner une dernière chance à son mariage...

Une fois qu'ils furent installés dans leur suite royale à l'hôtel, elle songea à nouveau aux mystérieux crânes de cristal.

— N'y a-t-il vraiment pas moyen de passer par l'Indiana avant de rentrer chez nous ? Ce serait vraiment dommage de ne pas voir le crâne Mitchell-Hedges tant que nous sommes ici.

— Nous en avons déjà parlé, Aleta, rétorqua Ryan. Les crânes de cristal sont du même acabit que le vaudou, la sorcellerie et les faux prophètes. La Bible est très claire à ce sujet : nous les fréquentons à notre propre péril.

Il sortit sa bible du roi Jacques de son attaché-case pour lire un passage de la deuxième lettre de Paul à Timothée.

— « Car l'heure viendra où les hommes n'écouteront plus la vraie doctrine. Au lieu de cela, ils détourneront leurs oreilles de la vérité et s'en remettront aux mythes. » On ne peut pas être plus clair, non ?

Aleta réprima un soupir.

— Si tu le dis... Et si on se cherchait un bon restaurant pour s'offrir un petit dîner tranquille quelque part ? dit-elle en s'emparant du guide posé sur la table basse. Une soupe de poisson et une bouteille de champagne pour fêter notre retour ?

— Tu devrais faire attention à ce que tu bois, Aleta, prévint Ryan.

Cette fois-ci, elle soupira pour de bon.

— J'imagine que ça veut dire non ?

— Je dois préparer la conférence de demain. Le pasteur et son équipe ont beaucoup travaillé sur le problème israélo-palestinien et, le moins que nous puissions faire, c'est d'être à jour sur ces questions.

— Ils ont beaucoup travaillé sur le point de vue israélien, répliqua Aleta, mais je ne vois rien sur le côté palestinien. Eux aussi existent, Ryan. Qu'est-ce que ce pasteur, comment s'appelle-t-il déjà...

— Buffett !

— Que suggère donc le pasteur Buffett pour les Palestiniens et les centaines de milliers de réfugiés qui ont été chassés de chez eux ?

Ryan reposa sa bible.

— De ça aussi, nous avons déjà parlé, ma chère. Combien de fois devrai-je te rappeler que les Palestiniens sont des Arabes ? Ils sont musulmans.

— Et ça veut dire qu'ils ne comptent pas ? Tu parles des musulmans comme s'ils appartenaient à une autre espèce !

— En tout cas, ils ne sont pas le peuple élu de Dieu. Ceci étant dit, ils sont libres d'aller où ils veulent.

— C'est justement ça le problème, Ryan. Ils ne peuvent pas ! Ces satanés Israéliens arrivent au beau milieu de la nuit avec leurs bulldozers, ils rasent leurs maisons, arrachent leurs oliviers, des arbres vieux de plusieurs centaines d'années. Puis ils construisent un mur entre les villageois palestiniens et leurs terres cultivables, les empêchant du même coup de gagner leur vie tandis que les juifs construisent sans cesse de nouvelles colonies illégales... Tout cela a été condamné par la Cour internationale de justice.

Ce fut au tour de Ryan de soupirer.

— La Cour internationale de justice n'a aucune valeur en Terre promise, Aleta. Encore une fois, c'est l'affaire de Dieu et pas d'une cour pénale dirigée par des juristes ignorants et trop payés.

— Et quelle sorte de Dieu crée sept milliards de personnes, contemple son œuvre puis déclare : « Bon, vous les chrétiens, ça va… oh, et puis n'oublions pas le peuple élu, mais les autres, vous êtes bons à foutre à la poubelle » ?

— Aleta !

Au comble de la rage et du désespoir, elle prit son manteau.

— Tu n'es pas l'homme que j'ai épousé, Ryan. Tu deviens de plus en plus comme ton père – un bigot qui brandit sa bible à tout bout de champ, s'exclama-t-elle, les yeux brillants de larmes. Quand on sera de retour à Guatelama City, il faudra qu'on parle sérieusement !

Si la porte n'avait pas été montée avec un mécanisme de retenue, elle l'aurait claquée derrière elle.

Perplexe, Ryan secoua la tête. Les Guatémaltèques avaient un sacré caractère. Certain de la justesse de ses positions, il était convaincu que sa femme ne tarderait pas à retrouver un peu de bon sens. Il reprit sa bible, comme souvent, pour feuilleter le dernier livre, celui de l'Apocalypse, et se mit à lire : « Béni soit celui qui lit les paroles de la prophétie, et bénis soient ceux qui l'entendent et veillent à les appliquer, car l'heure est proche. »

9

Arak, Iran

Les projecteurs allumés sur les tours de refroidissement qui se dressaient au-dessus des cuves de stockage et des tuyaux donnaient à l'usine d'eau lourde et au réacteur nucléaire adjacent l'aspect d'une immense raffinerie de pétrole. Le site, férocement gardé, était installé au beau milieu de petites montagnes rocheuses et désolées à une soixantaine de kilomètres au nord-ouest d'Arak, entre les villes de Gazran et de Khandab. Les sommets étaient couverts de coulées de neige éparses tandis qu'au fond des vallées de petits champs irrigués offraient aux paysans locaux une maigre subsistance.

— Major Jafari ! Le général Shakiba est ici. Il veut vous voir dans le bureau du colonel, dit le caporal, hors d'haleine après avoir couru pour venir chercher l'officier dans un des laboratoires.

Le cœur de Jafari rata un battement. Le commandant en chef. Il n'avait repris son poste que depuis ce matin et ils étaient déjà sur son dos. L'idée fugace le saisit de s'enfuir, mais il savait qu'il avait peu de chance de passer le poste de garde à l'entrée principale et que, même s'il y parvenait, ils surveilleraient les ports et les aéroports. De plus, où pourrait-il fuir ? À l'est, c'était l'Afghanistan et le Pakistan en proie à la terreur des talibans et des extrémistes ; à l'ouest, il n'y avait que l'Irak et son chaos. Son seul espoir serait de traverser la frontière turque en zone kurde, mais elle se trouvait très loin d'Arak.

— A-t-il dit pourquoi ?

Une immense perplexité passa dans le regard du caporal et Jafari regretta aussitôt sa question. Les commandants en chef n'avaient pas pour habitude de donner des explications à de simples caporaux.

* * *

— Vous êtes donc parvenu à vous extraire des griffes des infidèles, major Jafari.

L'expression du colonel Davood Rostami était indéchiffrable. Jafari tenta de calmer son cœur qui battait à tout rompre.

— Voici le jeune officier dont je vous parlais, ajouta le robuste colonel en se tournant vers le général Shakiba.

Jafari claqua les talons et se mit au garde-à-vous.

— Rappelez-moi le but de votre séjour aux États-Unis, Jafari ? demanda le général vêtu d'un treillis impeccable dont les galons noirs s'ornaient d'une grande étoile dorée surmontée par une gerbe et deux sabres entrecroisés, dorés eux aussi.

— J'ai un oncle malade dans le Maryland, monsieur. Un cancer en phase terminale, répondit Jafari en tentant de garder une voix calme.

— Je vois. Bon, maintenant, vous êtes de retour et nous avons une tâche importante à vous confier. Une délégation de scientifiques de haut niveau arrive du Pakistan cet après-midi et le colonel Rostami vous a recommandé pour leur servir d'officier de liaison. Le colonel vous donnera tous les détails mais, en résumé, vous m'accompagnerez à l'aéroport. Ce soir, je donne un dîner en l'honneur de nos invités au Qum International Hotel. Vous resterez à leur disposition pendant toute la durée de leur séjour, vingt-quatre heures sur vingt-quatre. Il vous reviendra de satisfaire le moindre de leurs besoins, y compris toute exigence qui vous paraîtrait incongrue. Peu importe la dépense. La délégation comprend le général ul-Haq et un des plus brillants savants pakistanais, le docteur Wasim Yousef. Tous deux apprécient le whisky et certains plaisirs nocturnes, vous êtes donc autorisés à les leur fournir...

— Du whisky, monsieur ? répéta Jafari, surpris.

Shakiba et Rostami échangèrent un regard.

— La délégation pakistanaise vient nous aider à résoudre quelques problèmes techniques, major, dit le général. Tant que le monde entier n'obéira pas à la charia, nous serons parfois forcés à quelques concessions.

* * *

— Ce voyage en Amérique... Jafari était-il sous surveillance ? demanda le général Shakiba après le départ de celui-ci.

Rostami secoua la tête.

— On m'a répondu que nous n'avions pas assez d'agents disponibles. Il y avait, apparemment, d'autres priorités.

— Pouvons-nous lui faire confiance ?

— Il fait partie de nos éléments les plus prometteurs, général, et est l'un des rares muni d'un diplôme en physique nucléaire. Il est parfait pour cette tâche.

— Néanmoins, étant donné ce séjour chez l'infidèle, je veux qu'il soit placé sous surveillance jusqu'à ce que nous soyons sûrs de lui.

— Je demanderai au major Golzar de l'unité de protection rapprochée de s'en occuper.

— Bien. En attendant, certains problèmes à Téhéran requièrent une attention toute particulière, Rostami. Ce que je suis sur le point de vous révéler ne doit pas sortir de cette pièce, est-ce clair ?

— Tout à fait clair, général, répondit Rostami, le ton grave.

— Pour le moment, Ahmadinejad n'a rien à craindre, mais nous vivons une époque turbulente. La responsabilité ultime de la défense et de la protection de l'islam chiite revient aux Gardiens de la Révolution et nous qui sommes aux postes à responsabilités devons prévoir toute éventualité. Il est essentiel que nous réalisions notre programme nucléaire, car lui seul peut assurer notre sécurité. Vous me comprenez ?

— Oui, général. Il ne nous a pas échappé, même ici loin de tout, que la jeune génération est impatiente. Il faut la contrôler, même si certains des plus jeunes de nos Gardiens hésitent à tirer sur leurs semblables.

— Un problème que nous sommes en train de régler. Les Bassidjis sont les plus à même de faire respecter la loi et l'ordre dans les rues.

Rostami acquiesça. Créé après la révolution, le Bassidj, une milice volontaire paramilitaire, était capable de mobiliser plus d'un million d'hommes. Beaucoup de Bassidjis avaient combattu avec bravoure quand Saddam Hussein avait envahi l'Iran en 1980, une guerre au cours de laquelle un demi-million de soldats avaient perdu la vie. Mais, à présent, ils jouaient un rôle bien différent. Des jeunes équipés de matraques, de lances à incendie et de barres de fer mettaient fin aux manifestations de rue, envahissaient les campus universitaires et attaquaient tout opposant au régime avec un zèle et une cruauté qui n'avaient rien à envier à ceux de la SAVAK. Chaque ville avait son propre Bassidj qui assumait aussi le rôle de police religieuse, passant à tabac ceux qui prenaient part à des réunions mixtes ou qui fraternisaient avec des membres du sexe opposé, arrêtant les femmes qui ne portaient pas le hijab.

— Mais il n'est pas simple de contrôler Internet et les téléphones portables, continua Shakiba. Nous pouvons fermer les sites qui opèrent en Iran, mais les gens ont changé de tactique et, au lieu de manifester en masse, ils préfèrent télécharger des images des Bassidjis sur YouTube ou ils utilisent Facebook et Twitter, et le Grand Satan les encourage. Shakiba s'interrompit un instant avant d'ajouter : L'autre problème, c'est la santé de l'ayatollah.

— Il ne va toujours pas mieux ?

Depuis des mois, des rumeurs circulaient sur la santé du Guide suprême.

— Cancer en phase terminale. Il en a pour quelques mois, peut-être davantage, mais si la révolution islamique doit réussir… si nous voulons instituer la charia partout dans le monde, alors notre programme nucléaire est crucial. Et c'est là où vous intervenez.

— Je ne suis pas sûr de comprendre, général. Je suis un soldat... Je ne connais pas grand-chose à la physique nucléaire.

— Ce sont vos talents d'administrateur qui comptent, Rostami. Laissons la science aux scientifiques. Ahmadinejad ne pourra se représenter qu'une seule fois, c'est donc à nous qu'il reviendra de protéger la nation après lui. Certains chez les majlis veulent que ce pays devienne une démocratie libérale à l'occidentale, Rostami ! Ils représentent une menace contre l'islam plus grande encore que les États-Unis ou Israël. Mais nous sommes en train de nous occuper d'eux à Téhéran.

Rostami acquiesça. Pour le moment, le Majlis, le Parlement, était contrôlé par les tenants de la ligne dure, dévoués à l'expansion de l'islam et à la chute de l'Occident. Mais un nombre croissant de modérés, soutenus par une grande partie de la jeunesse, voulaient la liberté de parole et un dialogue avec les Occidentaux, ainsi qu'une plus grande liberté pour les femmes et dans les médias. Rostami et Shakiba savaient pertinemment que tout dialogue avec les Américains aboutirait à un ultimatum exigeant l'arrêt du programme nucléaire. Pour Shakiba, c'était impensable.

— Si un modéré est élu à la présidence, notre programme nucléaire sera en péril. Pour empêcher cela, je suis en train de mettre en place un programme qui le placera hors du contrôle du Majlis. Seuls nos officiers les plus loyaux auront accès à l'opération Khumm.

Rostami sourit, appréciateur.

— Mohammed, la paix soit sur Lui, aurait été ravi, répondit-il.

C'est au marécage de Khumm, en Arabie saoudite, que selon les chiites, Mahomet avait fait de son gendre Ali son successeur. Une interprétation violemment contestée par les musulmans sunnites. Depuis la mort du prophète au VIIe siècle, ce débat sur la succession était au cœur de la rupture chiite-sunnite.

— Il n'y aura aucun rapport de suivi, Rostami, déclara le général en sortant un dossier marqué *Top Secret – Opération Khumm* de son attaché-case, mais vous trouverez ici les directives concernant aussi bien nos missiles nucléaires qu'un autre engin tactique : une bombe-valise au plutonium. Le but de l'opération Khumm est de nous assurer que le développement de notre programme se poursuive quoi qu'il arrive à Téhéran.

Le colonel Rostami jeta un bref coup d'œil aux directives.

— Je comprends la nécessité d'obtenir des missiles intercontinentaux, monsieur, mais un mini-engin tactique ?

— Un jour – *Inch Allah* – nos missiles pourront atteindre n'importe quelle ville des États-Unis ou d'Europe, mais cela prendra du temps, Rostami, aussi pour le moment notre programme de missiles doit se concentrer sur notre défense. Nous ne voulons pas que les Américains puissent nous attaquer comme ils l'ont fait avec l'Irak, mais j'y reviendrai. Notre champ de bataille actuel est le Liban qui, avec l'aide du Hezbollah, deviendra bientôt la nouvelle République chiite.

— Vous voulez équiper le Hezbollah de mini-bombes nucléaires, monsieur ?

Malgré tout son dévouement à la cause, le colonel n'avait encore jamais envisagé de fournir des bombes atomiques à des spécialistes de l'attentat-suicide.

— Pas pour le combat au Liban – le Hezbollah est déjà en train de gagner les esprits et les cœurs, et nous sommes en bonne voie pour y imposer la charia. Mais c'est une autre histoire avec les sunnites, les États-Unis et le reste de l'Occident... conclut le général, la voix teintée d'une haine profonde envers tous ces infidèles. Réfléchissez, Rostami. Nous pouvons prendre le Liban et peut-être même la Tunisie, l'Égypte, Bahreïn, la Libye, le Yémen et même l'Arabie saoudite, mais si nous envoyons un missile nucléaire sur Israël ou les États-Unis, leurs représailles seraient terribles. Ils pourraient détruire toutes nos plus grandes villes. Il nous faut donc attendre. Une fois que nos missiles seront équipés de têtes nucléaires, même les Américains et les Israéliens y réfléchiront à deux fois avant de lancer des frappes préventives. Mais, pendant que nous attendons, nous recrutons de jeunes hommes afin de former une unité d'élite de combattants martyrs, le Yawm al-Qiyamah Jihad, le Jour du Jugement. Quand nos scientifiques seront parvenus à résoudre les difficultés techniques, ces jeunes se verront équipés de bombes-valises. Dès que les Pakistanais seront partis, je chargerai le major Golzar de leur recrutement et de leur entraînement. Il ne rendra de comptes qu'à vous.

Rostami commençait enfin à entrevoir l'ingéniosité du plan du général Shakiba.

— Et l'infidèle devra non seulement faire face à des destructions massives, mais il ne saura pas contre qui exercer ses représailles.

— Exactement. L'infidèle ne sait pas mener sa « guerre contre le terrorisme » depuis que Bush et ses sbires l'ont déclarée. Sur la scène internationale, l'Iran n'aura pris aucune part à ces attentats et nos hommes politiques pourront prétendre avec sincérité n'être au courant de rien. Mais les valises au plutonium seront produites ici à Arak et je peux vous révéler que le système que nous envisageons est extrêmement puissant. L'infidèle craint peut-être pour ses banques et ses Bourses en ce moment, mais quand les villes occidentales seront réduites les unes après les autres à l'état de déchet radioactif, c'est tout le système capitaliste qui s'effondrera. Ce sera le moment où Yawm al-Qiyamah Jihad fera connaître ses exigences pour la paix : tous les gouvernements occidentaux devront changer leur Constitution pour instituer la loi islamique.

— Et s'ils refusent ? demanda Rostami, sidéré par l'énormité du plan du général.

— Nous continuerons à frapper jusqu'à ce qu'ils cèdent. Nous disposons d'une réserve inépuisable de martyrs qui sont prêts à mourir pour l'islam, et là où Hitler a échoué, nous triompherons, Rostami. La peur est contagieuse. Nous détruirons leurs villes les unes après les autres, les peuples forceront leurs gouvernements à accepter nos conditions. Au bout du compte, le monde entier obéira à la seule vraie religion, car telle est la volonté d'Allah.

— Mais, général… les difficultés techniques, objecta Rostami. Une bombe à l'uranium est déjà difficile à créer, mais au plutonium…

— C'est pour cette raison que les Pakistanais sont ici. Nous en discuterons ce soir au cours du dîner. Si des Américains moralement corrompus et dépravés peuvent construire une bombe au plutonium, nous le pouvons aussi, Rostami ! *Allahou Akbar…* Dieu est grand !

10

Téhéran

O'Connor se frotta les yeux tandis que l'avion du vol Lufthansa LH 600 roulait vers le terminal de l'aéroport international Imam Khomeini de Téhéran bâti aux portes du désert au sud de la capitale. Le voyage s'était bien passé en dépit du fait qu'il avait dû l'effectuer en classe économique. « Les universitaires fauchés ne s'offrent pas la classe affaire », lui avait rappelé McNamara avec un sourire sadique. Il consulta sa montre. 1 h 30 du matin. Curieux comme heure d'arrivée, et il détestait les longs vols mais, au moins, les hôtesses de la Lufthansa étaient jolies.

Après avoir débarqué, il prit sa place dans la file réservée aux hommes. La sécurité était draconienne, comme il s'y attendait – la police de l'immigration étant renforcée par des Gardiens de la Révolution – mais non sans faille. Le système informatique de l'aéroport Khomeini n'était toujours pas connecté à celui du pays : dans sa paranoïa, le régime redoutait un piratage sur Internet. Les listes d'arrivée et de départ étaient donc toujours copiées à la main et transportées en voiture en ville, si bien qu'elles étaient toujours en décalage.

— La raison de votre séjour ? demanda le jeune officier de l'immigration, ses yeux noirs brillants de méfiance.

— Je suis professeur d'histoire politique. Il s'agit d'un voyage d'études.

L'officier étudia la photo que quelqu'un dans une chambre noire de Langley avait adjointe au passeport de Darragh McLoughlin. Il observa O'Connor, scruta à nouveau le cliché, avant de taper sur le clavier de son ordinateur. La machine était équipée d'une caméra, mais la reconnaissance faciale, O'Connor ne manqua pas de le remarquer, ne faisait pas encore partie du système de sécurité du régime islamique.

— Vous êtes irlandais ?

— Oui, répondit O'Connor.

Ce jeune révolutionnaire compensait son manque d'expérience par un zèle féroce.

— Et qu'est-ce qu'un professeur d'université irlandais peut connaître de l'islam ? fit le jeune homme, dédaigneux.

— C'est pour cette raison que je suis ici... pour apprendre.

Le jeune officier contempla le passeport pendant encore quelques secondes avant de le tamponner et de le rendre à O'Connor.

— Passez un bon séjour en république islamique d'Iran, professeur McLoughlin, dit-il sans la moindre conviction.

Quand O'Connor atteignit le tapis roulant, ses bagages s'y trouvaient déjà. En dehors de l'examen désormais inévitable aux rayons X, le passage de la douane s'effectua sans attente. Une véritable armada de voitures attendait les voyageurs à la station de taxis : pour l'essentiel, des Samand et des Paykan jaunes fabriquées en Iran. D'expérience, O'Connor savait que ces dernières, basées sur la Hillman britannique, étaient de véritables épaves roulantes ; il se dirigea donc vers une Samand en cherchant le sigle de la SeiroSafar. Comme dans tous les aéroports du monde, les chauffeurs de taxi de Téhéran ne craignaient pas d'exiger des prix exorbitants mais la SeiroSafar avait bonne réputation. Et à cause de la circulation elle-même, la vitesse était une notion inenvisageable.

Même en plein milieu de la nuit, il fallut plus d'une heure avant que le véhicule ne le dépose devant le Homa Hotel qui, avant la révolution, s'appelait le Sheraton. Situé à quelques centaines de mètres de la place Vanak et des bazars, c'était encore un des meilleurs établissements de la ville où, toutefois, O'Connor savait qu'il ne séjournerait pas longtemps. Il évita de sortir ses cartes de crédit flambant neuves : dans un pays comme l'Iran, ces petits bouts de plastique étaient de peu d'utilité : ici, on utilisait de l'argent liquide. Finalement, la course coûta l'équivalent de moins de quinze dollars qu'il régla avec un vieux billet froissé de cinquante mille rials à l'effigie de l'ayatollah Khomeini.

Sa réservation l'attendait à la réception et il régla sa facture d'hôtel par avance. Quelques minutes plus tard, il ouvrit le rideau de sa chambre au quatrième étage. Une lueur orangée baignait les sommets couverts de neige au nord de la ville. L'aube se levait. La puissance et la beauté de ces paysages semblaient incongrues face à la brutalité du régime théocratique. Mais O'Connor n'eut pas le temps d'approfondir cette pensée : un message en provenance de Jafari venait d'arriver sur son téléphone portable crypté.

> Épouse partie de Téhéran pour Francfort hier soir. Repris le travail à Arak. Assigné comme officier de liaison à des VIP pakistanais arrivant aujourd'hui - International Hotel de Qom ce soir.

Cela n'arrivait pas souvent dans ce métier, mais parfois la chance vous souriait. Une visite d'officiers pakistanais de haut rang était sans nul doute liée à l'offre d'assistance du général ul-Haq pour les nouvelles centrifugeuses P2 et le retraitement du plutonium. La première étape d'O'Connor serait donc Qom, une ville située à cent cinquante kilomètres au sud et qui était le cœur théologique de l'islam chiite. Il effaça le message, satisfait de constater que son protégé avait veillé à rester bref. Le portable fourni à Jafari par la CIA ressemblait à n'importe lequel de ceux que l'on trouvait dans les boutiques de Téhéran mais il était programmé avec un algorithme asymétrique de mille vingt-quatre bits et d'une clé aléatoire deux cent cinquante-six bits changeant à chaque seconde. Ce cryptage rendait les messages écrits et vocaux de Jafari quasiment impossibles à décoder.

O'Connor quitta sa chambre, verrouillant la porte derrière lui. C'était le moment idéal, tous les clients dormant encore, de se faire une idée précise de la disposition de l'hôtel. Ensuite, il se rendrait au marché pour tenter d'effectuer un retrait de la boîte aux lettres.

11

Al-Bazourieh, Liban

Le soleil s'enfonçait lentement derrière la Méditerranée, teignant d'un orange flamboyant les vergers en terrasses, les vignes, les oliviers et les toits en terre cuite des maisons en parpaings d'al-Bazourieh. Situé non loin de Tyr, la grande ville du sud du Liban, le village se trouvait à seize kilomètres de la frontière israélienne. Encore une fois, des nuages de guerre s'y massaient, menaçant la petite nation autrefois surtout connue pour ses superbes forêts de cèdres et la beauté envoûtante de ses montagnes.

Une certaine excitation régnait dans les rues étroites d'al-Bazourieh et le souk était surpeuplé. Voitures, minibus, motos et scooters se frayaient un chemin périlleux au milieu des échoppes qui vendaient tout et n'importe quoi : épices, téléphones portables, ordinateurs ou briquets et gadgets chinois. Le drapeau libanais avec son cèdre vert sur une bande blanche flanquée de deux rayures rouges flottait partout. D'immenses portraits du fils préféré d'al-Bazourieh, Hassan Nasrallah, le secrétaire général du Hezbollah, décoraient les façades des immeubles et les panneaux d'affichage plantés au bord des routes menant au village. Même si quelques sunnites frustrés y résidaient, la localité était essentiellement chiite et tous se préparaient à sortir du ramadan. La nouvelle lune se profilait à l'horizon. L'Aïd el-Fitr, la fête qui marquait la fin de ce mois sacré de jeûne, de sacrifice et de prières battait son plein.

Pour les Shahadi, la célébration était double. Le fils unique de la famille, Ahmed, venait de rentrer après avoir brillamment obtenu son diplôme d'ingénieur à l'université américaine de Beyrouth. Sa mère, Jamila, et ses trois sœurs, Soraya, Yada et la petite Rashida, trois ans, avaient passé l'après-midi dans la cuisine et la lourde table en bois du balcon était déjà surchargée d'olives, de courgettes farcies, d'houmous et de caviar d'aubergine. Un délicieux arôme de pain fraîchement cuit flottait vers la terrasse où Mansoor, les cheveux noirs parsemés de gris et les mains tordues par des années de travail dans les oliveraies, se prosternait vers le sud-est et La Mecque pour conduire le *maghrib*, la prière du crépuscule, la quatrième des cinq prières quotidiennes de l'islam.

— *Allahou Akbar...* Allah est grand...

Subhanaka allahumma... Gloire à Toi, ô Allah...

La voix de Mansoor s'élevait au-dessus des palmiers vers l'oliveraie familiale tandis que les Shahadi se mettaient en *sujood*, la position rituelle à genoux sur un tapis. Ahmed aida la petite Rashida avant de baisser la tête de façon à ce que son front et son nez touchent le sol.

— *Allahou Akbar...* Allah est grand...

Subhana rubbiyal a'ala... Mon Seigneur est parfait, le plus grand...

Assalamu alaikum wa rahmatullah... Que la paix et la miséricorde d'Allah soient sur toi...

À la fin des prières, Ahmed voulut à nouveau aider sa sœur, mais cette fois, elle protesta :

— Je peux y arriver toute seule, fit-elle, les yeux étincelants. Je suis grande. J'ai trois ans !

Ahmed se tourna vers sa mère en haussant les sourcils.

Jamila sourit en regardant sa cadette se débattre avec le tapis de prière pour le ramener dans la maison.

— Ça va être quelque chose, celle-ci, dit Jamila avant de disparaître dans la cuisine pour aller chercher les plats principaux : falafels, agneau grillé avec du riz parfumé, shawarmas au poulet, le tout accompagné d'aubergines, de poivrons et de boulghour.

— Hassan Nasrallah fait un discours ce soir sur Al-Manar, dit Mansoor en enduisant son poulet d'une épaisse couche de sauce à l'ail.

Al-Manar ou « Le Phare », la chaîne de télévision du Hezbollah, émettait depuis un endroit secret situé dans Dahieh, la banlieue sud désespérément surpeuplée de Beyrouth, bastion de l'organisation. Les programmes d'Al-Manar étaient devenus extrêmement populaires dans tout le Moyen-Orient, si bien qu'Israël s'était juré de bannir des ondes la chaîne qu'elle appelait Terror TV, mais celle-ci se portait mieux que jamais.

— Le Hezbollah recrutait au village aujourd'hui. J'envisage de m'engager, annonça Ahmed avec fierté.

Jamila échangea un regard avec son mari. Mansoor et elle avaient tous deux perdu leurs parents lors de l'invasion israélienne de 1982. Plus de dix-sept mille Libanais avaient trouvé la mort lors de cette guerre. Aujourd'hui, les tensions montaient à nouveau. La veille au soir, une patrouille israélienne avait franchi la Ligne bleue, la frontière imposée par l'ONU en 2000. Dans la fusillade, trois combattants du Hezbollah avaient été tués. Ce qui n'avait fait que raffermir la résolution de Mansoor et de Jamila : aucun de leurs enfants n'embrasserait la carrière des armes.

Yada, six ans, les yeux emplis d'adoration pour son grand frère, murmura à l'oreille de Soraya, dix ans :

— Wahou !

— Il faudra passer sur mon cadavre, jeune homme, gronda Jamila. Nous ne t'avons pas donné une éducation pour que tu deviennes un martyr. Le monde a besoin d'ingénieurs.

Ahmed adressa un regard suppliant à son père.

— Ta mère a raison, mon fils. Laisse le combat à ceux qui n'ont pas ton talent. Nous pouvons aider le Hezbollah autrement. Un jour, tu pourras peut-être même faire des études à l'étranger. En attendant, dit Mansoor en branchant la télévision, écoutons Hassan Nasrallah.

L'image du secrétaire général du Hezbollah apparut. Portant des lunettes et sa robe brune habituelle, il promettait aux musulmans du monde entier le bonheur dans l'au-delà.

— Le martyr, selon notre culture et notre pensée, est la porte qui permet de passer de la fausse vie à la vraie vie. C'est la porte qui permet de quitter la vie mortelle pour la vie éternelle. C'est la porte qui nous fait quitter une existence d'amusement, de jeu, de procréation et de fierté pour une vie d'éternelle béatitude, de paix continuelle, de bonheur et d'abondance...

Ahmed écoutait, plongé dans ses pensées. Depuis son plus jeune âge, il avait été éduqué à avoir foi dans la volonté d'Allah et il avait toujours été encouragé à nourrir de hautes ambitions. On lui avait aussi enseigné à être fier de son pays et le mépris avec lequel Israël le traitait le mettait en rage. Quand la myriade de partis politiques libanais passait son temps à se quereller, Hassan Nasrallah était le seul à tenir tête aux Israéliens. Lui seul offrait l'espoir et un chemin pour sortir de l'impasse.

— Certains Libanais en savent peut-être plus que nous en matière de politique et d'économie. Peut-être et peut-être pas, observa le secrétaire général avec un haussement d'épaules. Je ne veux pas me lancer dans ce débat. Mais, avec tout le respect qui leur est dû, quand il s'agit d'Israël, nous sommes les experts. Nous seuls maintenons une présence militaire sur le terrain et nous ne cessons de les surveiller. Certains disent – et les Israéliens le répètent tous les jours – que le Hezbollah ne cherche qu'à kidnapper et prendre des soldats israéliens en otages. Comme si c'était un crime ! Ce n'est pas un crime ! À partir de maintenant, il faut que ceci soit tout à fait clair : c'est notre droit naturel de capturer des soldats israéliens. Comment le dire plus clairement ? C'est notre droit. Et plus que cela : c'est notre devoir ! Combien de temps s'est-il passé depuis notre dernier échange de prisonniers ? Deux ans ! Deux ans pendant lesquels les nôtres sont restés enfermés dans les prisons israéliennes. Le pêcheur, Faran. Qui se soucie de lui ? Nous avons négocié pendant deux ans, en vain. Notre expérience avec les Israéliens montre que si nous voulons récupérer les nôtres, il faut capturer des soldats israéliens.

* * *

Cette nuit-là, cinquante petites équipes de combattants du Hezbollah se déployèrent le long de la frontière, utilisant à leur profit les nuages qui voilaient la lune et se dissimulant dans les vergers et les oliveraies. Chacune était munie d'un lance-roquette Katioucha soviétique modifié par les Iraniens. Ces engins qui semaient la terreur parmi les civils israéliens.

12

Téhéran

Après son petit déjeuner à l'hôtel, O'Connor commanda à nouveau un taxi Samand. Il se fit déposer devant l'entrée principale du grand bazar de Téhéran, dans l'avenue Khordad, mais au lieu de disparaître dans le dédale du marché, il se rendit dans la cour de la mosquée Imam Khomeini. Un choix ironique pour un « infidèle », mais la fortune sourit aux audacieux, se dit-il.

Un guide s'adressait à des touristes et il en profita pour rester à la lisière du groupe tout en examinant les alentours. Deux minarets et une tour munie d'une horloge dominaient une extrémité de la cour face au dôme de la mosquée. Un grand bassin et des fontaines en occupaient le centre tandis que plusieurs accès donnaient sur le bazar. Ce qui favorisait la circulation piétonne, intense dans la cour, et convenait à merveille à O'Connor. Il se concentra sur la zone entourant sa « boîte aux lettres ». Des douzaines de plantes en pot étaient alignées le long des murs ; deux d'entre elles, situées de part et d'autre d'une boîte en bois rouge contenant une bouche d'incendie, étaient particulièrement touffues. Les touristes se dirigèrent vers la mosquée et il suivit le mouvement, s'arrêtant pour admirer le superbe carrelage qui décorait l'entrée principale. C'est alors qu'il le vit.

L'homme, assez âgé et solidement bâti, venait de dépasser la bouche d'incendie et s'asseyait sur le rebord du bassin à côté de la plus grande des deux plantes. Il alluma une cigarette. Même si O'Connor savait que son contact avait été grassement payé, il restait méfiant. Il chercha le moindre signe de communication entre l'homme et des Bassidjis qui auraient pu être cachés dans l'ombre d'une des portes donnant sur le souk. Sa cigarette terminée, le contact sortit un paquet de sous sa veste, le plaça derrière le pot de la plante, se leva et partit. Notant la présence du jardinier qui travaillait à l'autre bout de la cour, O'Connor attendit. Il scruta chaque porte avant de s'intéresser aux balcons des minarets d'où, cinq fois par jour, le muezzin tourné vers La Mecque lançait l'appel à la prière. Pour l'instant, O'Connor s'intéressait davantage à la vue imprenable qu'on avait de là-haut. S'il avait été un Bassidji, c'est là qu'il se serait posté. Ne discernant pas le moindre mouvement suspect, il marcha d'un pas nonchalant en direction du bassin. Le jardinier continuait à avancer, son arrosoir à la main. Un nouveau groupe de touristes arriva et O'Connor attendit qu'il passe juste devant lui. Il se baissa, trouva le paquet derrière le pot et le glissa sous son blouson en cuir avant de gagner l'entrée principale du bazar.

Des femmes en tchadors noirs qui les couvraient de la tête aux pieds et des jeunes filles en élégants hijabs se frayaient un passage dans la foule, prenant soin d'éviter tout contact avec les hommes. Des porteurs munis de harnais chargés de fardeaux improbables livraient les marchandises tout au long des dix kilomètres d'allées et de ruelles de ce qui était le plus grand bazar du monde et dont l'existence remontait au XVIe siècle. Certaines allées étaient spécialisées dans le commerce de l'or, des bijoux, du cuivre, du papier ou des pierres précieuses tandis que d'autres montaient des arômes exotiques de montagnes d'épices aux couleurs merveilleuses : paprika rouge, safran jaune, poivre noir, curcuma orange, noix muscade, currys de toutes sortes, moutarde et piments, pistaches et noix pécan, abricots et dattes serrés entre de grandes jarres en verre remplies d'olives et d'huiles. Les relieurs de livres voisinaient avec les cordonniers, les couteliers avec les forgerons, les selliers avec les tailleurs. Dans la lumière diffuse qui tombait des dômes de verre opaque, les grains de poussière en suspension scintillaient.

O'Connor les repéra au moment où il s'écarta pour laisser passer un vieux porteur. Les Bassidjis étaient reconnaissables entre tous. Deux jeunes voyous qui venaient d'arriver à moto et qui l'observaient. Il s'engagea tranquillement dans un corridor éclairé par des ampoules nues suspendues à des arches sur lesquelles couraient des tuyaux rouillés et des câbles électriques. Ici, les échoppes offraient des tables en cuivre, des miroirs, de lourds chandeliers et des plateaux gravés posés sur des statuettes en bronze d'un mètre de haut. O'Connor se servit des miroirs pour observer ses poursuivants et sourit. Les Bassidjis le suivaient de près. Pas très discrets.

Il pressa le pas et ils l'imitèrent. Il ralentit. Eux aussi. Il avait pris soin de mémoriser le plan du bazar et il attendit d'être à cinquante mètres du carrefour suivant pour pénétrer soudain dans une boutique débordant d'objets en cuivre. Tout aussi rapidement, il s'accroupit derrière une pile de plateaux avant de ressortir dans l'allée surpeuplée. Plié en deux, il se faufila parmi les échoppes et s'engagea dans l'allée des tapis persans. De tous types et de toutes tailles, depuis les petites « descentes de lit » pour touristes aux merveilleux chefs-d'œuvre destinés aux palaces, châteaux et autres manoirs du monde entier, ils offraient des couleurs insensées : bleus et rouges profonds, ocres, marron chocolat et verts de toutes les nuances.

Se dissimulant encore une fois derrière un empilement de tapis, O'Connor scruta l'allée derrière lui. Les deux Bassidjis, brandissant ouvertement leurs matraques, se disputaient au carrefour, visiblement partagés sur la direction à prendre. O'Connor se glissa dans une minuscule allée transversale menant à une entrée utilisée par les porteurs de tapis. Il referma la vieille porte en bois derrière lui, dévala quelques marches métalliques rouillées pour se retrouver dans une rue bordée d'arbres. Il héla le premier taxi qui passait.

— *Zayandah Rud, loftan...* s'il vous plaît.

Le café Raees ne se trouvait qu'à quelques centaines de mètres de son hôtel, avec son logo vert et blanc identique à celui des Starbucks, à cette différence que la sirène aux longs cheveux flottants avait été remplacée par un homme portant un haut-de-forme. Le bar était rempli de jeunes hommes et de jeunes filles, tous fumant, mais la plupart assis séparément. Ceux qui s'installaient ensemble sans être mariés couraient le risque d'être arrêtés – ou pire encore – par les Bassidjis. Lors de l'arrivée au pouvoir de l'ayatollah Khomeini en 1979, de nombreux cafés et bars avaient été fermés au motif qu'ils favorisaient la fréquentation entre les sexes. Toute fraternisation entre jeunes hommes et jeunes filles était bannie en raison de l'interprétation très stricte de la charia imposée par le régime.

O'Connor commanda un café noir et fit le point. Il était sous surveillance, cela ne faisait aucun doute. Les Iraniens avaient-ils percé son identité ? Difficile à dire. Peut-être la direction de l'hôtel était-elle tenue d'informer les Bassidjis... Quoi qu'il en soit, il était temps de filer, mais il fallait d'abord vérifier le contenu de son colis. Il retourna à l'hôtel et grimpa dans sa chambre en empruntant l'escalier jusqu'au quatrième étage.

Assis sur son lit, il arracha les nombreuses couches de ruban adhésif. Comme l'avait promis McNamara, il trouva un téléphone satellitaire Iridium, un poignard de combat Ka-Bar Hawkbill Tanto et un Glock 21 calibre 45 flambant neuf ainsi que deux cents cartouches, le tout accompagné d'une note du DAO :

Si ça ne vous suffit pas, on viendra vous chercher. M.

O'Connor s'empara du Glock pour sentir son équilibre. Le pistolet autrichien était son arme préférée depuis qu'il avait rejoint la CIA. Il enleva le chargeur et, par habitude, vérifia que la chambre était vide. Puis il retira le fil protecteur du canon spécialement modifié pour y adapter le silencieux. Malgré son impeccable qualité de fabrication, le Glock 21 partageait le même désavantage que tous les autres 45 : il était bruyant. Mais le silencieux contenait une série de petites chambres qui absorbaient l'énorme pression de façon si efficace que le « clic » de la glissière pour recharger était plus bruyant que la détonation elle-même.

Il vérifia ensuite le contenu du pack téléphone : deux chargeurs, un solaire et un mural, une batterie lithium-ion de secours et une antenne spécialement conçue, compatible avec les normes de communication par satellite américaines en Afghanistan et en Irak. Pour le moment, il continuerait à utiliser son portable crypté, mais alors qu'il rangeait son ordinateur dans son sac à dos, il avait le sentiment que bientôt il se retrouverait dans des coins où les téléphones portables seraient à peu près aussi utiles qu'un cendrier sur une moto.

Empruntant à nouveau l'escalier, il descendit dans le hall… pour voir les deux gamins qu'il avait semés un peu plus tôt en train de franchir la porte d'entrée. Il battit en retraite au premier étage, traversa tout le couloir jusqu'à la sortie de secours qu'il avait repérée la veille. Elle donnait sur une plate-forme de livraison. Un chauffeur était en train de décharger un vieux camion Khawar cabossé. O'Connor attendit qu'il disparaisse dans l'hôtel avec son chariot de bouteilles d'eau pour se glisser derrière le véhicule, dépasser les courts de tennis et s'engager dans la rue Vanak où il trouva un taxi.

— *Loftan man o bebarin be…* Emmenez-moi à la gare routière sud.

Le conducteur lui offrit un sourire édenté, passa une vitesse qui s'enclencha difficilement et ils s'élancèrent dans un formidable panache de fumée.

L'immense gare routière proche de l'autoroute Be'sat grouillait de monde : soixante-dix cars embarquaient soixante-dix mille passagers par jour sur le terminal circulaire. Le bus à destination de Qom à cent cinquante kilomètres au sud était sur le point de partir. O'Connor monta à bord, régla les deux mille rials demandés et s'installa sur un siège à l'arrière d'où il pouvait observer les autres voyageurs. Trente minutes plus tard, la banlieue de Téhéran céda la place à des champs cultivés, puis à des puits de sel et enfin au désert. O'Connor réfléchissait aux moyens qui leur permettraient à Jafari et à lui d'avoir accès au programme nucléaire iranien sans déclencher une guerre.

13

Al-Bazourieh

— Je veux qu'Ahmed me lise une histoire ! demanda Rashida à sa mère.

Jamila embrassa sa fille et retourna sur la terrasse où son fils était en grande conversation avec son père.

— Il va falloir que vous remettiez tout ça à plus tard, dit-elle. Rashida veut son grand frère.

Ahmed sourit et disparut dans la chambre de la fillette, laissant ses parents sur la terrasse.

— Il y a encore eu des problèmes avec les sunnites du village aujourd'hui, annonça Jamila.

— Je sais. Il faudra bien qu'ils apprennent à vivre avec nous, dit Mansoor. Nous avons assez d'ennemis de l'autre côté de la frontière pour nous battre entre nous.

— Dis ça à Omar. Il a vraiment lancé une chaussure sur l'imam ?

— Oui, et il a été immédiatement chassé de la mosquée.

Leur voisin le plus proche, Omar Abbasi, était un fervent sunnite, convaincu que tous les chiites étaient des hérétiques et des traîtres au véritable islam.

— Mais il a des excuses, ajouta Mansoor.

Quelques jours auparavant, les forces du Hezbollah avaient pris le contrôle de certains quartiers sunnites à l'ouest de Beyrouth et le frère d'Omar avait été tué dans les combats.

* * *

— Le livre de pirates, exigea Rashida.

— Ce n'est pas un livre pour les filles.

— Si, si ! s'exclama Rashida, les yeux brillants. Et je suis grande maintenant.

— Ce doit être vrai puisque tu n'arrêtes pas de le répéter, dit Ahmed en réprimant un sourire et en ouvrant l'un des rares livres pour enfants publiés en Occident et traduits en arabe. « Il existe des pirates de toutes sortes et de toutes tailles, commença-t-il en baissant la voix d'un air menaçant. Mais ils sont tous... »

— « Très cruels et très méchants ! » s'écria Rashida qui connaissait l'histoire par cœur. « Et ils portent tous un foulard sur la tête et certains ont... une jambe de bois et d'autres un crochet à la place de la main ! »

— Oui, et un bandeau noir sur l'œil, et le capitaine du navire pirate a un perroquet.

— Kôôa ! ? fit Rashida en imitant le cri du volatile.

Ensemble, le frère et la sœur explorèrent les sept mers, ils débarquèrent sur des îles désertes, suivirent les indications du plan intégré au récit pour découvrir le trésor caché, jusqu'à ce que finalement les paupières de Rashida se ferment. Ahmed referma le livre, embrassa doucement la fillette sur la joue et retourna sur la terrasse. Sa mère était en train de finir de nettoyer la cuisine. Il put reprendre sa discussion avec son père.

— Maintenant qu'ils s'y sont installés, les Israéliens n'abandonneront jamais la Cisjordanie, observa Ahmed. Toutes ces discussions de paix ne sont que... du vent. Cela fait des décennies que les Israéliens gagnent du temps. Ils en profitent pour construire toujours plus de colonies sur les terres des Palestiniens afin de les écœurer et de les forcer à partir d'eux-mêmes.

Une nuit de velours se posait sur le village.

Mansoor ne répondit pas immédiatement, préférant tirer sur l'embout en argent de son narguilé. La fumée du tabac parfumé était refroidie quand elle passait dans l'eau contenue dans un vase en verre qui formait la base de la pipe à eau, cet engin ancestral dans les cultures arabe et perse.

— Les Israéliens ordinaires veulent la paix, tout comme nous, dit-il finalement. Et beaucoup d'entre eux ne supportent pas les colons. Ceux dont tu parles, ce sont les durs, les extrémistes, qui prétendent que Dieu leur a donné cette terre. Ceux-là ne changeront jamais d'avis.

— Exactement, dit Ahmed.

— Mais ce n'est pas aussi simple, Ahmed. Plus de la moitié des Israéliens ne sont pas religieux du tout. Ce sont les ultra-orthodoxes qui font pencher la balance du pouvoir à la Knesset, surtout avec le gouvernement actuel, et qui votent contre toutes les lois qui mettraient un terme à la colonisation. Ce sont eux qui bloquent le processus de paix.

— C'est pour ça que je soutiens le Hezbollah, répondit Ahmed, le regard brûlant d'indignation. Il n'y a qu'une manière de forcer Israël à négocier : par les armes.

— Si j'avais ton âge, je dirais sans doute la même chose, répondit son père, mais à présent je n'en suis plus certain. Israël devient de plus en plus agressif et, du coup, s'isole de plus en plus. Il ne lui reste que très peu d'alliés dans le monde, même les Égyptiens et les Turcs prennent leur distance. Au bout du compte, je crois que c'est la pression internationale qui forcera Israël à négocier.

— En attendant, je veux quand même rejoindre le Hezbollah. Cousin Kazim est chef d'équipe maintenant.

— Oui, mais ton cousin Kazim n'a pas de diplôme d'ingénieur, lui rappela son père en tirant sur sa pipe, le regard tourné vers la nuit.

Au loin, il discernait la lueur des projecteurs du côté israélien de la frontière.

* * *

Kazim braqua ses vieilles jumelles pour chercher les barbelés et la route poussiéreuse qui marquaient la Ligne bleue, la frontière fixée par l'ONU entre le Liban et Israël. Pour l'instant, la route était déserte. Le robuste chef, originaire d'Aita ech Chaab, était un vétéran avec la conduite d'une centaine de raids à son actif. Il connaissait la moindre pierre de ces collines couvertes de lauriers dont sa famille, pendant des générations, avait extrait l'huile pour faire du savon.

Il fit signe aux deux plus jeunes membres du groupe de commencer à installer la Katioucha derrière un petit bosquet. Les coordonnées de Maalot-Tarshiha en Israël, à cinq kilomètres au sud-ouest, étaient deux cent dix-sept degrés magnétiques. Kazim se tenait derrière le petit missile, un projectile de huit kilos, tandis que ses hommes réglaient la direction et l'élévation. Ce soir, le quartier général du Hezbollah à Beyrouth avait ordonné à toutes ses équipes de faire feu à 22 h 15 quand tous les Israéliens seraient chez eux. Une fois les lance-roquettes réglés, le feu serait déclenché à distance. En plus de Maalot-Tarshiha, les villes de Safed, Nahariya et Karmiel étaient aussi visées. Les roquettes Katioucha, Kazim le savait, n'étaient pas réputées pour leur précision mais cela n'avait aucune importance. Le but de ce déluge d'explosions était de semer la terreur chez les Israéliens. Tant que les missiles s'abattaient sur les villes, c'était tout ce qui comptait.

« Tôt ou tard, *Incha' Allah*, murmura Kazim, ces arrogants d'Israéliens comprendront le message et cesseront de s'étendre illégalement sur la terre palestinienne. »

Il vérifia le compte à rebours sur le dispositif de mise à feu avant de scruter la frontière à moins d'un kilomètre de sa position. Soudain, deux Humvee blindés israéliens apparurent et s'immobilisèrent dans le virage à la sortie du village de colons de Shtula. Craignant que les soldats n'aient leurs lunettes de vision nocturne, Kazim se mit à couvert, faisant signe à ses deux jeunes combattants de l'imiter. Les forces de défense israéliennes étaient plus actives que d'habitude, se dit-il, mais quand les roquettes s'envoleraient dans le ciel, son équipe et lui auraient disparu depuis longtemps. Allongé à plat ventre, il braqua ses jumelles.

Des réservistes, pensa-t-il avec mépris. Les soldats étaient descendus de leurs engins et s'activaient à préparer du café, abandonnant leurs mitrailleuses. Kazim réfléchit aux directives du secrétaire général : c'était le devoir sacré de chaque membre du Hezbollah de capturer des Israéliens. La chance était peut-être en train de lui sourire. Il fit signe aux autres membres de son équipe de le rejoindre.

Progressant à couvert parmi les lauriers, Kazim guida ses hommes vers la frontière. En plus de leurs AK-47, chacun portait un RPG-7 à l'épaule. Les roquettes antichars avaient été fournies par les Iraniens et étaient conçues pour ce genre de situation. Arrivés à cinquante mètres des barbelés, Kazim fit signe à ses hommes de rester à terre. Quelques années plus tôt, il avait eu la fierté de se voir décerner le titre de tireur d'élite et sa kalachnikov avait été modifiée pour être équipée d'un silencieux. Il ajusta son viseur et tira. Le projecteur situé à plus de deux cents mètres à leur droite s'éteignit. Il ouvrit le feu à nouveau et ce fut le tour de celui de gauche. Kazim attendit, observant les Israéliens pour voir s'ils déclenchaient l'alerte ou pas, mais ils continuaient à rire et à bavarder en s'occupant de leur café.

Kazim fit signe à ses hommes d'avancer et de couper les barbelés. Même sans les projecteurs, il savait que la situation n'était pas à leur avantage ; la barrière était sous constante surveillance des caméras de sécurité et, à tout moment, le centre de contrôle pouvait alerter la patrouille de l'extinction des lumières, mais c'était un risque qu'il était prêt à prendre. Son équipe traversa la route et Kazim la conduisit rapidement de buisson en buisson jusqu'à un talus surplombant la position des réservistes. Une fois sur la crête, il fit mettre les RPG en batterie, leur octroyant à chacun l'un des Humvee.

— Prenez votre temps, chuchota-t-il à ses jeunes soldats.

Le lance-grenade d'origine soviétique avait été en service dans tous les conflits depuis la guerre du Vietnam et maintenant, grâce aux Iraniens, le Hezbollah en avait acquis une variante munie de viseurs télescopiques. L'arme était mortellement précise jusqu'à deux cents mètres et Kazim avait conduit ses hommes jusqu'à moins de la moitié de cette distance par rapport aux blindés.

— Respirez… Visez les portes ouvertes… Feu !

Deux charges explosives propulsèrent les projectiles vers les véhicules. Au bout de dix mètres, les moteurs prirent le relais, faisant atteindre aux roquettes une vitesse de près de trois cents mètres par seconde. Les Israéliens sans méfiance n'eurent pas la moindre chance. Les deux Humvee explosèrent dans deux énormes gerbes de flammes et, pour faire bonne mesure, Kazim balaya la zone d'une rafale de 7,62 mm.

Il rechargea son arme.

— On y va ! hurla-t-il en courant vers la position israélienne.

Il couvrit la distance en moins de vingt secondes et il lui en fallut à peine quelques-unes de plus pour déterminer que quatre ennemis étaient morts et deux autres blessés. Ceux-là se tordaient de douleur sur le sol.

— On les prend ! ordonna-t-il.

Les deux jeunes étaient robustes et ni l'un ni l'autre n'eurent de difficulté à charger les soldats sur leurs épaules à la façon des pompiers. En tout, l'opération n'avait pas duré dix minutes et maintenant le Hezbollah avait deux prisonniers contre lesquels échanger leurs compatriotes. Ni Kazim ni le haut commandement de l'organisation à Beyrouth n'avaient idée de la tempête de feu qui allait suivre.

14

Jérusalem

Le cabinet israélien se réunit dès que la nouvelle de la capture des deux jeunes soldats fut connue. L'ambiance était tendue tandis que le chef des forces de défense expliquait la situation.

— Les derniers rapports de l'Aman indiquent que le Hezbollah peut compter sur cinq mille combattants, dont cinq cents particulièrement aguerris qui ont subi un entraînement intensif en Iran avec les Gardiens de la Révolution.

L'Aman, la direction du renseignement militaire, avait travaillé sans relâche pour tenter de localiser les positions du Hezbollah au nord de la frontière libanaise.

— Notre stratégie se base sur une opération de dix semaines, continua l'ex-pilote de chasse et vétéran de la guerre du Kippour en 1973. La campagne aérienne se concentrera sur l'élimination des lance-roquettes et mortiers du Hezbollah et une opération terrestre au Sud-Liban visera à détruire ses bases.

Plusieurs ministres autour de la table échangèrent des regards. La première invasion du Liban avait été lancée en 1982 pour chasser l'OLP de Yasser Arafat. Plus de quatre-vingt mille fantassins, huit cents tanks et mille cinq cents transports blindés avaient déferlé sur le pays du Cèdre pour écraser l'organisation palestinienne, mais quand les forces israéliennes avaient enfin décidé de quitter le pays dix-huit ans plus tard, Israël avait perdu près de sept cents soldats et deux mille autres étaient blessés, certains mutilés à vie. Du côté libanais, les pertes s'élevaient à dix-sept mille personnes, dont beaucoup de femmes et d'enfants. L'opinion publique israélienne redoutait la guerre et le Premier ministre savait qu'elle ne tolérerait pas un autre conflit majeur, surtout s'il fallait mobiliser des milliers de réservistes.

Le chef d'état-major braqua son laser sur une carte intitulée « Top Secret ».

— Le centre de commandement de Hassan Nasrallah se trouve ici, dans Dahieh, un quartier de la banlieue sud de Beyrouth, dit-il en montrant une zone au nord de l'aéroport. C'est là aussi que se trouve la station de télévision terroriste Al-Manar ; Ce sont nos cibles prioritaires avec l'aéroport et les ponts autoroutiers.

Encore une fois, cela provoqua quelques haussements de sourcils. La banlieue sud de Beyrouth était l'une des plus pauvres et des plus peuplées du monde. Les pertes civiles s'annonçaient terribles, ce qui allait susciter une condamnation unanime de la part de la communauté internationale. Pire encore, le Liban venait à peine d'achever sa reconstruction, qui avait coûté des milliards de dollars. Si l'aéroport, le port et les ponts qui constituaient les points vitaux étaient à nouveau ciblés, les médias du monde entier allaient hurler à la mort.

— Juste au nord de Tyr, vous voyez que le Litani coule d'est en ouest, continua le chef d'état-major. Cette zone est contrôlée par la brigade Badr du Hezbollah et c'est là qu'il a déployé ses missiles à plus longue portée. Nous savons que l'Iran lui a fourni une centaine de Fajr-5 que le Hezbollah a rebaptisés Khaïbar-1.

La référence à la bataille de Khaïbar en 629, pendant laquelle le prophète Mahomet avait vaincu des juifs vivant dans une oasis, était explicite.

— Les Khaïbar-1 ont une portée de soixante-quinze kilomètres, ce qui leur permet d'atteindre sans difficulté nos villes du nord, Haïfa et Afula. Les Iraniens ont aussi fourni des missiles Zelzal qui, eux, peuvent franchir cent vingt kilomètres.

Le ministre de la Défense murmura à son adjoint :

— C'était déjà moche avec les Fajr-5 qui menacent la mer de Galilée et plus d'un million de personnes. Mais cent vingt kilomètres : ils peuvent frapper Tel Aviv !

— La zone plus au sud entre le Litani et la frontière est aux mains de la brigade Nasser qui dispose d'un nombre important de lance-roquettes Katioucha. Cette zone sera plus difficile à cibler même si les villages frontières comme Naqoura, Ramiye, Aita ech Chaab et, plus au nord, al-Bazourieh, le village natal de Nasrallah, mériteront une attention particulière. Enfin, nous frapperons aussi les positions arrière et les bases d'entraînement dans la vallée de la Bekaa, ajouta-t-il en déplaçant le point rouge sur la carte en direction de la frontière avec la Syrie. Mais il faut agir vite, conclut le chef d'état-major d'une voix pressante, pour ne pas laisser le temps à la pression internationale de s'organiser.

* * *

La discussion entre les « faucons » et les « colombes » du cabinet israélien avait été animée, mais nul ne tenait à se lancer dans un conflit qui s'éterniserait. Alors que le Premier ministre, Ehud Olmert, prenait la parole lors d'une session d'urgence de la Knesset, les Israéliens mettaient tous leurs espoirs dans leur supériorité militaire aérienne.

— Madame la présidente, membres de la Knesset... Le Liban a lourdement souffert par le passé quand il a permis à des puissances étrangères d'avoir une influence sur son destin. Et l'Iran et la Syrie continuent à se mêler de ses affaires. Nous exigeons le retour des otages, un cessez-le-feu complet, le déploiement de l'armée libanaise au sud du pays et l'expulsion du Hezbollah de cette zone. Nous rechercherons et détruirons la moindre infrastructure terroriste. Israël n'acceptera pas de vivre sous la menace constante de missiles et de roquettes lancés contre ses civils.

Mais alors même que le Premier ministre Olmert appelait à un cessez-le-feu complet, les forces de défense passaient à l'action. Dans l'obscurité qui précède l'aube, et un jour seulement après la capture des deux soldats, le centre des opérations aériennes de Tel Aviv était en alerte maximale. Le commandant en chef de l'aviation ordonna le décollage des Gulfstream G550 ainsi que des Searcher, ces engins aériens sans équipage de six mètres de long. Ces drones étaient capables de rester en vol pendant vingt-quatre heures et les informations qu'ils fournissaient en temps réel grâce à leurs caméras embarquées défilaient déjà sur les banques d'écran du centre opérationnel. Plus au sud, les pilotes à distance de ces aéronefs étaient penchés sur leurs ordinateurs à la base aérienne de Palmachim.

Les autres bases aériennes, Ramat David au nord de la vallée de Jezreel, Hatzor au centre du pays, ainsi que celles de Ramon et d'Ovda au sud du désert du Néguev, bourdonnaient d'activités. Des escadrilles de Falcon F-16 et d'Eagle F-15 étaient en train d'être préparées sur les tarmacs. Travaillant à la lumière des projecteurs, les équipes au sol fixaient des bombes de mille kilos à guidage laser sous les appareils. D'autres s'occupaient des missiles air-sol Maverick et – juste au cas où les Syriens décideraient de se joindre à la fête – des engins air-air à détection de chaleur, les Sidewinder, qui portaient le nom du redoutable serpent à sonnette dont les organes sensibles aux infrarouges lui permettaient d'approcher ses proies. À Palmachim, l'escadron Cobra d'hélicoptères d'attaque était armé de roquettes de 70 mm et de ceintures de munition pour des mitrailleuses qui pouvaient tirer six mille cartouches à la minute. Le Hezbollah allait recevoir une leçon qu'il n'oublierait jamais.

15

Qom, Iran

Jafari était nerveux. Il avait déjà activé le stylo enregistreur fourni par O'Connor qu'il avait posé à côté de son carnet de notes dans la salle à manger privée du Qum International Hotel. Un port USB dissimulé permettait de le charger et, même si en apparence il semblait tout à fait normal, Jafari avait les mains moites. Malgré la présence de toute la délégation pakistanaise autour de la table, le major Amin Golzar, l'officier chargé de la protection rapprochée, n'avait d'yeux que pour lui.

— Joli stylo, Farid. Tu l'as eu en Amérique ? s'enquit Golzar.

Jafari haussa les épaules.

— Ce n'est qu'un stylo, Amin. Je crois que je l'ai trouvé à l'aéroport de Londres. Tu peux me passer le riz, s'il te plaît ?

Les quatre Pakistanais étaient dirigés par le général ul-Haq, mais en matière d'armement nucléaire, l'expert était visiblement le docteur Wasim Yousef. La délégation iranienne avait été restreinte au général Shakiba, au colonel Rostami et à deux des meilleurs scientifiques membres des Gardiens de la Révolution. C'était la première fois que Jafari était témoin de l'accueil réservé aux visiteurs étrangers et la table souffrait sous le poids d'immenses bols de *zereshk polo*, du poulet au riz basmati au safran et aux canneberges ; des *dolmas*, des feuilles de vigne fourrées au riz avec des pignons, des raisins de Corinthe, de l'aneth et de la cannelle ; ainsi qu'une douzaine d'autres préparations qui reflétaient la diversité de la tradition culinaire persane. Jafari avait aussi été surpris de découvrir que du vin était servi. Une fois le repas terminé, les portes furent fermées, les Gardiens de la Révolution restant dans le couloir, et la discussion porta sur la façon de permettre aux Iraniens d'obtenir la bombe atomique.

— L'invasion de l'Irak par les Américains était basée sur un tissu de mensonges et nous sommes décidés à ce que cela ne nous arrive jamais, annonça le général Shakiba à ses invités. Et il ne s'agit pas seulement des Américains. Les Israéliens ont eux aussi tendance à frapper sans la moindre provocation.

— Ce sont eux les plus dangereux, approuva le général ul-Haq.

Tout le monde autour de la table savait qu'en 1981 les Israéliens avaient lancé l'opération Babylone, une frappe dévastatrice contre un réacteur nucléaire construit par les Français et les Italiens pour les Irakiens, à dix-sept kilomètres au sud-est de Bagdad. Six F-15 et huit F-16 équipés de bombes de mille kilos avaient effectué un vol de près de mille kilomètres à travers la Jordanie et l'Arabie saoudite, en se servant des signaux d'appel de ces deux pays pour dissimuler leur origine. Une fois dans l'espace aérien irakien, les pilotes israéliens avaient plongé sous la couverture radar, volant en direction du réacteur à trente mètres à peine au-dessus du désert. L'attaque elle-même n'avait pas duré deux minutes, mais la cible avait été totalement détruite.

— Les Syriens construisent un réacteur nucléaire à Al-Kibar près de l'Euphrate, confia le général ul-Haq, et sont sans nul doute conscients de la menace israélienne. Les juifs sont tout à fait capables de frapper à nouveau. Et vous avez raison, général Shakiba, ils ne limiteront peut-être pas leurs frappes à la Syrie.

— C'est pourquoi nous nous préparons à une telle éventualité, répondit Shakiba. Demain, nous vous montrerons l'installation de centrifugeuses de Natanz, puis nous irons visiter le nouveau réacteur d'Arak qui est protégé par une couverture radar et des missiles air-sol. (Il s'interrompit, s'autorisant un sourire satisfait.) Nous avons aussi construit un site ultrasecret à une trentaine de kilomètres de l'endroit où nous nous trouvons. Nous vous le montrerons après Arak. Très peu de gens connaissent son existence, conclut-il avec une pointe de fierté dans la voix.

Shakiba considérait cette installation comme son triomphe personnel.

— Il s'agit d'enrichissement d'uranium ? demanda le docteur Yousef.

Shakiba hocha la tête.

— Nous en sommes à la phase pilote avec trois mille des toutes dernières centrifugeuses P2. À son plein rendement, la centrale en abritera plus de soixante mille, enterrées si profondément que même les plus grosses bombes des Américains ne pourront les atteindre.

— N'en soyez pas si sûr, le prévint le général al-Huq. Le Pentagone travaille sur une nouvelle version. Ils l'appellent l'engin de pénétration massive... Quinze tonnes d'explosif conçues pour percer soixante mètres de béton.

— Nous le savons et en avons tenu compte. Nos services nous disent que, si les Américains frappaient maintenant, ils devraient lâcher une GBU-28 de cinq mille livres qui ne peut pénétrer que six mètres de béton. Mais, même s'ils mettent au point leur nouvelle bombe, nous sommes à bien plus de soixante mètres de profondeur. Ce qui ne leur laissera, à eux et à leurs alliés israéliens, que l'alternative d'une frappe nucléaire, et même les juifs ne sont pas assez stupides pour s'y risquer.

— Encore une fois, je n'en serais pas si sûr, dit ul-Haq. Les politiciens israéliens se moquent de l'opinion internationale.

— Peut-être, concéda Shakiba, mais cela ne fait que rendre notre programme plus important encore, et nous développons les deux filières, uranium et plutonium.

— Pourquoi les deux ? s'enquit le docteur Yousef.

Shakiba et Rostami échangèrent un regard.

— L'enrichissement d'uranium n'est pas sans problème, répondit le général, s'en tenant à la version sur laquelle ils s'étaient mis d'accord. Le plutonium est notre solution de repli.

— J'espère, dit le docteur Yousef, que les nouvelles centrifugeuses P2 permettront de surmonter vos problèmes actuels d'enrichissement. Toutefois songez aux Nord-Coréens qui ont voulu se servir du plutonium et qui ne sont pas parvenus à le comprimer uniformément en une masse critique. Votre bombe sautera littéralement avant que la déflagration n'atteigne son efficacité maximale.

— Mais peut-on y arriver ? demanda Rostami, le regard brillant.

Yousef afficha un sourire sans la moindre gaieté.

— En théorie, oui. Jusqu'à ce jour, chez nous au Pakistan, nous avons toujours employé de l'uranium hautement enrichi, jamais de plutonium.

— Nous vous avons amené de nouveaux plans, confia le général ul-Haq en se servant un autre verre de vin.

* * *

Jafari cogna doucement à la porte de la chambre 203 : trois coups, suivis de deux autres plus forts, puis à nouveau trois coups discrets. Parfois, les méthodes les plus simples sont les meilleures.

O'Connor le fit entrer.

— Qu'est-ce que vous fabriquez ici, Farid ? J'avais dit aucun contact sauf si j'en prends l'initiative.

— Je sais, mais je voulais que vous sachiez ce qu'ils préparent. J'ai enregistré la réunion de ce soir, dit Jafari en sortant son stylo en argent. Le major Golzar l'a remarqué et m'a interrogé : je lui ai dit que je l'avais acheté à Londres.

— Qui est le major Golzar ?

— Le chef des gardes du corps... le service de protection rapprochée pour les Pakistanais. Il s'est fait un nom quand il faisait partie de la force Qods.

— Bon Dieu, jura doucement O'Connor qui n'avait pas besoin qu'on lui explique ce qu'était la force Qods, ou la force Jérusalem, une des unités de forces spéciales les mieux entraînées du monde.

Elle opérait surtout à l'étranger, formant et équipant des révolutionnaires islamistes comme le Hezbollah. La force Qods avait déployé ses tentacules en Irak, en Afghanistan, au Pakistan, en Inde, en Turquie, au Soudan, au Yémen et dans plusieurs républiques de l'ex-URSS. Elle jouait un rôle si essentiel que son chef ne rendait pas de compte au président Ahmadinejad mais uniquement et directement au Guide suprême, Khamenei.

— Savez-vous où Golzar était affecté ?

— Il s'occupait surtout de former les gens du Hezbollah ici en Iran, mais il a passé un peu de temps au Sud-Liban, à la frontière israélienne.

— Écoutez-moi, Farid, dit O'Connor en prenant son protégé par l'épaule, si quelqu'un comme Golzar s'intéresse à vous, soyez très prudent. Je me moque de ce qui arrive. Sauf si votre vie est en danger, ne prenez plus contact avec moi, sinon par texto crypté sur votre portable. C'est compris ?

— Je suis désolé, je pensais juste... bafouilla Jafari.

— Faites toujours comme si vous étiez sous surveillance. Toujours, dit O'Connor en le poussant vers la porte et en refermant derrière lui.

Caché dans le renfoncement d'une issue de secours, le major Golzar suivait cette scène avec intérêt.

* * *

D'élégantes tapisseries persanes étaient suspendues aux murs de marbre du hall du Qum International Hotel. Installé au bar, Jafari sirotait sa Delster, une bière non alcoolisée, attendant qu'on lui annonce que la délégation pakistanaise avait décidé de se retirer pour la nuit.

— J'étais au deuxième étage à l'instant, Jafari. À qui rendiez-vous visite ?

Le major Golzar venait soudain de se matérialiser devant lui. Le cœur de Jafari rata un battement.

— Visite ?

Il cherchait désespérément une réponse.

— Vous m'avez bien entendu. Qui se trouve dans la chambre 203 ?

— Oh, lui... C'est juste un professeur d'université... Irlandais, je crois. Il m'avait interrogé sur Persépolis tout à l'heure au bar de l'hôtel et j'avais promis de passer le voir pour lui expliquer comment s'y rendre.

— Son nom ? aboya Golzar.

Les membres de la force Qods se considéraient comme l'élite de l'élite et s'estimaient supérieurs à tous les autres militaires iraniens, y compris les Gardiens de la Révolution, quel que soit leur grade.

— Le professeur... le professeur O'Lach... McLoughlin, c'est ça ! Le professeur McLoughlin. Pourquoi ces questions, Golzar ? demanda Jafari qui retrouvait son sang-froid.

— Certains ne sont pas ceux qu'ils prétendent être, Jafari. À votre place, je ferais très attention à mes fréquentations.

Golzar le scruta un moment avant d'enchaîner :

— Ce stylo que vous utilisiez tout à l'heure... puis-je le voir ?

— Pour quoi faire ?

— Le stylo !

16

Base aérienne Ramat David, Israël

L'officier commandant l'escadrille des Falcon F-16, les Chevaliers du Nord, le lieutenant-colonel Moshe Schiller consulta sa montre : 4 heures. C'était l'heure. Les yeux fixés sur les lueurs de son tableau de bord, il activa la roulette de sol, relâcha le frein et arma son siège éjectable. Tandis qu'il sortait du hangar, passant devant une rangée d'eucalyptus en direction de la piste 9, Schiller passa en revue sa check-list, scrutant le HUD, l'écran où défilaient diverses informations et ses jauges. Quatre autres appareils chargés de bombes le suivaient, pilotés par des Israéliens âgés d'à peine vingt ou vingt et un ans. Avec ses huit mille cinq cents pieds, la piste 9 était la plus longue de Ramat David, mais Schiller savait qu'ils en auraient besoin. Les F-16 devaient voler jusqu'à Beyrouth et ils embarquaient quasiment leur charge maximale.

Schiller stoppa le chasseur à l'entrée de la piste, la main droite sur la manette de contrôle latéral, la gauche tenant les gaz. Le F-16 était le premier avion au monde capable d'encaisser 9G, soit neuf fois la force de la gravité. La pression sur le pilote était si forte qu'un manche central normal aurait été trop difficile à contrôler. La manette latérale permettait de reposer le bras et de la manœuvrer uniquement avec des mouvements du poignet.

Schiller prit une profonde inspiration et se força à se détendre. À cinquante-deux ans, ce vétéran avait livré son premier combat à bord d'un Phantom F-4 lors de la première invasion du Liban en 1982, mais même avec des milliers d'heures de vol à son actif, l'adrénaline affluait toujours au début de chaque mission. Il passa en revue ses écrans et effectua un nouveau contrôle : capteur de chaleur, volets, altimètre radar, frein...

La voix du contrôleur aérien craqua dans son casque.

— Barak Zéro Un, vous avez l'autorisation de décoller piste 9.

— Barak Zéro Un.

— Contactez le centre d'opérations aériennes une fois en vol sur un deux zéro, décimale trois.

— Un deux zéro, décimale trois.

Schiller poussa la manette des gaz et regarda le compte-tours monter rapidement. Tandis qu'il roulait sur la piste, il vérifia ses instruments une dernière fois, mais tous les voyants d'avertissement étaient éteints. Satisfait, il poussa les gaz à fond puis sur la gauche pour engager la chambre de postcombustion. Le pilote se retrouva plaqué sur son siège tandis que le turboréacteur à double flux F110 de General Electric délivrait une énorme poussée de vingt-huit mille livres. Le F-16 fonça sur la piste, laissant derrière lui une longue traînée enflammée orange et bleue. Au moment où l'appareil atteignit cent soixante nœuds, Schiller tira la manette latérale. Le chasseur quitta le sol, grimpant à la vitesse de trente mille pieds par minute. Schiller rétracta immédiatement le train d'atterrissage.

Par habitude, il jeta un coup d'œil au ciel noir devant lui à travers la bulle formée d'une pièce unique en polycarbonate qui permettait une visibilité à trois cent soixante degrés. Avec un peu de chance, les Syriens resteraient chez eux aujourd'hui, se dit-il. Au cas où, il enclencha son radar en mode recherche, mais l'engin ne lui montra qu'un ciel vide. Il régla son cap sur son premier point de passage sur le Litani et scanna l'approche de Beyrouth, les fréquences au sol et des tours de contrôle. Rien à signaler. Il jeta un regard aux bombes fixées sous ses ailes. Chacune avait été modifiée et munie d'un système de guidage laser d'une valeur de vingt mille dollars. À condition de pouvoir garder le laser braqué sur sa cible, Schiller savait que sa précision était de l'ordre de quelques mètres. Dans l'appareil, toute une batterie de capteurs fouillaient le ciel et le sol.

Quinze minutes plus tard, les F-16 approchaient de leur objectif et Schiller se concentra sur le HUD. Vitesse : trois cent cinquante nœuds, altitude : vingt-cinq mille pieds. Chacun de ses pilotes s'était vu confier une cible différente. Ce matin, les Chevaliers du Nord avaient reçu l'ordre de détruire les trois pistes d'atterrissage de Beyrouth.

Schiller passa à l'attaque. Il appuya sur le bouton qui permettait aux ordinateurs de l'avion de prendre en compte sa vitesse, son altitude et sa direction pour calculer le lâcher de la bombe. Schiller sentit une légère secousse quand la première quitta l'aile tribord et il maintint le cercle laser au centre de sa cible. Quelques secondes plus tard, quand il sortit de son piqué, une forme noire passa sur l'écran et le centre de la piste explosa dans une gerbe de flammes et de débris de béton. Schiller continua de tirer sur sa manette et grimpa, libérant leurs cibles pour ses ailiers.

Un peu plus loin au nord-ouest, une autre escadrille de F-16 bombardait Dahieh et la banlieue sud de Beyrouth. Les services de renseignements avaient localisé le quartier général d'Hassan Nasrallah et la station Al-Manar au sein de deux immeubles résidentiels. Plus au sud, près du Litani, les autoroutes et ponts du Liban étaient réduits à l'état de gravats. Plus menaçant encore pour les villageois libanais qui vivaient près de la frontière, l'artillerie israélienne s'était mise en mouvement.

* * *

La poussière s'élevait derrière le convoi de Paladin M109 tandis qu'ils se mettaient en position. Le commandant de la batterie avait amené son unité non loin de l'endroit de la capture des deux soldats. Maintenant, se dit-il, les coupables allaient payer. Il vérifia sur son ordinateur les positions présumées du Hezbollah de l'autre côté de la frontière tandis que les artilleurs transpiraient à grosses gouttes en chargeant les munitions de 155 mm dans les culasses. Les moteurs de la tourelle grincèrent tandis que les longs canons se braquaient sur leurs cibles.

— Alpha Zoulou, ici Niner, cible Bravo Un Cinq Zéro, cinq salves, paré à tirer... Feu !

— Feu !

— Feu !

L'un après l'autre, les commandants des véhicules donnèrent le même ordre à leur équipage et les canons crachèrent des flammes orange et de la fumée noire tout le long de la frontière. Avec un rugissement semblable à celui d'un train express qui disparaît dans un tunnel, les obus de quatre-vingt-huit livres foncèrent vers leurs cibles à une vitesse de plus de cinq cents mètres par seconde.

Pour les habitants d'al-Bazourieh, il n'y eut pas le moindre avertissement, juste un sifflement inquiétant avant que tout autour d'eux n'explose dans un déluge de feu. Les projectiles s'abattirent depuis la rue principale jusqu'aux collines voisines, détruisant le petit marché, les bâtiments voisins, la mosquée et de nombreuses maisons situées dans le haut du village.

Mansoor et Ahmed sortirent en titubant de ce qu'il restait de la mosquée, où l'imam conduisait la prière. Du sang jaillissait du front d'Ahmed déchiqueté par un morceau de shrapnel. Éberlués, les deux hommes contemplèrent le carnage dans la rue : les véhicules éventrés, les immeubles effondrés ou bien ayant perdu leur façade et révélant les pièces intérieures. Des corps démembrés gisaient ici ou là parmi les décombres ou dans des cratères où autrefois se trouvait le souk. Hommes, femmes et enfants survivants erraient, hébétés et ensanglantés. Les lampadaires s'étaient éteints et Mansoor et Ahmed retournèrent en titubant chez eux sur la colline. Ils franchirent le virage et Ahmed crut que son cœur allait lui sortir par la bouche. À la place de leur maison, il n'y avait plus qu'un trou noir et fumant.

17

Washington

— Israël est en péril ! tonna le pasteur Jerry Buffett. Ces derniers jours, des centaines de roquettes ont tué des civils innocents – des civils dont le seul crime est de tenter de vivre paisiblement dans des villes proches de la frontière libanaise.

Le télévangéliste, un des plus connus des États-Unis, était réputé pour ses discours enflammés en soutien à la Terre promise. Il agrippa son pupitre pour contempler l'immense public rassemblé dans la salle de conférences du Washington Convention Center.

Dehors, près de l'entrée sur Mount Vernon Place, une gigantesque bannière proclamait : « Que Vos Voix Soient Entendues Quand Israël Souffre ! » Plus de cinq mille chrétiens sionistes avaient entendu l'appel et avaient convergé dans la capitale en provenance de tout le pays.

— Caméra 5, un gros plan sur le pasteur, ordonna le producteur depuis la régie au-dessus de la scène.

Le cameraman zooma lentement sur le visage bronzé du pasteur, sa mâchoire carrée et ses yeux d'un bleu profond.

— La fin des temps approche, gronda Buffett. Quelqu'un sait-il où en est l'index de l'Apocalypse aujourd'hui ?

— Cent quatre-vingt-quatre.

La réponse était venue d'un gentleman corpulent assis au premier rang.

— Absolument, monsieur. Cent quatre-vingt-quatre ! Le score le plus élevé jamais atteint depuis qu'on enregistre les données !

Beaucoup dans la salle hochèrent la tête en signe d'approbation. Pour certains, c'était la première chose qu'ils vérifiaient chaque matin en se connectant à Internet. Le site « Rapture

Ready », « Prêts pour la Béatitude », tenait à jour une sorte de baromètre de l'Apocalypse qui prenait en compte différents facteurs comme les crises économiques, les ressources pétrolières, mais aussi la fréquence et l'intensité des tremblements de terre, des tsunamis, des incendies ou bien encore la tension en Israël qui aujourd'hui avait atteint le chiffre record de « 5 ».

— La montée des forces sataniques de l'islam fait partie du projet de Dieu, continua Buffett avec son accent texan prononcé, et le jour même où les croyants connaîtront la béatitude de rejoindre Notre-Seigneur, une mort terrible s'abattra sur ceux qui n'ont pas tenu compte des prophéties de la Bible. J'ai un message pour le président des États-Unis et tous ceux qui le conseillent sur la politique à mener avec Israël : Dieu vous surveille !

Une vive acclamation s'éleva dans la foule.

— C'est écrit en toutes lettres dans ce livre, tonna Buffett en brandissant sa bible en cuir. Ici même dans la Genèse, où Dieu dit d'Israël et de son peuple élu : « Je ferai de toi une grande nation, et je te bénirai... comme je bénirai ceux qui te bénissent et comme je maudirai ceux qui te maudissent. » Dieu ne pouvait pas être plus clair, monsieur le président. Dieu exige de cette grande nation qu'elle soutienne Israël en cette heure de besoin !

Des « Amen » et des « Alléluia » retentirent dans toute la salle. Jerry Buffett saisit son micro et se mit à arpenter l'immense scène.

— Le Seigneur tient toujours ses promesses, continua-t-il, et quand Il a dit : « Je te donne le grand pays qui va du fleuve d'Égypte à l'Euphrate », Il ne plaisantait pas ! Pas un seul centimètre carré de Gaza et de Cisjordanie et pas un seul centimètre carré de Jérusalem ne doit être rendu aux terroristes !

Une formidable acclamation retentit à nouveau entre les piliers qui supportaient la vaste salle.

— C'est à Jérusalem que le Christ a connu Sa résurrection. Et la Bible nous dit que c'est à nouveau à Jérusalem que le Seigneur reviendra, et beaucoup plus tôt que nous ne le pensons.

Le pasteur revint à son pupitre pour inviter le public à poser des questions.

— Oui, au monsieur... là, en bas, dit-il en guidant le porteur du micro vers le gentleman corpulent au premier rang.

— Merci, pasteur Buffett, pour ce nouveau et merveilleux discours qui soulève un certain nombre de questions dont l'une concerne le mont du Temple. Étant donné que les musulmans ont construit une mosquée sur les ruines du Second Temple, voyez-vous quand le Troisième Temple pourra être rebâti ? demanda-t-il avec ferveur.

— C'est une excellente question, monsieur, une excellente question. Les musulmans sont sur la mauvaise voie et c'est tragique. Il n'y a qu'un chemin vers l'au-delà et la Bible nous met en garde contre les faux prophètes, parce que c'est la Bible – pas le Coran, ni la Bhagavad-Gîtâ ni le Dhammapada bouddhiste, ni le Tao Te King ni le Zend Avesta zoroastrien. La Bible est la parole de Dieu. L'islam est une religion maléfique qui se caractérise par sa violence. Quatorze cents années de violence depuis sa conception, alors ne soyez pas dupes ! Quant au Troisième Temple, la première pierre est prête et l'Institut du Temple a déjà construit le mobilier. Mais ne vous y trompez pas, dans le combat aux côtés d'Israël contre les terroristes, nous voyons se déployer la prophétie de la Bible. Pour le moment, juifs et chrétiens ont l'interdiction de prier au sommet du mont du Temple et, sachez-le, près du dôme du Rocher, figure une inscription en arabe qui dit : Dieu N'a Pas De Fils.

Certains dans le public poussèrent un cri d'effroi.

— C'est la vérité, mes amis, mais les musulmans ont commis une grave erreur. Car, quand Jésus, le seul et unique Fils de Dieu, reviendra, il n'y aura plus de dôme du Rocher... il n'y aura plus de mosquée al-Aqsa... nous l'aiderons à détruire ces édifices païens et le Troisième Temple se dressera à leurs places sur les fondations des temples originaux de Notre-Seigneur !

Quand les applaudissements se calmèrent, une dame bien habillée au troisième rang prit le micro.

— Pasteur Buffett, j'aimerais ajouter mes remerciements pour cette merveilleuse allocution et vous demander si l'Amérique et nos alliés sont mentionnés dans les prophéties bibliques. Croyez-vous vraiment que la fin des temps soit proche ?

— Merci, madame, pour cette autre question captivante. Je crois vraiment que nous en approchons. Le courroux de Dieu se manifeste chaque jour un peu plus sous la forme d'ouragans, de tsunamis, de tremblements de terre, d'inondations et d'incendies, ainsi que dans l'accroissement incessant des conflits armés. Dans Matthieu 24, Dieu dit : « Car les nations se dresseront contre les nations, les royaumes contre les royaumes, et partout il y aura des famines et des tremblements de terre. » Quant à l'Amérique et ses alliés, pour le moment nous encourons la colère de Dieu car nous soutenons la volonté des Palestiniens d'annexer une partie d'Israël. Si on laissait faire cette administration, Bethléem, Jéricho, Naplouse, la Galilée et beaucoup d'autres endroits de grande importance seraient cédés aux musulmans. Monsieur le président, je vous le rappelle : Tournez-vous contre Israël et Dieu punira l'Amérique et ses alliés de la plus terrible des façons !

Un chœur d'« Amen » emplit l'auditorium.

Le pasteur Buffett baissa la voix.

— Au moment même où je vous parle, les ayatollahs iraniens sont sur le point d'obtenir la bombe atomique. Monsieur le président, il faut bombarder l'Iran avant qu'il ne nous bombarde !

Aleta Weizman leva la main.

— Oui, madame... la dame, là-bas au quatrième rang, dit Buffett à l'intention du passeur de micro.

— Ne me fais pas honte, murmura Ryan du coin de la bouche.

— Ma question est en deux parties, pasteur Buffett, commença Aleta. Je remarque que vous considérez les Palestiniens comme des intrus, mais ne serions-nous pas en train de ré-écrire l'histoire ? Il est tout à fait juste de dire que l'islam n'existe que depuis que l'archange Gabriel a révélé la parole de Dieu aux musulmans, tout comme elle avait été révélée aux juifs et aux chrétiens par l'intermédiaire des prophètes et du Christ. Mais si j'ai bien compris la Bible, pasteur Buffett, les Hébreux ne sont arrivés dans ce que nous appelons maintenant Israël que vers 1400 avant J.-C. au plus tôt, soit quelques centaines d'années après les Palestiniens.

Des cris étouffés retentirent dans l'auditorium. Le mot « Honte ! » était parfaitement reconnaissable. Le chef de la sécurité consulta le pasteur Buffett du regard, mais celui-ci secoua la tête. C'était une chose de faire sortir des journalistes qui posaient des questions embarrassantes, mais son image en prendrait un coup s'il faisait expulser par la force une jeune femme du public.

— Donc, voici la première partie de ma question, continua Aleta : étant donné la présence antérieure des Palestiniens sur cette terre, ne vaudrait-il pas mieux tenter d'atteindre un consensus entre les deux parties ?

— Ce sont des Arabes ! s'exclama un homme assis derrière elle.

— Assieds-toi, Aleta ! ordonna Ryan, mais elle l'ignora.

— Deuxièmement, à Jérusalem se trouvent aussi bien les restes du Second Temple juif que l'église du Saint-Sépulcre, bâtie, dit-on, sur le site de la crucifixion du Christ, ainsi que le dôme du Rocher et la mosquée al-Aqsa, il est donc incontestable que cette ville est un centre spirituel essentiel pour les trois grands monothéismes. Ne serait-il pas plus intelligent d'en faire une cité internationale garantissant le libre accès à chaque culte ?

Le préposé au micro le lui arracha des mains tandis que des murmures de plus en plus furieux grondaient : « Sacrilège ! », « Apostasie ! »

— Dès que le pasteur aura fini, nous partirons, fit Ryan, le visage écarlate.

— Qu'est-ce qui te fait croire que je vais rester jusqu'à la fin ? rétorqua Aleta.

La veille, elle avait envoyé un e-mail à Anna Mitchell-Hedges, une délicieuse vieille dame de plus de quatre-vingt-dix ans. Elle lui avait immédiatement répondu :

> Le crâne a déjà révélé certaines des informations que les Anciens y ont déposées et je demanderai à Lena Begich de se joindre à nous. Lena est très douée et elle a déjà souvent prouvé qu'elle pouvait entrer de façon remarquable en communication avec le crâne. Mais les séances de captage nous ont aussi appris que le crâne de cristal détient des informations qui ne seront révélées qu'à une seule personne très particulière et j'ai bien l'impression que vous pourriez être cette personne.

Le pasteur Buffett, le visage dur, la mâchoire serrée, fixa Aleta pendant un long moment.

— Dire que je suis déçu par votre question serait un euphémisme, déclara-t-il finalement.

« Amen », murmurèrent de nombreuses personnes dans le public.

— Mais je vais, bien sûr, y répondre. D'abord, Golda Meir avait absolument raison quand elle a dit : « Il n'existe pas de peuple palestinien... Ce n'est pas comme si nous étions venus les chasser de chez eux et leur prendre leur pays. Ils n'existaient pas en tant que peuple. » Donc, en tant que peuple, les Palestiniens sont un mythe. Ils n'existent que dans l'imagination des médias.

— Quand on parle de négationnisme... marmonna Aleta.

— Deuxièmement, si vous aviez lu la Bible avec un peu plus d'attention, vous auriez découvert que l'Ancien Testament mentionne Jérusalem six cent soixante-neuf fois, et il y a encore cent cinquante-quatre autres références dans le Nouveau Testament. Savez-vous combien de fois le Coran, la Bhagavad-Gîtâ, le Dhammapada, le Tao Te King ou bien le Zend Avesta parlent de Jérusalem ?

Aleta soutenait le regard du pasteur.

— Pas une seule fois, répondit le gentleman corpulent qui consultait l'index de l'Apocalypse tous les jours.

— C'est exact, monsieur ! Pas une seule fois ! Et si vous visitez Jérusalem aujourd'hui, ajouta Buffett en fixant Aleta, vous y découvrirez des tunnels sous la Vieille Ville où des ampoules éclairent, même pour une non-croyante, des fouilles archéologiques montrant un système d'écoulement des eaux qui fut construit à l'époque du roi Hérode. Des égouts que les Hébreux utilisaient pour échapper aux Romains quand la cité fut attaquée. La preuve inaliénable de la présence juive.

Tandis qu'une nouvelle salve d'applaudissements et d'acclamations éclatait, Aleta quitta l'auditorium, laissant Buffett répéter son avertissement au président des États-Unis, un avertissement qui s'insinuait de plus en plus ouvertement dans les allées du pouvoir à Washington.

— Il faut frapper l'Iran, maintenant, monsieur le président, avant qu'il ne soit trop tard !

18

Qom

— Le stylo, Jafari !

Jafari faillit se tromper mais pensa au dernier moment au deuxième stylo que lui avait fourni O'Connor. Il le sortit de sa poche pour le tendre au major.

Golzar le tourna et le retourna entre ses doigts avant de presser le bouton qui aurait activé le microphone. La pointe se rétracta. Golzar dévissa la moitié supérieure, exposant le mécanisme à ressort. Il étala tous les composants sur la table, y compris la cartouche, avant de repousser le tout vers Jafari.

— Vous avez fini, Golzar ? demanda celui-ci, feignant la colère.

— Vous venez d'être nommé major, Jafari. À votre place, je serais très prudent, gronda Golzar. En attendant, le général ul-Haq apprécierait un peu de compagnie pour la nuit. Veillez à ce qu'il ait le choix.

— Et comment voulez-vous que je fasse, Golzar ? Je doute que la commandante locale de la Garde déborde de joie si nous lui ordonnons de nous fournir quelques-unes de ses officiers pour distraire un général pakistanais en visite.

— Vous êtes vraiment un idiot, Jafari. Nous sommes à Qom. C'est peut-être le cœur spirituel du pays, mais c'est aussi la ville des pèlerinages et des plaisirs. Appelez ce numéro. On attend votre coup de fil.

Golzar lui tendit un bout de papier avant de s'éloigner, tout en consultant une feuille sortie de l'imprimante de l'ordinateur de l'hôtel qu'il avait réclamée un peu plus tôt : la liste des occupants des chambres.

Jafari poussa un soupir de soulagement avant de regarder le numéro de téléphone et de secouer la tête devant l'hypocrisie du régime. La prostitution était illégale mais la demande restait forte. Pour contourner le problème, les ayatollahs avaient promu une interprétation de la loi qui avait depuis longtemps été abandonnée dans la plupart des pays musulmans. Les Iraniens pouvaient avoir des rapports sexuels légaux à condition d'épouser la prostituée. Selon l'interprétation chiite de la *mut'ah*, un mollah pouvait célébrer un mariage temporaire – pour vingt-quatre heures, six mois ou plus. En outre, un homme avait le droit d'avoir autant de femmes temporaires – de prostituées – qu'il le voulait. Et, ces derniers temps, les ayatollahs envisageaient une législation selon laquelle les bordels seraient rebaptisés « maisons de chasteté ».

Autant de culot sidérait Jafari tandis qu'il composait le numéro donné par Golzar. Quand l'ayatollah Khomeini et ses mollahs avaient pris le pouvoir, ils avaient inscrit le Coran dans la Constitution si bien que des actes qui ne relevaient jusqu'alors que de la moralité personnelle étaient soudain devenus des crimes. D'un point de vue juridique, le témoignage d'une femme valait la moitié de celui d'un homme ; et non seulement celles-ci devaient monter à l'arrière des bus et utiliser une entrée séparée pour pénétrer dans les immeubles, mais beaucoup devaient fuir des mariages forcés avec des hommes plus âgés et n'avaient d'autre choix que de s'en remettre à la prostitution pour survivre. Le Guide suprême avait aussi banni la contraception, ce qui avait fait doubler la population en une génération. Une vraie bombe démographique à retardement.

— *Salaam...*

La voix était celle d'une femme d'un certain âge.

— Je suis le major Jafari. On m'a donné ce numéro...

Il s'interrompit soudain, se demandant comment on commandait une prostituée.

La femme à l'autre bout de la ligne éclata de rire.

— Ne vous inquiétez pas, major, nous attendions votre appel. Les dépenses ont même déjà été réglées et j'ai fait préparer certaines de mes meilleures jeunes femmes pour le général.

Vingt minutes plus tard, cinq jeunes Iraniennes, toutes en tchador noir, franchissaient discrètement et sous bonne escorte une porte de service de l'hôtel.

* * *

Le lendemain matin, la neige tombait encore, tapissant le désert d'une pellicule blanche, mais en quantité insuffisante pour tenir sur l'autoroute 56. Le long ruban d'asphalte noir et humide s'étirait en direction de la petite ville d'Arak. Le convoi de Mercedes noires, accompagné par une escorte de Gardiens de la Révolution, traversa la ville, puis une vallée fertile à l'ouest pour atteindre le complexe nucléaire une vingtaine de minutes plus tard. Des miradors dominaient la haute enceinte qui protégeait les installations bâties sur les contreforts des montagnes. Des soldats se mirent au garde-à-vous au passage de la file de véhicules qui s'engagea dans une longue allée à deux voies bordée d'arbres menant vers l'est du complexe. Les projecteurs sur les tours et les réservoirs de stockage lui donnaient l'apparence d'une énorme raffinerie pétrolière. Le major Jafari descendit le premier pour ouvrir la portière arrière au général ul-Haq. Le colonel Rostami avait fait prévoir des casques et des blouses blanches qui furent distribués à la délégation précédée par le général Shakiba dans le bâtiment de production d'eau lourde.

— Nous avons utilisé le procédé Girdler de distillation pour séparer l'eau lourde, dit-il en montrant les rangées de colonnes cylindriques qui se dressaient au-dessus du sol. Nous disposons en tout de douze unités de production.

— Pour quelle capacité ? s'enquit le docteur Yousef.

— Pour le moment, nous produisons huit tonnes d'eau lourde par semaine, mais quand toutes les unités seront installées, nous pensons doubler ce chiffre. Il faudra près de cent tonnes pour démarrer le réacteur, cette usine est donc essentielle.

Le docteur Yousef hocha la tête pour marquer son approbation. Les Iraniens avaient choisi des méthodes qui avaient déjà fait leurs preuves dans les pays occidentaux. En faisant couler de l'eau ordinaire à travers les tours à différentes températures et en y mêlant de l'hydrogène sulfuré bouillant, l'échange chimique résultant produisait de l'eau lourde d'une pureté presque parfaite.

Jafari ne perdait pas un mot de cette conversation, tâchant d'en retenir les points essentiels. Sentant que le major Golzar s'intéressait toujours à lui, il préférait éviter de prendre des notes ou de sortir le stylo trafiqué.

La délégation effectua une visite complète de l'usine de production, un dédale de réservoirs, de tuyaux, de stations de pompage et de laboratoires ainsi que de l'usine nucléaire voisine.

Tout ce petit monde se retrouva ensuite en salle de conférences. Un portrait du Guide suprême, l'ayatollah Khamenei, était suspendu à l'un des murs.

Le général Shakiba ouvrit les débats.

— Nous utilisons de l'acide nitrique pour séparer le plutonium de l'uranium usé mais nous rencontrons toujours des difficultés avec les actinides. Le neptunium, l'américium, le curium, le césium 135, l'iode 129, le strontium 90... ces déchets produisent beaucoup de chaleur.

— Et ils sont hautement radioactifs, enchaîna le docteur Yousef, mais je crois que nous pouvons vous aider. Nous avons apporté les plans d'un procédé de traitement avec du carbonate de calcium qui vous permettra d'incorporer le matériel sec dans du verre borosilicate qui peut être stocké beaucoup plus facilement. Vous devriez pouvoir le faire sur site.

Un grand sourire apparut sur le visage du général Shakiba.

— Voilà une excellente nouvelle. En dépit de tous nos problèmes, poursuivit-il en faisant signe à Jafari de lancer la présentation PowerPoint, l'usine de conversion d'uranium d'Ispahan, que vous pouvez voir sur cette diapositive, est maintenant presque complètement opérationnelle, avec vingt et un des ateliers achevés sur vingt-quatre. Nous y avons actuellement trois mille scientifiques, afin surtout de faciliter la conversion de l'uranium yellowcake en hexafluorure d'uranium.

Jafari montra la première diapo. L'usine d'Ispahan couvrait plus de vingt-quatre hectares au sud-ouest d'Arak.

— La base est protégée par des missiles antiaériens, mais certaines installations ont été déplacées sous terre à une profondeur qui les met à l'abri de toute attaque.

Le général indiqua les entrées des tunnels qui menaient à des cavernes creusées sous la montagne.

— L'image suivante vous donnera une idée de nos installations de production à Natanz.

Jafari afficha le complexe d'enrichissement situé à cent kilomètres au nord d'Ispahan bâti dans une zone désertique et désolée à l'ombre d'une montagne.

— Vous voyez l'usine pilote dans la partie ouest du complexe et, ici, ajouta le général en déplaçant son pointeur laser, c'est là où nous sommes en train de construire l'usine principale qui devrait pouvoir recevoir soixante mille centrifugeuses. Vous pouvez constater que ce site est tout aussi bien protégé. Mais, même s'il devait être endommagé, nous en avons un autre...

À la fin de la réunion, le colonel Rostami récupéra les notes que le général avait utilisées pendant la présentation.

— Mettez ça sur mon bureau, Jafari, dit-il avant d'aller déjeuner en compagnie du général et des Pakistanais.

Jafari attendit que le groupe eût quitté la pièce avant d'insérer une clé USB dans l'ordinateur. Le cœur battant, il copia la présentation classée top secret avant de se rendre dans le bureau du colonel. Il posa le dossier sur le bureau et s'apprêtait à partir quand il remarqua une chemise marquée *Top Secret – Opération Khumm.* À nouveau fébrile, il sortit le téléphone portable fourni par la CIA équipé d'un appareil photo haute définition et d'un déclencheur silencieux. Il prit un cliché des deux pages se trouvant dans la chemise.

* * *

Après le déjeuner, le convoi reprit la route dans le désert en direction de Qom avant d'obliquer vers le nord. En arrivant aux abords du lac salé Howz e Soltan, il emprunta la route 7 vers l'ouest, passant devant une immense piste d'atterrissage construite au milieu de nulle part. La route se transforma en piste qui les conduisit jusqu'à une immense entrée d'un tunnel en béton. Tout le monde fut équipé de blouses blanches, casques et surchaussures bleues puis des chariots électriques transportèrent la délégation au cœur de la montagne. Natanz et Ispahan commençaient à être connus en Occident, mais très peu de gens, y compris en Iran, étaient au fait de l'existence de ce site.

Jafari était sidéré. Des cavernes souterraines de la taille de terrains de football étaient enfouies à des centaines de mètres sous terre, hors d'atteinte des bombes conventionnelles. Seule une attaque nucléaire aurait pu les menacer. Des centaines de nouvelles centrifugeuses P2, chacune de deux mètres de haut, étaient impeccablement alignées. Des milliers d'autres gisaient sur le sol, pas encore déballées. Les rotors en acier maraging, un alliage très sophistiqué et dont l'exportation était sévèrement réglementée, tournoyaient sur des axes délicatement usinés à la base des engins tandis qu'un couvercle magnétique verrouillait le sommet. Les centrifugeuses étaient conçues pour atteindre une vitesse de rotation de quatre-vingt-dix mille tours par minute. Des kilomètres de tuyauterie attendaient de transporter l'uranium sous forme d'hexafluorure.

Son portable caché au creux de la main, Jafari restait à l'arrière du groupe, prenant discrètement quelques clichés.

19

Arak

Le major Golzar reçut l'appel dans ses quartiers de l'usine d'eau lourde un peu avant 6 heures du matin.

— Le major Jafari a bien accompagné la délégation pakistanaise à l'aéroport hier soir comme prévu, chef.

La voix était celle du capitaine Kashani, son second, qui avait été chargé de filer Jafari.

— Il a quitté l'aéroport à 21 h 05, juste après le départ des Pakistanais pour Islamabad, mais il a passé la nuit à Téhéran. Ce matin, il est parti en voiture pour Qom, où il vient de pénétrer au Qum International Hotel.

— Hum... et qu'avez-vous appris sur le professeur McLoughlin ?

— Rien de particulier, chef. McLoughlin est enregistré comme professeur en science politique et il s'est vu accorder un visa de travail de trois mois. La raison donnée sur sa demande de visa était la visite de sites archéologiques.

— Où êtes-vous en ce moment ?

— À cent mètres de l'hôtel, chef. Nous surveillons l'entrée principale, mais tout est très calme. J'ai demandé une deuxième équipe pour couvrir l'autre sortie. Elle ne devrait pas tarder.

— Ne bougez pas. J'arrive.

Golzar raccrocha et se massa le menton, l'air pensif. Était-il possible que le major soit revenu à Qom pour y profiter de plaisirs dont il ignorait l'existence deux jours auparavant ? Il n'y croyait pas trop.

* * *

Utilisant le signal convenu, Jafari frappa doucement à la porte d'O'Connor.

— Voici la preuve que vous cherchiez, annonça-t-il en lui tendant la clé USB contenant la présentation du général Shakiba. J'ai aussi quelques photos d'une énorme usine souterraine d'enrichissement inconnue jusqu'ici.

— Localisation ?

— Environ trente kilomètres au nord-ouest de Qom. Ils ont construit une piste d'atterrissage à l'ouest de la route 7 et les installations se trouvent un peu plus loin sous la montagne, à des centaines de mètres sous terre. Regardez les photos, vous verrez que les salles sont gigantesques, chacune de la taille d'un terrain de foot. Ils comptent y installer soixante mille centrifugeuses, toutes du nouveau modèle P2.

— Donc, même si nous détruisons Natanz, ils auront de quoi continuer, observa O'Connor. Vous vous êtes très bien débrouillé, Farid. Êtes-vous sûr que vous n'avez pas été suivi ?

Jafari plissa les lèvres.

— Pas totalement. Une voiture Peugeot 407 noire est restée derrière moi depuis Téhéran. Elle a tourné quand je suis arrivé tout près de l'hôtel.

O'Connor avait une devise : il faut compter sur le meilleur, mais prévoir le pire.

— C'est peut-être une coïncidence mais je préfère m'en assurer. Restez ici et n'ouvrez à personne.

Il vérifia le chargeur de son Glock 21 avant de risquer un coup d'œil prudent dans le couloir. Il était désert. Il lui fallut moins de deux minutes pour atteindre la plate-forme de livraisons derrière l'hôtel. Il revint vers l'entrée principale dans la rue Ahmar. Caché derrière un arbre, il n'eut aucun mal à repérer la Peugeot. Elle était garée de façon à ce que ses deux occupants puissent observer l'entrée de l'hôtel que l'un d'eux surveillait avec des jumelles. Le moment était venu de filer.

* * *

— On part, annonça-t-il en refermant la fermeture Éclair de son sac à dos qui était déjà prêt. Les types dans cette Peugeot ne me plaisent pas et je suis prêt à parier qu'ils ont déjà appelé des renforts.

— Mais je dois retourner travailler demain...

O'Connor secoua la tête.

— C'est fini, Farid. Vous aurez beaucoup de mal à expliquer votre détour par Qom avant de rentrer à Arak. Vous risquez de passer le restant de vos jours à Evin.

La terrible prison aux pieds de l'Elbourz avait été construite à l'époque du shah. À présent, elle était utilisée par les forces de sécurité des ayatollahs qui n'avaient rien à envier à la SAVAK. Des douzaines d'Iraniens et d'étrangers accusés de menacer la théocratie avaient été pendus dans la cour du pénitencier. Les femmes détenues y étaient violées de façon régulière et systématique.

O'Connor gagna l'escalier en béton qui menait à la plateforme de livraisons, mais entre-temps le camion transportant le linge de l'hôtel s'y était garé. Il se dissimula dans un recoin tandis que le chauffeur déchargeait six grands sacs. Quand celui-ci eut terminé et entra dans l'hôtel, O'Connor voulut tenter sa chance, mais une autre 407 noire apparut pour s'immobiliser à une centaine de mètres de là.

— Changement de plan, dit-il en poussant Jafari vers l'arrière de la camionnette.

Ils y grimpèrent l'un après l'autre pour se dissimuler sous plusieurs grands sacs contenant du linge sale. Dix minutes plus tard, le chauffeur revint et ajouta six autres sacs à la pile. Quelques secondes plus tard, le vieil Isuzu s'ébranlait péniblement. Son Glock à la main, O'Connor se posta à la porte arrière.

— Merde, maugréa-t-il après avoir jeté un coup d'œil dehors.

On avait dû les repérer. La deuxième Peugeot les suivait à quelques mètres de distance. La camionnette se dirigeait vers le centre-ville, mais la circulation la força à ralentir. Finalement, elle s'immobilisa dans un grincement de freins.

Un embouteillage bloquait la rue devant le tribunal où une foule s'était rassemblée. Le conducteur de la Peugeot avait laissé une douzaine de voitures s'intercaler entre la camionnette et son véhicule. O'Connor saisit sa chance. Il débloqua la porte rouillée avec son couteau.

— Il va falloir courir, dit-il à Jafari. Baissez-vous et suivez-moi.

Il poussa l'un des battants. À la grande surprise des occupants de la voiture qui se trouvait juste derrière eux, O'Connor d'abord puis Jafari sautèrent sur la chaussée. Il ne leur fallut que quelques secondes pour rejoindre le trottoir et se mêler à la foule. La Peugeot s'était arrêtée elle aussi et les deux agents l'abandonnèrent sur place pour se lancer à leur poursuite. La foule, ou plus exactement le public, formait un demi-cercle autour d'une jeune Iranienne, enterrée dans un trou au milieu d'une cour en terre.

— Nul n'ignore la charia ! cria le mollah. En accord avec l'article 105 du Code pénal, je te déclare coupable d'adultère. Le châtiment est la lapidation à mort !

L'assemblée, composée essentiellement de jeunes hommes, rugit son approbation. La malheureuse, dont le visage se trouvait quasiment au niveau du sol, secouait la tête de terreur.

Le mollah s'avança vers elle. Dans la charia, la condamnation ne se basant pas sur d'éventuels témoignages mais sur la conviction du juge, il revenait à celui-ci de lancer la première pierre. Celle-ci avait été choisie avec soin, toujours selon les prescriptions de la loi, pas trop grosse pour ne pas tuer la fautive dès le premier coup, mais pas aussi petite qu'un vulgaire caillou. Le mollah visa. La pierre heurta la jeune femme au visage, lui éclatant la pommette. Son cri angoissé fut noyé sous les chants de la foule : *Allahou Akbar ! Allahou Akbar !*

— Baissez-vous ! commanda O'Connor, en repérant des policiers en uniforme dans le chaos qui les entourait. Quelle saloperie, maugréa-t-il, furieux contre lui-même de s'être laissé distraire par ce sinistre spectacle.

Il entraîna Jafari dans une ruelle, bondée elle aussi, qui les mena dans une autre grande rue. Ici, les cris hystériques du mollah semblaient très lointains. Plusieurs taxis stationnaient non loin d'eux et O'Connor choisit celui dont la carrosserie était la moins cabossée.

— Combien pour Qasr-e Chirin ? demanda-t-il dans un farsi impeccable.

Il avait déjà préparé leur fuite. La frontière avec l'Afghanistan à l'est se trouvait à plus de mille kilomètres et, dès que la disparition de Jafari serait signalée, le major Golzar ne manquerait sûrement pas de sonner l'alerte. Il avait donc décidé de tenter sa chance à l'ouest, mais il y avait quand même cinq cents kilomètres à franchir jusqu'à la frontière irakienne. Qasr-e Chirin était une petite ville sur les contreforts des monts Zagros. Autrefois, elle servait de halte pour les caravanes sur la route de la soie et Alexandre le Grand y était passé quand il avait envahi la Perse en 331 avant J.-C. ; mais du point de vue d'O'Connor, son intérêt résidait dans les routes en excellent état à travers le désert qui la reliaient à Qom : la 56 et la 48. Le poste-frontière principal avec l'Irak se trouvait à Khosravi, à vingt kilomètres au sud-ouest de Qasr-e Chirin, mais il n'avait aucune intention de passer par ce point très surveillé. Une piste traversait le désert vers le nord-ouest et rejoignait la frontière dans une zone très peu habitée, essentiellement par des Kurdes. Il allait leur falloir beaucoup de chance, mais s'il parvenait à entrer en contact avec un commando SEAL stationné en Irak, ils pourraient y arriver.

Le vieux chauffeur de taxi écarquilla les yeux avant de secouer la tête avec véhémence.

— Trop loin ! Trop loin !

O'Connor sortit une épaisse liasse de rials de son sac à dos qu'il lui mit sous le nez.

— Trop loin ! répéta l'autre.

O'Connor soupira et dégaina son Glock 21.

— Roule.

20

Al-Bazourieh

L'énorme obus avait explosé dans le salon des Shahadi, détruisant la maison de parpaings. Ahmed se rua dans les débris fumants et poussa un hurlement quand il découvrit Rashida qui n'avait plus de jambes et dont le visage était brûlé au point d'être méconnaissable.

— Non, non, non ! fit-il en prenant le petit corps sans vie dans ses bras, les larmes coulant sur ses joues noircies. Maudits Israéliens !

Hors d'haleine, Mansoor arrivait à peine en haut de la côte. Il s'engagea à son tour dans les décombres pour trouver les corps déchiquetés et carbonisés de sa femme et de ses deux autres filles, gisant ensemble dans ce qui était leur cuisine une heure auparavant. Il leva les yeux pour découvrir Omar Abbasi, leur voisin sunnite, qui fonçait à travers la fumée, en brandissant un pistolet.

— Shahadi ! Chiens de chiites ! hurla-t-il, les yeux exorbités par la haine et la douleur. Hérétiques ! Regarde ce que ton Hezbollah a fait ! La colère d'Allah est tombée sur nous tous !

Sans le moindre avertissement, il braqua son arme et tira. Mansoor s'écroula sur le corps de sa femme. Abbasi tourna les talons et s'enfuit avant qu'Ahmed n'ait eu le temps de réagir.

Celui-ci resta planté là quelques secondes, hébété. Aveuglé par les larmes, il reposa doucement le corps affreusement léger de Rashida sur le sol avant de courir auprès de son père. Mais Mansoor était déjà mort.

* * *

Le présentateur du soir sur CNN, Walter Crowley, avait l'air grave alors qu'il se préparait à lancer le titre principal de son journal : Israël envahit – encore – le Liban.

— La réprobation internationale ne fait que croître, commença-t-il, devant ce que beaucoup considèrent comme une réponse disproportionnée à la récente capture de deux soldats israéliens. Les forces israéliennes ont lancé deux attaques simultanées : aérienne et terrestre, avec bombardements en règle et pilonnage d'artillerie. L'aéroport international Rafic-Hariri a été mis hors service et des centaines d'immeubles ont été détruits dans le quartier Haret Hreik de Dahieh.

Le réalisateur lança un reportage montrant des bâtiments bombardés, des rues bloquées par des montagnes de gravats, des voitures et des camions incendiés, tandis que des câbles électriques arrachés pendaient de quelques poteaux encore debout. Une boule de feu géante apparut quand un nouveau missile israélien frappa le sommet d'un immeuble d'appartements dans une zone fortement peuplée, propulsant des nuages de fumée et de débris dans le ciel. Puis la caméra se focalisa sur des sauveteurs épuisés qui transportaient morts et blessés à l'écart du pont Halat détruit dans le cœur chrétien de Beyrouth ; apparurent ensuite des rangées de cadavres de travailleurs immigrés qui avaient été tués sur le bord d'une route alors qu'ils tentaient de fuir le déluge de feu.

— Une attaque contre la raffinerie de Jiyeh a provoqué une fuite de dix mille tonnes de pétrole lourd dans la Méditerranée, poursuivit Crowley. Les Israéliens ont déjà envahi le Liban à trois reprises, et cette dernière offensive a lieu au moment où le pays venait à peine de finir de reconstruire ses principales infrastructures. Au sud, un demi-million de personnes sont en train de fuir leurs villages bombardés.

L'écran montrait une vieille femme en tchador qui se débattait parmi des décombres, portant tout ce qu'elle avait pu sauver de ses maigres biens dans des sacs en plastique.

— Tous les ponts les plus importants ont été détruits et les réfugiés inondent les routes. Plusieurs organisations humanitaires tentent désespérément de leur fournir eau et nourriture. L'Union européenne a publié un communiqué exprimant son inquiétude devant un usage aussi disproportionné de la force et pour certains diplomates des Nations unies l'attaque israélienne constitue une violation flagrante des lois internationales. Mais d'autres voix se sont aussi élevées pour critiquer de façon toute aussi énergique le Hamas et le Hezbollah et leur stratégie de kidnapping de soldats israéliens. Le secrétaire général de l'ONU, Kofi Annan, a déploré ces vies perdues et demandé instamment aux deux parties de faire preuve de retenue, exigeant du Hezbollah qu'il libère ses deux otages.

— Ici, aux États-Unis, enchaîna Crowley, des demandes d'appel aux cessez-le-feu ont été rejetées par l'administration Bush.

Sur l'écran apparut l'ambassadeur américain aux Nations unies, John Bolton, qui prit la parole :

— Imaginer que déclarer un cessez-le-feu suffira à résoudre le problème est à mon avis un peu trop simpliste.

Suivirent les images d'une manifestation de soutien à Israël de plus de mille personnes dans l'East Side de Manhattan.

— Je veux que nous autres ici à New York, disait la sénatrice Hillary Clinton, nous imaginions comment nous réagirions si des extrémistes et des terroristes nous envoyaient des roquettes depuis les frontières mexicaine ou canadienne. Resterions-nous sans rien faire ou défendrions-nous l'Amérique contre ces attaques ? Israël doit savoir que l'Amérique et tous les peuples pour qui le mot liberté garde une signification seront à ses côtés tandis qu'elle se défend contre les agressions injustifiées des terroristes du Hamas, du Hezbollah et des États qui les soutiennent.

— Et maintenant, passons aux autres nouvelles du jour...

* * *

Le petit village d'al-Bazourieh était dévasté et le nombre de cadavres rendait difficile l'application de la coutume musulmane d'enterrer les morts le plus tôt possible après le décès. En tant que seul survivant de sa famille, c'était à Ahmed que revenait la tâche d'envelopper dans des linceuls les dépouilles de ses parents et de ses sœurs. Trois jours après que l'artillerie israélienne avait rasé la ville, la communauté se rassembla dans la mosquée en ruines afin de prier pour la famille Shahadi. Les cercueils étaient tous drapés dans le drapeau rouge, vert et blanc du Liban, celui qui recouvrait le minuscule cercueil de Rashida étant enroulé deux fois sur lui-même.

Les prières terminées, les hommes hissèrent les cercueils sur leurs épaules pendant qu'Ahmed portait seul celui de Rashida. La procession funéraire s'ébranla à travers les décombres en direction du petit cimetière situé sur une colline. Toute la famille y fut enterrée, face à La Mecque. Longtemps après le départ des villageois, Ahmed se trouvait encore auprès des tombes, le visage inondé de larmes. Quand il se leva enfin, le soleil s'était couché et il revint d'un pas incertain vers la tente qu'il avait dressée près des restes de sa maison, se jurant qu'après les trois jours de deuil obligatoire, il se rendrait à Beyrouth pour offrir ses services au Hezbollah. Et si on lui donnait l'occasion de venger la petite Rashida et le reste de sa famille, il tuerait le plus d'Israéliens possible. Et pour son père, il tuerait tout autant de sunnites.

21

Téhéran

Le général décrocha le téléphone de sa ligne sécurisée.

— Shakiba.

— Ici, Rostami, chef, annonça le colonel avec nervosité. Je viens de recevoir un rapport du major Golzar. Le major Jafari a passé la nuit dernière à Téhéran avant de retourner ce matin à l'International Hotel à Qom... Depuis, il a disparu.

— Il est absent sans permission ?

— Oui, chef. Il ne s'est pas présenté à son poste ce matin.

Un silence inquiétant suivit cette déclaration.

— Vous pensez qu'il cherche à s'amuser à Qom, ou que nous avons un espion parmi nous ? demanda finalement Shakiba.

— Difficile à dire, monsieur. Jafari est assez naïf quand il s'agit des femmes... Golzar n'a pas encore éliminé cette possibilité mais il a découvert que, le soir de la visite des Pakistanais, Jafari a rendu visite à un professeur en visite du Trinity College de Dublin. Pour l'instant, le visa de cet Irlandais semble en règle, mais nous avons vérifié à l'hôtel et il a disparu lui aussi. Golzar est persuadé que ces deux disparitions sont liées.

— Où est Golzar en ce moment ?

— À Qom, en train de diriger les recherches.

— Qu'il me contacte, ordonna Shakiba avec colère. Sur ma ligne directe. Je vais faire placer Jafari et ce professeur sur la liste prioritaire des personnes recherchées dans tous les aéroports, dans tous les ports et aux postes-frontières. Il y a beaucoup en jeu dans cette affaire, Rostami, et nous avons embauché Jafari sur votre recommandation. Je ne voudrais pas être à votre place s'il travaille pour les infidèles !

— Oui, chef.

Rostami usait sa salive pour rien. Le général avait déjà raccroché.

* * *

À cinquante kilomètres à l'ouest de Qom, O'Connor ordonna au chauffeur terrifié de s'arrêter. Il sortit le téléphone satellite crypté de son sac à dos pour appeler le centre d'opérations de la CIA à Bagdad.

— Ici, Cyrus, comment me recevez-vous, terminé ?

— Cyrus, ici Zéro Alpha, cinq sur cinq.

— Localisation actuelle coordonnées 452821, demande extraction au voisinage des coordonnées 547824 à la première heure demain.

— Bien reçu, Cyrus, coordonnées 547824... Attendez... attendez.

Quelques secondes plus tard, la voix à l'autre bout de la ligne retentit à nouveau.

— Cyrus, ici Zéro Alpha, bien reçu coordonnées extraction... L'extraction pourrait-elle être difficile, terminé ?

— Très possible, terminé.

— Bien reçu, SEAL Équipe Cinq est prévenue. Le signal d'appel du *team leader* est Alcatraz Un et ils seront en position à l'ouest de la ligne dès cette nuit.

— Cyrus, bien reçu, terminé.

O'Connor souriait en remontant dans le taxi et ordonna au chauffeur de continuer vers Kermanshah, une grande ville nichée dans l'ombre des monts Zagros. « À l'ouest de la ligne » signifiait que le commando SEAL allait se poster le plus près possible de la frontière irano-irakienne, mais sans alerter quiconque de leur présence. L'affaire allait être risquée, mais O'Connor avait toute confiance dans les Navy SEALs. C'étaient les meilleurs.

Quatre heures plus tard, ils firent le plein et achetèrent des kebabs. Le chauffeur se détendait enfin, peut-être parce que

O'Connor avait insisté pour qu'il accepte cent cinquante millions de rials en compensation du petit détour qu'il lui imposait. À la nuit tombée, ils se dirigeaient vers Eslamabad-e Gharb. De là, si on ne les interceptait pas, ils obliqueraient vers le nord et Kerend-e Gharb puis ils arriveraient à Sarpol-e Zahab dans la montagne où, à condition que la chance continue à leur sourire, ils ne seraient plus qu'à un jet de pierre de Qasr-e Chirin et de la frontière.

* * *

Golzar consulta sa montre en décrochant le téléphone qui sonnait dans sa chambre du Qum International Hotel. Minuit était passé depuis longtemps.

— Golzar.

— Ici, le capitaine Kashani, chef. Je suis désolé de vous déranger si tard, ou si tôt, mais j'ai pensé que vous aimeriez savoir qu'un chauffeur de taxi a disparu. Il devait finir son service à 18 heures, mais il ne s'est pas présenté au dépôt. Sa femme assure que ça ne lui arrive jamais, j'ai donc demandé à la police de le rechercher, ici, à Qom, et dans les environs, mais pour l'instant, sans résultat.

— Vous avez eu raison de me contacter, Kashani. Qu'on envoie le signalement de ce chauffeur et le numéro de sa voiture à tous les postes-frontières et tous les postes de police. Appelez-moi sur-le-champ si vous obtenez quelque chose.

Golzar réfléchissait à toute vitesse. La disparition du chauffeur de taxi était-elle une coïncidence, ou était-elle liée à celle de Jafari et du professeur irlandais ?

* * *

Il était un peu plus de 5 h 30 quand le taxi atteignit enfin l'entrée de Qasr-e Chirin. Le ciel derrière les hautes montagnes qui toisaient la ville se teintait de rose et de pourpre et le chauffeur dut ralentir pour laisser passer un troupeau de moutons. Le berger cria quelques mots en kurde à un chien famélique, qui se mit en devoir de pousser les bêtes sur le bord de la route où une citerne rouillée semblait incongrue au milieu de plusieurs grandes tentes. Un peu plus loin, deux ou trois poules grattaient le sol au pied d'un bananier dans l'espoir de trouver leur pitance. O'Connor ne tenait guère à passer par le centre de la ville, mais c'était la seule route possible qui était par ailleurs dans un état remarquable, bordée d'eucalyptus et de palmiers. La circulation était inexistante, hormis quelques camions qui les croisaient, bringuebalant et crachant une fumée noire de diesel.

Alors qu'ils arrivaient au sommet d'une petite côte, les pires craintes d'O'Connor se réalisèrent. Un barrage de police.

— Merde, maugréa-t-il. Il y a toujours un enfoiré qui veut me gâcher ma journée.

— Que faisons-nous ? demanda Jafari.

— D'abord, on reste calmes. Il n'y a qu'une seule voiture, ce qui égalise un peu les chances... Arrêtez-vous le plus près possible, ordonna-t-il au chauffeur.

Ils s'immobilisèrent et O'Connor vit le plus âgé des deux officiers, le visage ridé, la barbe blanche soigneusement taillée, s'emparer aussitôt de sa radio. Le plus jeune, tout excité, brandit un fusil-mitrailleur Heckler & Koch MP5 en hurlant :

— Descendez de la voiture ! Descendez de la voiture !

Il ne devait pas avoir plus de dix-neuf ans.

— Faites ce qu'il dit, ordonna O'Connor.

Le chauffeur ouvrit sa portière, ce qui attira le regard du jeune agent. O'Connor bondit hors de l'habitacle et ouvrit le feu, le touchant à l'épaule. L'homme lâcha son arme qu'O'Connor poussa d'un coup de pied vers Jafari. L'officier plus âgé voulut dégainer son SIG Sauer P220, mais O'Connor, d'un tir, le toucha au bras. Le policier tituba, mais réussit néanmoins à saisir son pistolet.

— N'essaie même pas ! cria l'agent de la CIA en farsi.

L'autre hésita. O'Connor tira à nouveau, l'atteignant cette fois au poignet. L'arme tomba à terre tandis que le policier portait sa main valide à son bras blessé, le visage crispé de douleur.

— À plat ventre, tous les deux ! ordonna O'Connor en montrant le fossé sur le bas-côté.

Le plus jeune secoua la tête. O'Connor expédia une balle à quelques centimètres de sa botte.

— Dans le fossé, à plat ventre et vite, ou la prochaine ce sera dans la tête. Jafari, tenez-les en joue. Vous avez de la corde dans votre coffre ? demanda-t-il au chauffeur de taxi.

Le vieil homme acquiesça lentement, les yeux emplis de terreur.

— Allez la chercher !

O'Connor s'occupa des deux policiers, leur menottant les mains derrière le dos. Le chauffeur de taxi revint avec une corde crasseuse.

— Dans le fossé avec eux, lui dit O'Connor tout en lui adressant un clin d'œil pour qu'il comprenne qu'il ne lui voulait aucun mal.

Le vieil homme rejoignit sans rechigner ses deux compatriotes. O'Connor lui attacha les mains dans le dos avec la corde puis revint sur la route pour récupérer le P220 et la radio. Il courut jusqu'au taxi, le gara sur le côté de façon à cacher l'endroit où se trouvaient les trois hommes dans le fossé. Puis il s'empara de son sac à dos.

— Venez ! dit-il à Jafari qui tenait le fusil-mitrailleur d'une main tremblante. On prend la voiture de police.

— Mais...

— Bon Dieu, Jafari, montez !

Quelques secondes plus tard, tout en conduisant d'une seule main, O'Connor brancha son téléphone satellite.

— Alcatraz Un, ici, Cyrus, ici, Cyrus, à vous Alcatraz Un, terminé.

Quelques grésillements lui répondirent jusqu'à ce qu'une voix retentisse, fort et clairement.

— Cyrus, ici, Alcatraz Un, Alcatraz Un, terminé.

— Ici, Cyrus, activer extraction difficile, coordonnées 547824, terminé.

— Alcatraz Un, coordonnées 547824, décollage dans trois minutes, terminé.

— Cyrus, merci, terminé.

O'Connor sourit. L'équipe de Navy SEALs avait dû passer une nuit inconfortable sur le plancher de leurs Black Hawk, mais ces gars-là savaient que la moindre seconde pouvait faire la différence. Être capable de disparaître en moins de trois minutes après une nuit d'attente, c'était presque un record mondial.

Soudain, ce fut la radio de la police qui grésilla, le poste-frontière demandant un rapport de situation.

— Nous avons le taxi et le chauffeur, confirma O'Connor en farsi, et nous avons arrêté le major Jafari et un certain professeur McLoughlin qui voyageait avec lui. Nous les ramenons à Qasr-e Chirin. Nous devrions arriver sur place dans quinze minutes.

— Le général Shakiba sera informé sur-le-champ. Beau travail, Zardooz, terminé.

Pas si beau que ça, se dit O'Connor. Il ralentit tandis que la piste de terre battue traversait un wadi puis accéléra de l'autre côté. Selon ses calculs, la zone d'extraction se situait à environ quatre kilomètres d'ici. Ils se trouvaient toujours en Iran, à un kilomètre de la frontière, et les SEALs allaient devoir pénétrer dans l'espace aérien iranien, mais O'Connor avait fait un choix délibéré. La route principale conduisait à un important poste-frontière au sud alors que cette piste se prolongeait dans le désert irakien. Bien sûr, il était peu probable que les Iraniens la laissent totalement sans surveillance.

O'Connor n'allait pas tarder à le constater.

* * *

Le chef de l'équipe de SEAL fit signe au capitaine du premier Black Hawk.

— On y va, dit-il en bouclant son équipement. Cyrus a des ennuis.

Le copilote appela les trois autres appareils et ils entamèrent aussitôt la procédure de décollage. L'équipe de renfort se trouvait dans un second Black Hawk, tandis que deux autres hélicoptères, des Apache d'attaque, les escortaient, armés de canons automatiques de 30 mm, de roquettes de 70 mm et de missiles antichars Hellfire.

22

Chesterton, Indiana

Aleta récupéra ses bagages à l'aéroport O'Hare de Chicago, l'un des plus fréquentés du monde, et alla chercher sa voiture de location. Elle pensait qu'elle aurait éprouvé des regrets, ou au moins une pointe de tristesse, de s'être séparée de Ryan, mais elle ne ressentait qu'une immense sensation de liberté. En accord avec son humeur, elle délaissa le modèle économique qu'elle avait commandé pour une Mustang rouge décapotable. Un vent froid soufflait sur les paquets de neige qui s'étaient formés sur le lac Michigan gelé et venait chasser sa longue chevelure noire tandis qu'elle filait sur la route 90 en direction de Chesterton, juste de l'autre côté de la frontière avec l'Indiana. Aleta souriait. Ryan n'aurait jamais dépensé un sou pour une décapotable, et il aurait encore moins roulé la capote baissée avec le chauffage à fond.

* * *

Anna Mitchell-Hedges la fit entrer dans un salon douillet où le crâne de cristal l'attendait sur un coussin de velours noir posé une petite table basse.

— Il est stupéfiant... magnifique, murmura Aleta, fascinée.

De la taille d'une tête d'enfant, il était totalement transparent. La mâchoire était amovible et il avait été sculpté avec une précision millimétrique. Le cristal semblait emprisonner la lumière d'une lampe voisine pour jouer avec ses rayons avant de la refléter. Il en émanait une énergie indéfinissable.

Aleta se rendit compte qu'elle fixait le crâne depuis un bon moment sans rien dire.

— Je suis navrée, s'excusa-t-elle, vous devez me croire très impolie.

Anna sourit.

— Pas du tout. Il fait cet effet-là. Vous pouvez le prendre dans vos mains si vous le souhaitez.

Aleta saisit le cristal qui lui parut très froid et souleva le crâne avec prudence. Les cavités orbitales étaient délicatement ciselées et une lueur dansait tout au fond.

— Il vient du Bélize, n'est-ce pas, madame Mitchell-Hedges ?

— Oui, mais je vous en prie, appelez-moi Anna. C'était en 1924 et, depuis des mois, des rumeurs circulaient à propos d'une cité perdue dans la jungle. Mon père adoptif, Frederick, qui avait pour coutume de dire qu'une vie sans zeste et sans aventure n'était pas une vie, a fini par prendre la mer depuis Liverpool pour ce qui était alors le Honduras britannique.

— Et il vous a emmenée avec lui ?

La vieille dame sourit.

— Je venais d'avoir seize ans, mais il pensait que ce voyage serait excellent pour mon éducation. Il était convaincu que la civilisation n'avait pas commencé au Moyen-Orient mais dans l'ancienne cité d'Atlantis, et ses études l'avaient conduit à croire que les restes de la culture atlante devaient se trouver en Amérique Centrale et du Sud. Nous avons donc remonté le Río Grande infesté de crocodiles et, alors que nous nous trouvions au beau milieu des jungles du Bélize, nous avons découvert des ruines couvertes de mousse de ce qui s'est révélé être une ancienne cité.

— Maya ?

— Sans aucun doute. Des pyramides, des palais, des murailles, des chambres souterraines… tous dévorés par la jungle, ainsi qu'un vaste amphithéâtre capable d'accueillir dix mille personnes. Mon père m'avait interdit de grimper sur les pyramides, mais, un après-midi, la chaleur dans ma tente était si étouffante… Je la sens encore aujourd'hui. Frederick et l'équipe de fouilles faisaient la sieste, je me suis donc faufilée sur l'une des pistes dans la jungle.

Les yeux de la vieille dame étincelaient.

— Des singes hurleurs se chamaillaient sur d'immenses figuiers pendant que je grimpais au sommet de la grande pyramide. La vue sur la canopée était saisissante, mais un reflet ne cessait d'accrocher mon regard et j'ai compris qu'il provenait de l'intérieur de la construction.

— L'avez-vous dit à votre père ?

— Je n'avais pas le choix. Je ne pouvais pas pénétrer dans la pyramide par mes propres moyens. Il ne m'avait encore jamais réprimandée comme il l'a fait ce jour-là, mais quand il s'est calmé, sa curiosité a repris le dessus et il a envoyé l'équipe fouiller le temple. Il a fallu des semaines avant que nous puissions y pénétrer, et il y avait aussi le problème des serpents et des scorpions, mais ils ont fini par m'y faire descendre... et il était là, dit-elle, les yeux étincelants de larmes.

— Quelle incroyable expérience, Anna ! dit Aleta en reposant à contrecœur le crâne sur son coussin de velours.

La sonnette de la porte retentit et Anna s'excusa pour revenir quelques secondes plus tard accompagnée d'une femme mince, élégamment vêtue, qui devait approcher la cinquantaine.

— Aleta, voici Lena Begich, dit Anna. Cela fait plusieurs années qu'elle travaille sur le crâne. Nous avons très vite découvert qu'elle était capable d'interpréter les messages implantés dans le cristal.

— Ravie de vous rencontrer, Lena, dit Aleta, quelque peu sceptique malgré tout. Comment parvenez-vous à capter ces messages ?

L'idée qu'un crâne de cristal puisse s'adresser à quelqu'un faisait penser à un mauvais livre de science-fiction.

— Vous avez raison : nous parlons en effet de captation. Beaucoup de gens restent très dubitatifs au début, répondit Lena comme si elle avait lu dans son esprit, mais certains d'entre nous possèdent la capacité de recevoir des informations implantées dans certains objets. Nous avons découvert mon talent tout à fait par hasard. La première fois que j'ai été en présence du crâne, plusieurs invités d'Anna se trouvaient là eux aussi et je me suis endormie… C'est seulement à mon réveil que tous les autres m'ont raconté le phénomène incroyable qui avait eu lieu.

Sa voix grave et rauque était étrangement agréable.

— Lena est entrée en transe, expliqua Anna, et elle ne se souvenait plus du tout de ce qu'elle avait dit alors que la captation avait duré près de deux heures. Le médium Edgar Cayce avait une capacité similaire quand il entrait en transe, et les gens étaient très méfiants à son égard jusqu'à ce qu'il prédise la Grande Dépression, la Seconde Guerre mondiale, la découverte des Manuscrits de la mer Morte et plusieurs autres événements.

— Je crois me souvenir qu'il avait aussi prédit *La Niña* et *El Niño*, dit Aleta, même s'il reste encore quelques doutes sur nombre de ses prédictions.

— Le scepticisme est une réaction naturelle, dit Lena. Nous avons tendance à nous fier à nos sens et plus particulièrement à celui de la vision. Si les gens n'arrivent pas à voir un phénomène, ils refusent de croire en son existence. Nous commençons ?

Anna plaça le crâne sur une petite table tournante face à Lena. Les rayons de lumière à l'intérieur du cristal parurent s'intensifier.

— Quand je serai prête, vous pourrez demander au crâne tout ce que vous voudrez, dit Lena, mais vos questions devront être précises, sans quoi les réponses n'auront pas beaucoup de sens. Et ne soyez pas surprise si le crâne anticipe vos interrogations… cela lui arrive souvent.

Lena ferma les yeux et se mit à osciller doucement d'avant en arrière sur le canapé, les mains placées de part et d'autre du crâne. Sa respiration ralentit. Soudain, un bourdonnement emplit la pièce et Lena se mit à parler d'une voix étrange, très aiguë.

— Vous êtes ici parce que vous êtes l'une des rares personnes qui acceptera ce que vous allez apprendre, pourtant, vous êtes encore sceptique, car vous croyez à tort que chaque nouvelle civilisation possède plus de connaissances que celles qui l'ont précédée. Rien n'est plus éloigné de la vérité. Vos scientifiques sont incapables de comprendre la manière dont j'ai été fabriqué à partir d'une matière qui normalement se brise quand on la sculpte. Mais j'ai été formé, comme d'autres qui me sont semblables, par des civilisations bien antérieures à celles que vous appelez égyptienne, maya et inca.

Aleta allait poser sa première question mais le crâne continua à parler par l'intermédiaire de Lena.

— Votre propre civilisation est en grand danger. En 2012, cette planète sera dans l'alignement du trou noir au centre de votre galaxie, et c'est à vous et à quelques autres élus – notamment un homme très particulier – qu'il reviendra d'alerter votre peuple du danger. Ensemble, vous retrouverez un vieux codex maya, mais celui-ci ne contient qu'une partie de l'avertissement. La seconde partie provient d'une autre civilisation tout aussi sophistiquée ; une civilisation qui a bâti ses cités et ses temples de telle sorte que vous ne pourriez glisser la lame d'un couteau entre leurs pierres.

— Les Incas ! murmura Aleta.

Sans avoir découvert la roue, les Incas étaient pourtant parvenus à construire leurs temples et leurs murs avec d'immenses blocs de pierre polie, certains pesant plus de trente tonnes, sans utiliser de mortier. Leurs maçons les avaient taillés avec une telle perfection qu'ils s'ajustaient avec une précision de l'ordre du centième de millimètre, ce qui avait incité certains à se demander si les Incas n'avaient pas trouvé un moyen de faire fondre la roche pour l'ajuster.

— Oui… c'est bien la civilisation que vous nommez inca. Elle n'a laissé aucune trace écrite, mais un message vital du Q'ero, le dernier des Incas, a été enregistré et caché dans un endroit que les conquistadors appelaient la Ciudad de los Reyes. Ce parchemin révèle où se trouvent un antique Disque solaire et les deux crânes de cristal restants. Le troisième a déjà été retrouvé et repose entre les mains de vos ennemis.

— Mes ennemis ? Qui sont-ils ?

— Il en existe plusieurs, et si vous vous engagez sur ce chemin, vous vous en ferez beaucoup plus encore... mais pour récupérer le premier crâne, vous devrez d'abord découvrir où il a été volé. Cela vous conduira à un endroit d'une grande beauté mais infesté par le mal. Les indices se trouvent près d'une ancienne fontaine, sous une grande pomme en bronze.

La lumière dans le cristal devint encore plus vive et un spasme secoua le corps de Lena.

— Combien de temps nous reste-t-il ? demanda Aleta, paniquée.

— Vous allez bientôt devoir commencer votre recherche des réceptacles de connaissances, mais deux hommes puissants vont intensifier leurs efforts pour vous éliminer, votre partenaire et vous.

— Mon partenaire ? Vous voulez dire mon mari ? Mais je suis sur le point de divorcer...

— Celui qui est engoncé dans son dogme religieux étriqué n'est pas pour vous. Il en existe un autre que vous n'avez pas encore rencontré qui, au premier abord, ne vous paraîtra pas attiré par les plus hautes connaissances. Sachez pourtant qu'il a déjà entamé cette quête... tout comme vous. L'humanité reste encore maîtresse de son sort... mais elle en perd chaque jour un peu plus le contrôle.

Une brume surgit des profondeurs du crâne et la lumière commença à décroître. Les mains de Lena glissèrent sur la table et elle se réveilla en sursaut.

— Bonté divine, dit-elle, les yeux dans le vague. Je suis complètement vidée.

* * *

Le moteur de la Mustang grondait tandis qu'Aleta regagnait l'autoroute de Chicago, pied au plancher. Les cheveux dans le vent glacé, elle tentait de rassembler ses pensées ; elle avait besoin de comprendre les révélations du crâne de cristal. La séance en compagnie d'Anna et Lena avait été aussi sidérante qu'inquiétante, et malgré sa fascination pour les civilisations antiques, Aleta n'était pas certaine d'être prête à révéler à quiconque qu'elle venait de passer une heure à parler avec un morceau de cristal vibrant. Mais la précision de ses « déclarations » l'avait ébranlée. Comment pouvait-il connaître l'existence de Ryan ? Où se trouvait cet autre crâne « aux mains de ses ennemis » ? Et qui étaient ces ennemis ? Qu'en était-il des deux autres crânes… et par où commencer sa recherche du Disque solaire ?

La séance de captation avait soulevé plus de questions qu'elle n'en avait résolu et Aleta demeurait sceptique, mais les détails révélés par le crâne semblaient si précis et exacts qu'il ne pouvait s'agir de coïncidences. Ces derniers temps, les désastres s'enchaînaient et chaque nouvelle crise financière, politique ou environnementale était plus grave que la précédente. *L'humanité reste encore maîtresse de son sort… mais elle en perd chaque jour un peu plus le contrôle.*

23

Iran, frontière irakienne

— Alcatraz Deux, ici Alcatraz Un, il va falloir improviser. Aucun changement pour la zone d'extraction, coordonnées 547824, mais Cyrus pense que ça va être chaud. La couverture satellite devrait être en place sous peu.

— Je ne sais pas qui est ce type, Cyrus, dit le copilote, mais on ne lui refuse rien.

San Quentin sourit.

— Je ne sais pas qui c'est non plus, mais j'suis prêt à parier que la Maison Blanche est derrière ça, et je mettrais bien aussi quelques billets sur les Christians in Action.

Les « chrétiens en action » était le surnom que les SEALs donnaient à la CIA.

Sing Sing, le second de San Quentin, intervint :

— On capte maintenant, annonça-t-il en examinant l'analyse en temps réel qui s'affichait sur l'écran de son ordinateur tandis que le Black Hawk quittait les sables du désert. Merde… ils glandent pas au poste-frontière. Ils ont fait sortir une compagnie de tanks Mobarez.

— Et la zone cible ? s'enquit le pilote depuis le siège de droite tandis qu'il tirait sur le collectif.

Des nuages de sable s'élevèrent et il vérifia les indicateurs verticaux sur son tableau de bord tout en prenant la direction de la frontière. Les deux Apache d'attaque, Crazyhorse Quatre et Crazyhorse Un Zéro grimpaient, les couvrant au nord et au sud.

— Attendez… ça arrive, dit Sing Sing.

Les images satellite en temps réel étaient en infrarouge.

— À tous les postes, reprit-il en passant en communication externe, le rapport d'analyse indique trois transports de troupes blindés soviétiques BMP 2 sur la frontière, coordonnées 546825, à mille mètres au nord de la ZE. Ils sont armés d'un canon 30 mm, cinq cents coups par minute, portée trois mille mètres, et d'un lance-missile antichar 9K111 Fagot, portée deux mille cinq cents mètres. Le BMP 2 transporte deux équipages et sept soldats, donc ça ressemble bien à un peloton. Répondez, terminé.

— Alcatraz Deux, terminé.

— Crazyhorse Quatre, terminé.

— Crazyhorse Un Zéro, terminé.

— Vous avez bien reçu, Cyrus ?

— Cyrus, bien reçu, répondit O'Connor au volant de la voiture de police. La journée s'annonce bien, terminé, ajouta-t-il en négociant la piste en mauvais état qui grimpait dans la montagne.

Le pilote du premier Black Hawk se concentra sur l'affichage de vol primaire et sur la carte numérique. Le système de navigation inertielle les guiderait, il le savait, vers leur but ; mais c'était à lui qu'il revenait de décider de la meilleure approche. Les forces à la poursuite de Cyrus viendraient de Qasr-e Chirin, au sud-est, il valait donc mieux traverser la frontière au nord des véhicules blindés déjà sur place et surgir là où ils s'y attendraient le moins.

— Tous les postes, tenir à deux cents pieds, cap zéro quatre zéro, nous arriverons du nord-est, terminé.

Tous les appareils, ainsi qu'O'Connor, accusèrent réception.

Ce dernier ralentit l'allure quand il approcha de la zone d'extraction. La piste longeait un ravin sur une crête relativement plate avant de dévaler de l'autre côté de la frontière. O'Connor immobilisa la voiture, chargea son sac à dos contenant la clé USB cruciale, s'empara du fusil-mitrailleur et continua à pied, faisant signe à Jafari de le suivre. Juste avant d'atteindre le rebord de la crête, il s'allongea à terre, rampa jusqu'à un point où il aurait une vision dominante et sortit ses jumelles. Les trois BMP 2 blindés des Gardiens de la Révolution étaient déployés en cercle et couvraient la frontière. Les Iraniens avaient allumé un feu et faisaient réchauffer du café, mais ils n'étaient pas pour autant négligents. O'Connor compta trois sentinelles postées à l'extérieur du cercle, leurs jumelles braquées sur les collines environnantes. Il brancha son satcom.

— Alcatraz Un, ici, Cyrus. Suis en place, coordonnées 547824 confirmées, juste au-dessus de la position ennemie. Le groupe de blindés a posté des sentinelles qui surveillent dans votre direction.

— Alcatraz Un, bien reçu, sommes en approche, trois minutes de la cible. À tous, descendez à cent pieds. Terminé.

C'étaient des conditions de vol exigeantes mais, comme les SEALs, les hommes et les femmes aux commandes des Black Hawk en Irak figuraient parmi les meilleurs pilotes du monde.

Le bruit des hélices fut à peine discernable dans un premier temps, mais cela ne dura guère, et O'Connor vit une sentinelle puis une deuxième braquer ses jumelles vers le nord-est. Soudain, le café fut oublié et les hommes se ruèrent vers leurs véhicules.

Des obus sifflèrent dans le ciel, mais ils ne provenaient pas du groupe de blindés stationné sur la frontière. O'Connor se retourna pour découvrir une autre patrouille de BMP 2 qui traversait la vallée au sud-est dans un nuage de poussière. Soudain, le véhicule de tête s'immobilisa. Des flammes et de la fumée surgirent derrière la tourelle de commandement.

— À terre ! hurla-t-il à Jafari.

Un instant plus tard, la voiture de police explosa dans une boule de feu. O'Connor avait pris soin de la cacher aux Iraniens postés sur la frontière, mais elle était restée parfaitement visible depuis la piste de Qasr-e Chirin.

— Ils n'ont pas peur de gâcher leur matériel, ces Gardiens de la Révolution, ironisa O'Connor.

Jafari, blême, lui adressa un regard incrédule.

— Alcatraz Un, ici, Cyrus, ça commence à s'animer un peu par ici. Deuxième patrouille blindée au sud-est, en approche rapide, terminé.

— Alcatraz Un, bien reçu. Crazyhorse Quatre, vous prenez la patrouille frontière, Crazyhorse Un Zéro, celle du sud-est est à vous, terminé.

— Crazyhorse Quatre.

— Crazyhorse Un Zéro.

Les Apache quittèrent la formation. Le pilote du premier appareil resta en rase-mottes, passant juste au-dessus de la crête pour apercevoir la patrouille iranienne. Le canonnier verrouilla le radar sur le BMP 2 le plus proche et ouvrit le feu. Le missile Hellfire quitta son logement à tribord dans une gerbe de flammes et le pilote fit immédiatement plonger l'hélicoptère pour le mettre hors de vue. Les ordinateurs à bord du missile le guidèrent à distance sur sa cible et il s'écrasa sur le flanc du BMP 2. La charge pénétra le blindage et le véhicule explosa.

— Alcatraz Deux, restez derrière la crête, on y va, terminé, ordonna San Quentin.

— Alcatraz Deux.

— On y va ! s'écria O'Connor quand le Black Hawk se posa non loin d'eux.

À l'ouest, un deuxième BMP 2 venait de se transformer en boule de feu tandis qu'à l'est Crazyhorse Un Zéro attaquait l'autre patrouille. O'Connor couvrit les cinquante mètres qui le séparaient de l'appareil en moins de dix secondes et, peu après, le chef d'équipage hissait Jafari à bord.

— Go, go, go ! cria-t-il dans son micro.

Le pilote tira sur le collectif et les puissants moteurs turbo répondirent aussitôt. Mais le troisième Hellfire tiré par l'Apache n'avait que partiellement endommagé sa cible. Un des membres d'équipage s'était échappé du blindé tandis qu'un autre avait eu le temps d'expédier une rafale de 30 mm sur le Black Hawk avant qu'un quatrième missile ne trouve sa cible.

— À tous les postes, nous avons été touchés, annonça le pilote avec calme. On se pose.

Il luttait pour garder le contrôle de son engin tandis que le moteur tribord laissait échapper une épaisse fumée noire.

Il réussit pourtant à l'amener au sol, non loin de la position iranienne.

— Ici, Alcatraz Deux, bien reçu. On arrive.

— Crazyhorse Quatre.

L'Apache se tapissait juste derrière la crête, son mitrailleur scrutant le champ de bataille.

Une rafale éclata au moment où O'Connor, Jafari et les SEALs se ruaient hors de l'hélicoptère en flammes. O'Connor fut le premier à repérer l'Iranien survivant. Il riposta immédiatement avec son tout récent Heckler & Koch et fit mouche du premier coup.

— Si vous cherchez du boulot, on vous prend ! lui hurla San Quentin en souriant avant de retourner en courant vers le Black Hawk avec des charges explosives.

Il était essentiel de détruire l'appareil – et tout l'équipement embarqué à bord.

Au moment où le deuxième Black Hawk se posa, le sol autour de la position iranienne fut pris sous un déluge de feu et de fumée. Par sécurité, le mitrailleur de l'Apache nettoyait la zone avec des roquettes de 70 mm.

— Go, go, go ! cria à nouveau le chef d'équipage et le dernier membre des SEALs sauta à bord.

Le Black Hawk et les deux Apache filèrent en direction de la frontière irakienne au moment où le dernier BMP2 iranien arrivait sur la crête. Le pilote du véhicule fonçait vers le Black Hawk endommagé mais avant qu'il n'ait couvert la moitié de la distance, l'engin se désintégra dans une formidable explosion.

Le chef d'équipage tendit un casque à O'Connor qui brancha son micro.

— Merci, les gars. C'était bien sympa.

Le pilote se retourna sur son siège.

— Une bonne petite journée de boulot. Je ne sais pas qui vous êtes, ajouta-t-il avec un sourire, mais c'est un plaisir de vous avoir à bord, monsieur.

LIVRE 2

2012

24

Washington

William McGovern, le président démocrate en exercice, disposait d'une avance confortable dans les sondages, mais personne ne s'imaginait que les jeux étaient faits, et surtout pas Chuck Buchanan, son chef de cabinet, un grand bonhomme au regard perçant originaire de Springfield, dans l'Illinois. Un vieux routier de la politique que certains trouvaient arrogant. Trois problèmes étaient au menu de la réunion de cet après-midi et chacun d'entre eux pouvait permettre au rival républicain de refaire tout ou une partie de son retard. Au grand agacement de Buchanan, le président avait demandé à sa chef de campagne, Lauren Crawford, de se joindre à eux dans le Bureau ovale. Blonde et mince, l'ex-microbiologiste avait délaissé les sciences pour la politique, et personne dans l'équipe présidentielle ne sentait mieux qu'elle ce qui pouvait faire pencher un scrutin d'un côté ou de l'autre.

Crawford mesurait parfaitement les enjeux du jour. Le Premier ministre israélien avait très mal réagi aux dernières propositions du président afin de parvenir à un règlement pacifique du conflit israélo-palestinien, ce qui risquait de détourner le vote juif quasiment toujours acquis aux démocrates jusqu'à ces dernières années. Par ailleurs, les preuves s'accumulaient : l'ayatollah Khamenei et son président Ahmadinejad étaient de plus en plus proches d'obtenir un arsenal nucléaire. Bien sûr, les républicains vociféraient de plus belle : il fallait prendre des mesures décisives contre l'Iran. Mais, dans l'esprit de Lauren Crawford, uniquement calibré pour récolter des électeurs, le troisième sujet risquait de se révéler encore plus explosif.

Un des plus brillants – et des plus respectés – agents de la CIA, Curtis O'Connor, s'était opposé à ses supérieurs et était à présent en fuite en compagnie d'une archéologue guatémaltèque, le docteur Aleta Weizman. Crawford était convaincue que le nouveau directeur adjoint des opérations, Howard J. Wiley, mentait à propos de la « désertion » d'O'Connor. Le DAO était maintenant convoqué devant une commission d'enquête du Sénat. Et si l'on en croyait les titres de ce matin du *New York Times* et du *Washington Post*, l'affaire risquait de faire autant de bruit que le Watergate sous l'ère Nixon ou que la révélation de l'appartenance à la CIA de Valerie Plame sous l'administration Bush.

Crawford descendit du deuxième étage de l'aile Ouest, passa devant la salle Roosevelt pour pénétrer dans le bureau de Donna Ferguson, l'imperturbable secrétaire personnelle du président.

— Il vous attend, Lauren, dit Donna en désignant d'un signe de la tête le corridor qui menait au Bureau ovale.

— Une idée du climat ? demanda Crawford avec un sourire.

— Le chef de cabinet ? Orageux. Le président ? Plutôt au beau fixe... mais il a lu la presse, l'avertit Donna.

Crawford haussa un sourcil avant de se diriger vers la porte à laquelle elle frappa avant de l'ouvrir.

— Entrez, entrez, Lauren, dit le président en quittant son siège derrière le splendide bureau en acajou, cadeau de la reine Victoria au président Rutherford Hayes en 1880.

Presque tous les présidents des États-Unis l'avaient utilisé : il était fabriqué avec le bois du navire britannique HMS *Resolute*. Un bateau américain l'avait retrouvé vide et pris dans les glaces de l'Arctique en 1855 et l'avait remorqué pour le rendre aux Anglais. Quand il avait finalement été démonté, la reine reconnaissante avait fait fabriquer ce meuble.

— Que pensez-vous de l'article du *New York Times* de ce matin ? demanda le président à ses deux conseillers.

Le journal traînait à côté d'une corbeille de fruits posée sur une table basse entre les deux canapés crème du Bureau Ovale. Le titre annonçait : « Le Sénat enquête sur la disparition de l'agent de la CIA O'Connor et de l'archéologue guatémaltèque Weizman ».

— Cet O'Connor... il paraît que c'était un sacré type avant qu'il ne retourne sa veste, observa le président. Médaille de la Liberté pour son travail lors des Jeux de Pékin.

— Oui, approuva Crawford.

C'était la plus haute décoration que l'on pouvait accorder à un civil.

— Je l'ai assez bien connu à Atlanta à l'époque des Centres pour le contrôle et la prévention des maladies, reprit-elle. C'est – ou c'était – l'un des meilleurs. Il y a quelques années, c'est grâce à lui que nous avons obtenu des informations décisives sur les intentions des Iraniens, bien avant que les gens de l'AIEA ne soient au courant. Mes contacts à la CIA me disent qu'O'Connor n'a pas quitté le navire de sa propre volonté. Il n'a pas eu le choix et, d'après ce que je sais, il pourrait s'agir d'une manipulation.

— Montée par Wiley ? s'enquit le président.

— Je le pense, monsieur le président.

Crawford n'avait jamais été du genre à mâcher ses mots et c'était une des raisons pour lesquelles le président tenait tant à l'avoir dans son équipe.

— Nous n'avons aucune preuve, intervint Buchanan, irrité par l'aplomb de Crawford.

— Non, mais mes contacts sont assez unanimes sur ce coup-là, répliqua-t-elle. Wiley aurait envoyé O'Connor à Vienne pour une mission imbécile visant à éliminer cette archéologue guatémaltèque, Weizman. Elle avait affirmé publiquement que nous avions formé certains des généraux responsables du massacre de Guatémaltèques lors de la guerre civile dans ce pays. Wiley était furieux.

— Weizman a raison, déclara le président McGovern avec amertume. Deux cent mille personnes ont été massacrées lors de ce conflit et Clinton a bien fait de présenter nos excuses pour notre rôle dans cette affaire. Pas une de nos grandes réussites en matière de politique étrangère. Mais pourquoi diable vouloir éliminer une obscure archéologue ? Aucun président n'aurait accepté de la désigner comme un danger clair et immédiat.

— Mes contacts me disent que c'est la conclusion à laquelle est arrivé O'Connor, mais Weizman semblait sur le point de révéler certains détails gênants sur le rôle de la CIA. À l'époque des massacres, Wiley était chef de station à Guatemala City, ce qui peut expliquer pourquoi il tenait tellement à l'éliminer.

— Et mon prédécesseur a autorisé ça ? fit le président, incrédule.

Crawford secoua la tête.

— Je doute qu'il ait été mis au courant... à la différence du vice-président. CNN va retransmettre la séance de la commission en direct, je crois que vous devriez la regarder.

— Monsieur le président, protesta Buchanan, nous avons un emploi du temps très chargé.

McGovern leva la main.

— Voyons ce qu'en pensent les médias, dit-il en s'emparant de la télécommande.

Le présentateur Walter Crowley apparut, annonçant l'enquête du Sénat sur l'implication de la CIA dans les tueries qui avaient eu lieu dans les jungles du Guatemala et sur la disparition d'O'Connor et de Weizman.

— Partons pour Capitol Hill, où Susan Murkowski suit les débats de la commission d'enquête sénatoriale sur le renseignement... Susan, que pouvez-vous nous dire ?

La svelte et brune journaliste, une des stars montantes à Washington, apparut à l'écran. Un vent glacial soufflait du

Potomac et Murkowski portait, comme à son habitude, un manteau rouge et une écharpe bleu foncé. Des paquets de neige recouvraient le sol au pied des marches du Capitole et, derrière la jeune femme, le dôme en forme de pièce montée couronné par sa statue de la Liberté en bronze se détachait sur un ciel d'hiver immaculé.

— Vous vous souvenez sans doute, Walter, qu'il n'y a pas si longtemps un ancien artefact, le Codex maya, a été découvert dans un tombeau perdu dans la jungle guatémaltèque, dit Murkowski.

L'image de feuilles d'écorce jaunies couvertes de hiéroglyphes mayas apparut à l'écran.

— Et ce codex contenait un avertissement ? demanda Crowley.

— Oui, Walter. Les Mayas avaient prédit un très rare alignement planétaire – qui ne se reproduit qu'une fois tous les vingt-six mille ans. À 11 h 11 le vendredi 21 décembre 2012, notre planète sera alignée avec ce que les Mayas appelaient une porte d'étoile, un trou noir au centre de notre galaxie, la Voie lactée. La NASA a confirmé non seulement qu'ils ne se trompaient pas – et rappelons que cette prévision a été faite huit cents ans avant que Galilée n'assemble le premier télescope –, mais elle dit aussi avoir identifié la porte d'étoile maya comme un trou noir supermassif d'une incroyable énergie gravitationnelle. Les scientifiques estiment qu'à mesure que nous nous enfonçons dans ce champ gravitationnel, le temps sur Terre deviendra de plus en plus imprévisible. Il pourrait expliquer l'extraordinaire férocité des derniers séismes, blizzards, tornades, ouragans et autres incendies que nous avons connus. Certains chercheurs craignent même une inversion des pôles géographiques et un déplacement massif de nos océans. Dans ce dernier cas, toutes les villes côtières du monde seraient submergées sous des centaines de mètres d'eau.

— D'accord, mais pourquoi la commission d'enquête sur le renseignement s'intéresse-t-elle à tout ceci ?

— Elle s'intéresse moins aux prévisions des anciens Mayas qu'aux circonstances de la découverte du codex. Certains évoquent une manipulation à propos de la disparition d'un des meilleurs agents de la CIA, Curtis O'Connor, et d'une archéologue guatémaltèque, le docteur Aleta Weizman. Les détails restent flous, mais une source anonyme accuse la CIA d'avoir tenté d'assassiner Weizman qui, elle-même, avait accusé l'Agence d'avoir entraîné et formé les forces armées responsables du massacre de centaines de milliers de Guatémaltèques durant la guerre civile qui a déchiré le pays dans les années quatre-vingt-dix. Ce sont O'Connor et Weizman qui ont retrouvé le Codex maya qui est actuellement conservé dans un musée à Guatemala City, mais depuis ils sont tous deux portés disparus.

— Quelle est la réaction de la CIA ?

— Howard Wiley doit encore prêter serment devant la commission, mais il est prévisible que ses dénégations seront scrutées avec beaucoup d'attention, surtout après le témoignage de l'agent Ellen Rodriguez. D'après mes sources, elle apporterait la preuve que non seulement un contrat sur Weizman a bien été lancé, mais que la CIA, ou plutôt Wiley, voulait aussi éliminer O'Connor.

— Rodriguez ne faisait-elle pas partie de l'équipe de Wiley ?

Murkowski acquiesça.

— Comme O'Connor, Rodriguez est un agent très expérimenté et très respecté au sein de l'Agence. Elle a servi à Berlin, à Vienne et à Lima et elle a fait partie, pendant un temps, du staff de Clinton à la Maison Blanche. Je crois savoir qu'elle tient aussi bien O'Connor que Weizman en très haute estime et qu'elle a eu plusieurs accrochages avec Wiley quand elle était en poste en Amérique latine à l'époque où les contrats présumés ont été lancés.

— Rodriguez a-t-elle dit quoi que ce soit depuis la disparition d'O'Connor et Weizman ?

— Pas un mot en public. Elle ne parlera que devant la commission.

— Avons-nous une idée de ce qu'ils sont devenus ?

— Le Codex maya n'est peut-être pas le seul avertissement qu'auraient laissé les Anciens... On parle d'une prédiction inca qui se trouverait quelque part dans la jungle péruvienne et, selon certaines informations, la CIA lui consacre beaucoup de temps et de personnel.

— Et où est Rodriguez ?

Murkowski sourit et secoua la tête.

— C'est un des secrets les mieux gardés de Washington, Walter.

* * *

Le tueur quitta le George Washington Parkway pour la route 120 qu'il suivit à travers Arlington jusqu'au North Yorktown Boulevard. En ce milieu d'après-midi, ce n'était pas encore l'heure de pointe et la circulation restait assez fluide. Il tourna dans North 27th Street et se gara le long de Greenbrier Park, à une centaine de mètres de la planque. La petite maison grise et blanche à un étage avec un porche en bois était située dans un quartier parfaitement anonyme représentatif de la classe moyenne, comme il en existait tant dans ce pays. Le tueur savait que l'US Marshals Service était chargé d'assurer la protection de l'agent Ellen Rodriguez, une mince et séduisante brune proche de la quarantaine. À l'intérieur de la demeure, Rodriguez se préparait à une entrevue avec son avocat, prévue un peu plus tard dans la soirée. Elle pensait à O'Connor. Elle avait depuis longtemps cessé d'entrer en contact direct avec lui. Mais il lui restait encore un excellent moyen d'obtenir de ses nouvelles. Elle envoya un SMS à Aleta.

25

Lima, Pérou

O'Connor et Aleta arrivèrent au monastère de Saint-François-d'Assise une heure avant qu'il ne ferme ses portes au public. Leur rendez-vous avec le prêtre franciscain, le frère Gonzáles, n'était prévu qu'à 17 heures, mais O'Connor avait tenu à arriver en avance pour se faire une idée de la disposition des lieux. Ils s'arrêtèrent, comme n'importe quel touriste l'aurait fait, pour admirer l'architecture baroque espagnole. Le superbe monastère avait été bâti à l'époque des conquistadors. L'entrée de la basilique était gardée par deux tours dont la façade était ornée d'une sculpture de la Vierge Marie entourée de chérubins, représentant l'Immaculée Conception. Le monastère lui-même se trouvait sur la gauche et, comme les tours et la basilique, il était recouvert de stuc jaune avec un toit orné de balustrades en bois. Des douzaines de pigeons peuplaient les niches de pierre des tours et des centaines d'autres piaillaient autour des marches menant à l'entrée.

Après avoir réglé le prix des tickets d'entrée, ils pénétrèrent dans les jardins, dominés par une grande fontaine et entourés par des cloîtres à deux niveaux. Ils s'engagèrent dans le cloître principal où d'immenses peintures à l'huile représentant la vie de saint François d'Assise étaient accrochées aux murs décorés de superbes tuiles de Séville.

— Certains de ces tableaux ont été réalisés par Francisco de Zurbarán, remarqua Aleta avec révérence.

— Le Caravage espagnol, renchérit O'Connor qui, de son côté, s'intéressait surtout aux issues menant aux innombrables corridors du monastère.

Aleta lui jeta un coup d'œil, un petit sourire aux lèvres. Ses connaissances en matière d'art ne la surprenaient pas, à vrai dire, il lui faisait davantage penser à un homme de la Renaissance qu'à un agent de la CIA. Ils franchirent l'allée des Géraniums, aux murs de stuc rouge le long desquels étaient alignées des rangées de pots de fleurs. Pour O'Connor, c'était un endroit à éviter : ce long couloir n'offrait aucun moyen de se mettre à couvert.

Montant à l'étage, ils découvrirent les stalles exquisément sculptées du chœur sur une mezzanine donnant sur l'église. O'Connor remarqua aussitôt les grilles dans le sol en pierre lissé par des siècles de passage. À travers elles, il distingua les marches qui descendaient aux catacombes et aux passages secrets qui remontaient à l'époque des conquistadors. Plus loin dans la nef, des autels baroques liserés de dorures étaient décorés de bleus et d'aigues-marines stupéfiants. O'Connor consulta sa montre.

— C'est l'heure d'aller voir le frère Gonzáles, dit-il en tripotant le Glock 21 caché sous son blouson. Espérons que ce n'est pas un piège.

— Je commence seulement à comprendre ton monde, mais n'oublie pas que c'est José Arana qui nous a donné ce contact.

Aleta faisait allusion au vieux chaman qui les avait guidés dans leur quête du Codex maya.

— Ce ne sont ni Arana, ni Gonzáles qui m'inquiètent, mais plutôt ceux qui gravitent autour d'eux, répondit-il tandis qu'ils se dirigeaient vers le lieu du rendez-vous.

Un prêtre âgé les attendait à l'entrée de la bibliothèque, son visage très brun labouré par des rides de sagesse.

— Bienvenue dans une des plus anciennes bibliothèques des Amériques, dit le frère Gonzáles en serrant d'abord la main d'Aleta puis celle d'O'Connor. Celle-ci contient plus de vingt-cinq mille livres et beaucoup d'entre eux sont des incunables – imprimés avant 1501.

Il referma les portes de la salle derrière eux.

O'Connor suivit Aleta et le frère au-delà des cordons qui empêchaient les touristes de pénétrer dans l'étroite pièce tout en longueur. De lourdes étagères garnissaient les murs et, à l'autre extrémité, deux escaliers en bois en colimaçon menaient à des balcons, munis d'autres étagères. Des lustres pendaient du plafond et le sol était recouvert d'un splendide carrelage crème et anthracite.

— Certains de ces volumes datent de l'époque des premières presses au Pérou, poursuivit le frère Gonzáles, et ils couvrent l'histoire de l'ordre franciscain depuis l'époque des premiers missionnaires qui sont arrivés au XVe siècle. La bibliothèque contient aussi cinq mille manuscrits augustins, jésuites et bénédictins, ainsi qu'une collection inestimable de bibles précoces et de partitions musicales.

Il montra une grande bible sur un présentoir à côté de laquelle reposait un manuscrit de musique jauni.

— Mais, pour vous, le principal avantage de cette bibliothèque est sa discrétion, conclut-il en les conduisant à des chaises sculptées au bout de la pièce.

O'Connor choisit celle qui lui permettait d'avoir vue sur la porte.

— Le Vatican ne serait pas ravi, s'il l'apprenait, reprit Gonzáles, une lueur dansant dans ses yeux sombres, mais certains d'entre nous restent très proches des descendants des Mayas et des Incas, et de leurs conseillers spirituels. Vous devrez rencontrer l'un d'entre eux, Carlos Huayta, issu du peuple q'ero.

— Un autre chaman ? fit O'Connor qui gardait un œil braqué sur l'entrée.

— Oui. Comme vous le savez tous les deux, le chamanisme est bien antérieur à toutes les religions organisées... Il précède la venue du Christ de plus de cinquante mille ans. Nous avons découvert des preuves de l'existence de chamans en France dans des cavernes ornées de peintures rupestres datant de plus de trente mille ans ; et on a retrouvé en Norvège des restes de chamans encore plus anciens... parfaitement préservés dans la glace, avec leurs cristaux sacrés et des figurines d'antilopes sculptées dans des poches en cuir.

— Ces chamans représentent-ils vraiment une menace pour la foi catholique ? s'enquit O'Connor en songeant à sa vieille Némésis, le cardinal Felici.

Même lui qui en avait pourtant vu d'autres était resté stupéfait de la férocité dont étaient capables les gens du Vatican pour protéger leur doctrine et leurs prêtres criminels. Et ça ne datait pas d'hier. Au XVIe siècle, des missionnaires catholiques avaient brûlé tous les codex mayas qu'ils avaient pu trouver, ces livres précieux dans lesquels étaient consignées l'histoire et la culture de tout un peuple, y compris ses mathématiques, son astronomie et ses croyances. Comment les cardinaux auraient-ils réagi si c'était l'inverse qui s'était produit et si les Mayas avaient détruit tous les ouvrages des archives secrètes et des différentes bibliothèques catholiques à travers le monde ?

— Depuis toujours, acquiesça Gonzáles avec tristesse, trop de membres de notre clergé se sont sentis menacés par tout ce qui leur semblait en dehors du dogme... mais les chamans sont très différents.

— Vous ne paraissez pas menacé, observa Aleta.

— À la différence de beaucoup de cardinaux de la Curie, je vis dans le monde réel, parmi les pauvres et les dépossédés, comme le font les chamans. Eux ont compris qu'il n'existe pas un seul chemin qui mène à l'au-delà... mais, plus important encore, ils restent en contact avec l'énergie du monde naturel et du royaume animal. Beaucoup, y compris Huayta, sont capables de changer la fréquence de leurs ondes cérébrales par la méditation. Cela leur permet de rester liés avec le champ source sacré de la planète.

— Les Russes ont travaillé là-dessus, dit O'Connor dont l'intérêt s'éveillait.

— Oui, mais il nous reste encore beaucoup à apprendre, souligna Gonzáles. D'abord, je dois vous montrer un vieux livre puis nous visiterons les catacombes sous la basilique.

Quittant son siège, il grimpa l'un des deux escaliers en colimaçon pour revenir peu après avec un ouvrage à la reliure en cuir craquelée qu'il tendit à O'Connor.

— Ceci pourrait vous aider dans votre quête.

— Comment le savez-vous ? s'étonna Aleta.

— José Arana se trouvait ici il y a un mois. Il est arrivé juste après votre disparition dans la jungle guatémaltèque.

— Vous connaissez José ?

— Très bien. Il est non seulement très respecté parmi les descendants des Mayas au Guatemala, mais sa réputation dépasse les frontières. Au début, il nourrissait quelques doutes à votre sujet, mais depuis que vous avez réussi à retrouver le Codex maya, il est persuadé que c'est à vous qu'il revient de découvrir la deuxième partie de l'avertissement : la Prophétie inca.

Aleta sentit une infime hésitation dans sa voix.

— Y aurait-il une troisième partie ?

— Oui, et celle-ci a été dissimulée par une civilisation bien plus ancienne que les Mayas et les Incas, mais vous devez d'abord vous occuper de la Prophétie inca.

— Ce livre, observa O'Connor, est une copie des journaux de Beale.

— Et elle est très rare, fit le frère Gonzáles avec toujours cette lueur dans le regard. Même votre Bibliothèque du Congrès n'en possède pas.

— De quoi s'agit-il ? demanda Aleta, curieuse.

— En 1885, un certain James B. Ward de Lynchburg, de Virginie, a publié ce que l'on a appelé les journaux de Beale, expliqua O'Connor. Il s'agissait de codes qui conduiraient quiconque saurait les déchiffrer à un caveau rempli d'or quelque part dans les montagnes Blue Ridge.

— D'or, mais aussi d'argent et de joyaux d'une valeur de plusieurs millions de dollars, confirma le frère Gonzáles. En 1820, un certain Beale s'était lié d'amitié avec un patron de saloon, Robert Morriss, qui possédait le Washington Hotel en Virginie.

Un jour, Beale a disparu, laissant une boîte en fer verrouillée dans sa chambre. Vingt-trois ans après, Morriss s'est enfin décidé à l'ouvrir. Il n'y découvrit que trois codes basés sur des chiffres et deux lettres de Beale.

— L'un des codes a-t-il été décrypté ? s'enquit O'Connor.

— Oui, mais un seul uniquement. Le premier contiendrait l'emplacement du caveau ; le deuxième – celui qui a été élucidé – des précisions sur les montants d'or, d'argent et de bijoux qui y seraient cachés ; et le troisième explique qui a droit à une part de ce trésor, des personnes qui sont mortes depuis bien longtemps.

— Mais en quoi ceci pourrait nous aider ? s'étonna Aleta.

Un sourire énigmatique apparut sur les traits du franciscain.

— Nous ignorons comment le décryptage a été réalisé mais nous savons qu'il s'agissait d'un code livre… une variation des codes à substitution qui étaient utilisés dans le Grand Chiffre des Rossignol, les célèbres cryptographes français du XVIIe siècle. Celui-ci n'a été décodé qu'en 1893 quand Étienne Bazeries s'est rendu compte que chaque symbole représentait une syllabe et non une lettre ; mais si votre destin est de découvrir la Prophétie inca, alors tout ceci deviendra très clair. Cependant, le temps joue contre vous : vous n'avez que deux semaines avant que le soleil n'atteigne son zénith. La Prophétie est liée à cet instant très bref pendant lequel il n'y a plus d'ombre. Ici, en Amérique du Sud, le soleil n'atteint son zénith qu'en deux occasions chaque année, et si vous manquez la prochaine dans deux semaines, il vous faudra attendre six mois, ce qui pourrait être trop tard. Avant cela, je dois encore vous montrer quelque chose.

Le frère Gonzáles les ramena dans la basilique, à l'entrée des catacombes.

— J'ai encore plus la trouille que dans le tombeau maya, murmura Aleta à O'Connor tandis qu'ils descendaient un étroit escalier menant à la première crypte funéraire.

Il y en avait plusieurs, chacune remplie de centaines de crânes humains et à peine éclairée par de petites lanternes en fer.

— Et je crois qu'on n'a encore rien vu, répondit O'Connor.

* * *

Dans l'un des recoins les plus sombres d'une des cryptes, monsignor Matthias Jennings, portant la robe brune des frères franciscains, écoutait leur conversation. Monsignor de Luca et la Sainte-Alliance n'étaient toujours pas parvenus à percer le chiffre inca, mais dès que la nouvelle de la possible venue d'O'Connor et d'Aleta au Pérou était parvenue au Vatican, le cardinal Felici avait immédiatement ordonné à l'archéologue jésuite de se rendre à Lima.

— La capitale des Incas au Pérou était Cuzco, expliquait Gonzáles, mais quand Francisco Pizarro les a vaincus, il a fondé sa capitale ici, à Lima, dans la vallée de la Rímac, et l'a baptisée la Ciudad de los Reyes, la Cité des Rois, car elle a été fondée lors de la fête de l'Épiphanie. Avec le temps, les gens ont préféré utiliser le nom local plus simple, Limaq, ou Lima. Ce que vous voyez là, fit-il tout en les menant à travers un tunnel très étroit, sont les crânes de citoyens ordinaires. À l'époque coloniale espagnole, ces cryptes servaient de cimetière. Il y a plus de vingt-cinq mille dépouilles ici. Les gens importants, ajouta-t-il sur un ton de conspirateur, étaient enterrés dans des caveaux spéciaux.

S'emparant d'un trousseau de clés accroché à sa ceinture, il déverrouilla la porte d'un passage secret menant au palais du Gouvernement situé sur le côté nord de la Plaza de Armas dans le centre historique de la ville. Le quartier général de Francisco Pizarro était devenu la résidence des présidents péruviens.

O'Connor et Aleta suivaient le frère Gonzáles le long du tunnel faiblement éclairé, jusqu'à ce qu'ils atteignent un caveau situé sous le palais.

— En 1536, les conquistadors ont découvert un crâne de cristal quelque part le long des rives de l'Urubamba dans la

Vallée sacrée de l'Inca et, pendant des siècles, il a été conservé ici, expliqua le prêtre en ouvrant les portes d'acier du caveau. Ce crâne était accompagné de deux documents. Le premier était une ancienne prophétie inca qui a été recopiée par un des missionnaires de Pizarro ; l'autre un code étrange, lui aussi enregistré par ce même prêtre – une série de chiffres dont on dit qu'elle a un rapport avec la suite de Fibonacci.

O'Connor et Aleta échangèrent un regard. Ils avaient déjà croisé cette séquence mathématique pendant leur quête du Codex maya et tous deux savaient qu'elle jouait un grand rôle dans de nombreuses civilisations antiques.

— Au cours des siècles, plusieurs générations successives de frères franciscains ont tenté de décrypter le code, continua Gonzáles, mais aucun n'y est parvenu. Au début du IXXe siècle, plusieurs désastres ont frappé notre monastère. Les frères ont rendu le crâne responsable de leur infortune et, quand la Sainte-Alliance a appris la nouvelle, ils ont reçu l'ordre de l'expédier, ainsi que les deux parchemins à Rome.

— La Sainte-Alliance ? murmura Aleta.

— Les services secrets du Vatican, qu'on appelle aussi parfois l'Entité, répondit O'Connor. Il est donc probable que le crâne se trouve maintenant quelque part au Vatican et sans doute aux archives secrètes.

Le frère Gonzáles sourit.

— Les archives secrètes sont très bien gardées, mais si votre destin est de trouver le crâne et les parchemins, vous réussirez à y pénétrer.

* * *

Monsignor Jennings attendit une bonne demi-heure pour être certain que ses trois cibles avaient quitté la basilique. Il en profita pour envoyer un message au cardinal Felici, puis il quitta les catacombes et la basilique avant de se fondre dans la nuit.

26

Le Bureau ovale

Le président McGovern éteignit la télévision dès la fin du reportage de CNN. Un silence gêné régnait entre les trois personnes présentes dans la pièce.

— Ont-ils raison ? demanda-t-il finalement.

Ses deux conseillers échangèrent un regard.

— Je ne peux pas être d'une certitude absolue, monsieur le président, répondit Crawford en ajustant ses élégantes lunettes rouges sur son nez couvert de taches de rousseur, mais mes sources confirment la version de CNN. O'Connor a compris les intentions de Wiley et, au lieu d'assassiner Weizman, a décidé de la protéger. C'est alors que Wiley aurait placé des contrats sur eux deux.

— Et que fait-on maintenant ?

— Deux choses, monsieur le président, conseilla Crawford. D'abord, laissons la commission mener ses auditions et voyons ce qu'il en sort. Et, en raison de la nature sensible de nos opérations secrètes, il vaudrait mieux que certaines d'entre elles se déroulent à huis clos.

— Au contraire, monsieur le président, nous devons faire preuve de transparence, intervint Buchanan, et vous devriez destituer Wiley de ses fonctions sur-le-champ.

— Je suis d'accord avec Chuck. Il faut que nous allions au fond de cette sale affaire, dit le président avec colère.

— Je ne vous le conseille pas, monsieur le président, répondit Crawford, campant sur sa position. Ces derniers temps, l'image de l'Amérique s'est sérieusement dégradée dans la presse internationale, et si vous vous retrouviez mêlé à cette affaire en pleine année électorale, cela irait à l'encontre du message que vous voulez faire passer auprès du peuple américain. Même si je déteste Wiley, je pense que nous devons attendre le témoignage d'Ellen Rodriguez. Nous n'avons aucune preuve concrète de l'implication de Wiley et mes sources ne sont pas prêtes à passer devant la commission.

— Bon, et votre deuxième point ? demanda le président.

— Rodriguez, et c'est compréhensible, n'aura sans doute pas envie de retourner à la CIA, en tout cas pas pour le moment, et il faut bien lui trouver un remplaçant au bureau d'Amérique latine. Normalement, ce genre de nomination ne vous incombe pas, mais je voulais vous suggérer une idée. Il nous faut quelqu'un en qui nous ayons une entière confiance afin de rester informés de cette affaire.

— Un nom ?

— Megan Becker.

— L'environnementaliste ? ricana Buchanan. Comment diable allons-nous vendre une scientifique aux rats de Langley ?

— Nous n'avons pas à le faire, monsieur le président, répondit Crawford. Elle est déjà dans la place. Diplômée *summa cum laude* de Stanford, elle a ensuite étudié les relations internationales à Oxford avant d'être intégrée à la CIA il y a quelques années. Elle jouit d'une excellente réputation... du moins dans certains cercles.

— Certains ?

— En privé, elle s'est montrée assez critique envers notre politique avec le régime de Kadhafi et nos prisons secrètes. Elle n'est pas non plus une grande fan de Wiley, même si je doute qu'il connaisse son existence.

— Eh bien, je suis assez d'accord avec elle à propos de la torture et des prisons secrètes, et Kadhafi était un gangster, gronda le président.

— Becker a été en poste à Mexico et Kaboul et elle vient de rentrer d'Islamabad.

— Je connais des coins plus paisibles... Peut-être devrait-elle venir travailler avec nous ici ? remarqua sèchement le président. Elle parle des langues étrangères ?

— Espagnol, français et un peu d'arabe, confirma Crawford. Étant donné la gravité de l'affaire Wiley, je pense que nous pouvons la briefer. Elle nous tiendra au courant.

— J'appelle Langley immédiatement.

— Avec tout mon respect, monsieur le président, il vaut mieux vous tenir à l'écart, insista Crawford avant d'adresser un regard éloquent au chef de cabinet. Chuck devrait s'en charger. Si jamais la situation nous échappe, nous pourrons toujours prétendre que vous n'avez jamais parlé à la CIA.

— Parfois, je me fais l'impression d'être une vulgaire potiche. Rien d'autre ?

— Une dernière chose, monsieur le président. Il existe apparemment un lien entre Wiley et le Vatican – le cardinal Felici, le cardinal préfet de la Congrégation pour la doctrine de la foi, en veut lui aussi à Weizman.

— Seigneur Dieu. Quel rapport peut-il y avoir entre le Vatican et une archéologue guatémaltèque ?

— À vrai dire, le Vatican s'intéresse plutôt aux anciennes civilisations et, surtout, à une série d'avertissements laissés par les Mayas, les Incas et les Égyptiens. Selon certains, l'artefact que Weizman et O'Connor ont trouvé au Guatemala menace la doctrine catholique. Ce qui suffit à des gens comme Felici pour devenir enragés.

— Oui, dit le président, je me souviens qu'un pape quelconque a fait jeter Galilée en prison quand il a suggéré que la Terre tournait autour du Soleil.

— Urbain VIII, confirma Crawford.

Elle préféra éviter de mentionner qu'un récent rapport qui avait atterri sur son bureau révélait qu'un nombre effrayant d'Américains partageaient l'opinion du pape Urbain. Un adulte sur cinq aux États-Unis était persuadé que le Soleil tournait autour de la Terre.

— Mais, pour l'instant, reprit-elle, mieux vaut cacher l'intérêt du Vatican, conclut-elle.

— Bon sang, monsieur le président, nous ne pouvons pas nous permettre d'étouffer un scandale, juste parce qu'il existe un lien entre la CIA et le Vatican, protesta Buchanan. C'est comme ça depuis les débuts de la CIA.

Crawford resta inflexible.

— Monsieur le président, nous n'étoufferons rien du tout. La commission sénatoriale fera toute la lumière sur cette affaire et, en attendant, vous avez des élections à gagner. Il y a plus de soixante-dix millions de catholiques dans ce pays et nous avons perdu les élections de mi-mandat, du moins en partie, parce que bon nombre d'entre eux ont voté républicain. Accuser le Vatican et la CIA à la une du *New York Times* et en une des journaux de Fox News ne nous aidera pas. Si une enquête s'avère nécessaire, reportez-la après votre réélection qui, à moins d'un miracle économique, n'est pas jouée d'avance. Et puisque nous en sommes à parler des lobbies, monsieur le président...

Le président McGovern poussa un soupir.

— Les Israéliens ?

Crawford acquiesça.

— Je sais à quel point la question israélo-palestinienne vous tient à cœur, mais nous ferions mieux de revoir nos exigences à la baisse tant que les élections ne seront pas passées.

— Bon sang, Lauren ! C'est exactement là-dessus que comptent les Israéliens et le Likoud.

Le président se leva et se dirigea vers le balcon derrière son bureau. Il contempla longuement les pelouses de la Maison Blanche.

— Ce conflit au Moyen-Orient dure depuis huit décennies, dit-il, et nous ne sommes pas plus proches d'une solution qu'à l'époque où Truman occupait ce bureau.

— Et si vous gardez ce bureau, monsieur le président, vous aurez quatre ans de plus pour agir.

Crawford chercha dans ses notes la carte des « *swing states* », ces États dont le vote pouvait basculer d'un côté ou de l'autre.

— Pour ce qui est du vote juif, dit-elle en étalant le document couvert d'un nombre impressionnant de statistiques sur la table basse, ce sont les *swing states* qui compteront... le Michigan, la Floride, le Wisconsin, l'Ohio, la Pennsylvanie et même la Californie. Pour l'heure, vous pouvez compter sur cinquante-cinq à soixante pour cent de leurs voix. Les républicains, eux, sont assurés de dix à quinze pour cent. Ce qui laisse à peu près trente pour cent d'indécis et, avec ces gens, le seul sujet qui compte, ce n'est pas l'avortement, ni le droit des homosexuels... c'est Israël !

— Je ne suis pas convaincu, dit le président avec irritation, mais j'y réfléchirai.

— Si vous faites preuve de dureté envers Israël, monsieur le président, vous perdrez, insista Crawford avec franchise. Pensez à Carter en 1980. Il a fait voter la résolution 465 contre l'implantation des colonies et ça lui a coûté sa réélection. Tapez sur les Israéliens, monsieur le président, mais après avoir été réélu.

— Bon, et quel est le programme de la réunion sur la sécurité demain ? grommela le président.

— Le directeur de la sécurité nationale doit vous briefer sur la situation en Iran, répondit Buchanan, même si, techniquement, c'est la CIA qui fait le boulot. Comme vous l'avez demandé, le Conseil à l'armement nucléaire enverra un expert, le professeur Hunter Lapinski du Massachusetts Institute of Technology. Sa biographie se trouve sur votre bureau, mais il a travaillé sur le développement de nos mini-bombes nucléaires de pénétration dans les années quatre-vingt-dix, il est donc qualifié. Comme vous le savez, monsieur le président, les Iraniens sont sans nul doute tout proches de produire du plutonium militaire et la CIA tente de surveiller leur deuxième usine de centrifugeuses.

— Celle qu'O'Connor et Jafari ont découverte enfouie sous une montagne, leur rappela Crawford.

Le président acquiesça.

— Wiley assistera-t-il à cette réunion ?

— La commission sénatoriale a accepté de le libérer, annonça Buchanan.

— Il n'a pas d'adjoint ?

— Oui, Larry Davis – même si, pour être sincère, au cours des quelques rencontres que j'ai eues avec lui, je ne l'ai pas trouvé franchement brillant, déclara Crawford. Je sais que vous préféreriez éviter Wiley, mais il vaut mieux continuer comme si tout était normal, insista-t-elle. Aussi bien Wiley que Davis bénéficient du soutien des membres républicains de la commission, notamment du sénateur Crosier, et si la presse a vent d'une dissension entre le DAO de la CIA et vous, ce sera l'enfer.

— Nous verrons. Savons-nous où se trouvent O'Connor et Weizman en ce moment ?

Crawford secoua la tête.

— Non, mais nous sommes sur leur piste. Le Codex maya n'a délivré que quelques réponses à propos de 2012 et nous avons appris qu'il existerait un avertissement encore plus détaillé sous la forme d'une prophétie inca qui reste à découvrir. Je suis prête à parier que Weizman et O'Connor sont à sa recherche et qu'ils se trouvent donc au Pérou.

Un sourire du président brisa la tension qui régnait dans la pièce.

— Vous avez trop vu de films d'Indiana Jones, Lauren. Vous croyez vraiment à ces trucs ?

— Je garde l'esprit ouvert, monsieur le président.

Ce n'était pas le moment d'aborder ces prédictions incas, mais Crawford avait été prévenue de ce qui se trouvait dans le Codex maya. Elle avait le sentiment qu'il existait un lien entre les avertissements des Mayas et la prophétie de leurs homologues Incas des Andes.

27

Quartier général de la CIA

Howard Wiley descendait au centre opérationnel de la Task Force Inca, l'équipe chargée de traquer O'Connor et Weizman. Connu dans toute la communauté du renseignement comme « La Fouine », le deuxième personnage le plus puissant de la CIA possédait un nez interminable qui prolongeait un front pointu lui-même planté sous des cheveux rouquins impitoyablement plaqués en arrière. Ses yeux verts étaient glacés et ses lèvres étroites ne semblaient pas capables de produire un sourire.

Du haut de son mètre soixante-trois, il attendit le verdict du scanner biométrique. Aucun iris n'était identique à un autre et les puissants systèmes informatiques de Langley analysèrent son œil en une fraction de seconde. Il pénétra dans la salle où l'attendait son adjoint, Larry Davis.

Trop gros et en mauvaise condition physique, celui-ci était à peine plus grand que son supérieur. Il épongea nerveusement la sueur sur son front dégarni, craignant la mauvaise humeur de son patron due à l'enquête de la commission.

— Alors ? gronda Wiley en s'installant devant la rangée d'ordinateurs et d'écrans qui connectaient la Task Force à toutes les stations de la CIA sur le terrain. Aucun signe de Toutankhamon ou de Néfertiti ?

Les noms de code qu'il avait assignés à O'Connor et Weizman lui avaient donné une joie perverse. Les souverains égyptiens étaient tous deux morts très jeunes dans des conditions inexpliquées. Il comptait bien que l'histoire se répète.

Davis secoua la tête.

— Nous surveillons leurs portables, leurs e-mails et leurs comptes bancaires mais, pour le moment, aucun signe.

— Qu'est-ce qu'on a sur le Pérou ? demanda Wiley.

— Nos agents sont en place, monsieur.

La voix était celle de Megan Becker, trente-cinq ans. La chevelure rousse ondulée, une peau de porcelaine, des yeux d'un bleu brumeux, elle mesurait un mètre soixante-dix sept et dépassait les deux hommes d'une bonne tête.

Wiley lui jeta un regard noir.

— Et vous êtes... ?

— Agent Megan Becker, monsieur, répondit-elle sans sourciller. J'ai eu notre chef de station à Lima hier. Il fait surveiller le port de Callao, l'aéroport international Jorge-Chávez et les plus grandes gares routières. Mais si O'Con... Toutankhamon et Néfertiti se rendaient au Pérou, il se peut qu'ils y soient déjà.

— Et sur quoi basez-vous cette supposition, Becker ? cracha Wiley.

— J'ai déjà travaillé avec Toutankhamon et il fait toujours en sorte de s'exposer au minimum. C'est un principe qu'il suivra aussi avec nous. Il y a soixante-dix aéroports importants au Pérou, sans compter cent soixante et un autres terrains d'atterrissage. Ils doivent bien se douter que nous surveillerons Jorge-Chávez. À mon avis, il est très improbable qu'ils entrent dans le pays par la grande porte, même avec de faux passeports.

— Ici, on n'a rien à foutre de vos avis, Becker, ce qui nous intéresse, ce sont les faits. Comment savez-vous qu'ils se sont procuré de faux papiers ?

— Je n'en sais rien, répondit Becker en cachant son mépris. Mais j'ai lu les dossiers et ils en ont déjà utilisé à deux reprises... pour autant que nous le sachions.

— Qu'on me prévienne à la seconde où nous tenons une piste, ordonna Wiley en faisant signe à Davis de le rejoindre dans le petit bureau insonorisé au bout de la salle afin de s'entretenir en privé. C'est qui, cette Becker, et qu'est-ce qu'elle fout dans mon équipe ?

Il était au bord de l'apoplexie.

— C'est le directeur qui l'a nommée ce matin... J'ai pensé que, comme ça venait d'en haut, vous seriez au courant, répondit Davis, de plus en plus moite.

— Il faut que vous compreniez quelque chose, Davis. Le directeur n'est qu'un guignol. Les seules opérations sur le terrain auxquelles il a participé sont celles qui ont failli le débarrasser de ses hémorroïdes. Ici, c'est moi qui commande et personne n'est autorisé à entrer dans cette salle sans mon accord. Et je me fous que ça vienne de ce connard de président. C'est clair ?

— Absolument. Oui, monsieur.

— On n'a pas besoin qu'une autre bonne femme vienne nous emmerder. J'en ai déjà assez chié avec Rodriguez.

— Vous voulez qu'on expédie Becker ailleurs, monsieur ?

— Ça risque d'être assez difficile, maintenant que le directeur fourre sans arrêt son nez dans nos affaires.

Wiley s'interrompit. Becker venait de frapper à la porte. Il alla ouvrir avec fureur.

— Quand je suis ici, Becker, ça signifie que je ne veux pas être dérangé. Vous avez les moyens de comprendre ça ?

— Je crois, monsieur, mais vous avez dit de vous prévenir à la seconde où nous aurions quelque chose, répliqua-t-elle avec un délicieux sourire. Echelon vient d'intercepter un texto provenant du BlackBerry de Rodriguez.

Elle lui tendit une feuille de papier. Echelon était le système qui permettait aux États-Unis de surveiller tout le trafic informatique de la planète. Jour et nuit, les grosses antennes en forme d'assiettes installées à Fort Meade et Yakima, ainsi que dans d'autres endroits en Angleterre, en Allemagne et en Australie interceptaient et inspectaient les courriels privés, les fax, les appels téléphoniques et toute autre communication électronique que les citoyens ordinaires échangeaient dans leur vie quotidienne.

Wiley lut le message :

```
Espère que C et toi allez bien… où que vous
soyez ! Commission demain, devrait bien se
passer. Faites attention à vous. E.
```

— Votre avis là-dessus, Becker ? demanda Wiley.

— Il n'est pas définitif, monsieur. Tout ce que nous savons, c'est qu'il a été envoyé par le BlackBerry de Rodriguez à 15 h 05 aujourd'hui. Le numéro du portable destinataire ne figure pas dans nos banques de données mais le fournisseur d'accès est Claro Perú.

— Le Pérou est un pays foutrement grand, Becker. Où exactement ?

Megan Becker garda son sang-froid. Avant même d'accepter cette mission, elle savait que Wiley serait son plus gros problème. La Maison Blanche lui devrait une fière chandelle... si elle survivait à ce type.

— J'y arrivais, monsieur, répondit-elle avec une lenteur délibérée. Il semble que le portable se trouvait dans les environs du monastère de Saint-François-d'Assise. Il se trouve dans le vieux centre historique de Lima, dans l'avenue Lampa, non loin de la Plaza de Armas.

— « Dans les environs » ? Vous êtes en train de me dire que nous n'avons pas la localisation précise ?

— Non, monsieur, dit Becker en toisant le DAO. Nous travaillons à partir d'un simple SMS et l'appareil récepteur se trouvait soit dans l'église, soit tout près d'elle. Pour le moment, le téléphone portable ne s'est pas déplacé de façon significative et nous tentons encore une triangulation à partir des antennes réceptrices.

— Et le fournisseur d'accès ? Vous l'avez contacté ? aboya Wiley.

— J'attendais votre autorisation. Il s'agit du Pérou, monsieur. Ce n'est pas comme si nous contrôlions le réseau.

— J'en suis conscient, Becker. Appelez-moi le chef de station à Lima sur une ligne sécurisée.

Trente secondes plus tard, le visage carré du remplaçant de Rodriguez à Lima, Cameron Reyes, apparut sur l'écran. L'ex-marine travaillait depuis un certain temps déjà pour la CIA, mais il gardait sa coiffure en brosse de l'armée. Certaines habitudes ont la vie dure.

— Vous avez vu le message récupéré par Echelon ? s'enquit Wiley.

— Je viens de le lire, monsieur.

— Dispositif ?

— Quatre équipes couvrent l'aéroport, les gares routières et le port. Je vais en déployer une autre à l'église. Toutes prêtes à passer à l'action sous trente minutes.

— Qu'elles s'y mettent immédiatement.

— Toutes, monsieur ? Je pensais...

Becker réprima un sourire. Elle avait déjà baptisé Reyes « Tête au carré » et, face à Wiley, Tête au carré avait encore beaucoup à apprendre.

— La prochaine fois que vous penserez, Reyes, ce sera avant de péter. Action immédiate, et je me fous de comment vous ferez, mais localisez-moi ce putain de portable. Toutankhamon et Néfertiti sont un danger clair et immédiat. Je veux leur tête !

— Monsieur ?

— Vous avez le feu vert pour une élimination. Au boulot !

Wiley coupa la transmission.

— Prévenez-moi dès qu'il y a du nouveau, aboya-t-il en direction de Becker avant de remonter dans son bureau où l'attendait le chef des services secrets israéliens.

* * *

Le patron du Mossad ne lui inspirait aucune confiance, mais, à vrai dire, Avraham Lerner n'y était pour rien. Wiley n'avait confiance en personne et les relations entre les deux services n'étaient pas sans nuages. Par ailleurs, il était bien conscient que ses homologues israéliens avaient parfois une définition très différente du mot « renseignement ». Plus d'une fois, ses *alter ego* des autres agences américaines et lui avaient cru recevoir des informations ultrasecrètes avant de découvrir, dès le lendemain de leur réunion, des traces substantielles de ces tuyaux soi-disant confidentiels sur Facebook et Twitter. Mais Wiley doutait que Lerner aille cette fois papoter sur Internet. Pour les Israéliens, l'enjeu était trop important. Si l'opération dont ils discutaient réussissait, elle vaudrait bien la capture d'Adolf Eichmann à Buenos Aires.

— Avraham, quelle joie de vous revoir à Washington ! dit Wiley qui n'en pensait pas un mot.

— C'est toujours un plaisir, répondit Lerner, un homme de taille moyenne, aux traits quelconques.

Sa méfiance à l'égard de Wiley était au moins aussi grande mais les deux hommes comprenaient l'importance de la danse de la diplomatie.

— Voici Tomer Rosenstein, ajouta-t-il, présentant le chef de la section du Mossad chargée de la recherche des hauts dignitaires nazis qui n'avaient pas encore été capturés.

— Votre premier séjour à Washington ? demanda Wiley à Rosenstein tout en faisant signe aux deux hommes de s'installer sur les confortables canapés de son bureau.

Celui-ci était décoré de tableaux représentant la guerre de Sécession et d'une kyrielle de photographies montrant le maître des lieux en compagnie de personnalités marquantes. On le voyait notamment serrer la main de George W. Bush ou aux côtés du pape Jean-Paul II et de celui qui n'était à l'époque qu'archevêque, Salvatore Felici.

— Non, mais je ne passe pas très souvent par Washington, répondit Rosenstein. Je travaille beaucoup avec le centre Simon-Wiesenthal, donc je séjourne surtout à New York et à Los Angeles.

— En quoi pouvons-nous vous aider ? demanda Wiley, allant droit au but.

— J'ignore si vous le pourrez, dit Lerner. Il y a encore beaucoup de nazis en fuite.

— Après tout ce temps ? Ils ne sont pas tous morts ?

Wiley savait pertinemment que l'un d'entre eux en particulier était bien vivant, mais il préférait jouer les naïfs.

— Loin de là, dit Rosenstein. Le centre Wiesenthal a encore dix criminels nazis sur sa liste, des assassins comme Søren Kam ou le docteur Heim. Aribert Heim, surnommé « Docteur de la Mort », a travaillé au camp de Mauthausen. Nous avons de bonnes raisons de croire qu'il est toujours vivant. Il est responsable de la mort de centaines de détenus juifs. Un jour, il a tué un jeune prisonnier pour la simple raison qu'il avait des dents parfaites. Mais il y en a un autre, encore plus important, le commandant en chef de Mauthausen, le Standartenführer Karl von Heiβen.

Wiley resta impassible.

— Nous pensons que von Heiβen s'est échappé d'Allemagne déguisé en prêtre et, qu'avec l'aide du Vatican, il a gagné le Guatemala où l'Église lui a offert une nouvelle identité. Devenu le père Hernandez, von Heiβen a été pendant de nombreuses années prêtre de la paroisse de San Pedro.

— Il ne l'est plus ?

Lerner secoua la tête.

— Juste avant que votre agent – ex-agent – O'Connor et le docteur Weizman arrivent au Guatemala pour y rechercher le Codex maya, nous avons découvert la véritable identité du père Hernandez. Il ne nous a fallu que quelques heures pour envoyer une équipe sur place mais entre-temps quelqu'un l'avait prévenu. Nous l'avons raté de peu.

— Depuis, nous avons reçu d'autres informations, enchaîna Rosenstein. Nous sommes convaincus que von Heiβen s'est enfui dans un camion en emportant avec lui une grande caisse en bois. Il a rejoint Puerto Quetzal, un port au sud du pays, par des petites routes. De là, il a embarqué sur un cargo à destination de Callao au Pérou. La compagnie du bateau confirme que la caisse est partie avec lui.

— Savons-nous ce que contenait cette caisse ? s'enquit Wiley.

— De l'or.

Les rares personnes qui connaissaient bien Wiley auraient pu déceler son changement d'attitude. Ses yeux verts prirent un éclat métallique : le signe que son cerveau tournait à toute allure.

— En tant que commandant du camp de Mauthausen, von Heiβen est directement responsable de la mort de plus de cent mille prisonniers juifs, ajouta Rosenstein. Il a ordonné qu'on arrache les dents en or des cadavres pour les fondre en lingots. Avec le temps, il a accumulé plus de cent kilos de métal pur, ce qui représente aujourd'hui plusieurs millions de dollars.

— Il y a un vide dans votre théorie, répliqua Wiley. Comment un criminel nazi aussi recherché aurait-il pu faire transiter une telle quantité d'or à travers plusieurs pays grouillant de soldats alliés ?

— Avec l'aide du Vatican, ce n'était pas si difficile, monsieur Wiley. J'imagine que vous n'ignorez pas les preuves qui s'accumulent, démontrant son rôle dans le blanchiment du trésor des oustachis.

Wiley acquiesça.

— On sait aussi qu'un convoi de dix camions transportant de l'or nazi a pénétré sur la place Saint-Pierre en 1946 pour y être déchargé dans les coffres de la banque du Vatican, poursuivit Rosenstein, mais l'Église a obstinément refusé pendant des années d'ouvrir ses archives couvrant la période de la guerre. Et n'allez pas croire que ces magouilles financières appartiennent au passé. En 2010, un tribunal italien a gelé vingt-trois millions d'euros que les banquiers du Saint-Siège tentaient de déplacer à l'étranger sans révéler la source, la destination ni l'utilisation de cet argent. Ça fait un sacré tas de pièces pour une quête à la messe. Donc, après avoir payé une confortable commission aux intermédiaires du Vatican et s'être retrouvé dans la peau d'un prêtre catholique, von Heiβen n'a pas dû avoir beaucoup de difficultés à déplacer son or. Il y a peu de risques qu'un simple soldat posté à la frontière s'intéresse de trop près à un curé ou fasse ouvrir une caisse portant le sceau du Saint-Siège.

— Qu'attendez-vous de nous ? demanda Wiley.

— Comme vous le savez peut-être, von Heiβen est responsable du meurtre des grands-parents de Weizman à Mauthausen. Son père s'est évadé à l'arrière d'une camionnette de blanchisserie. L'arrivée de Weizman et O'Connor au Guatemala au moment même de la disparition de von Heiβen a donc peu de chances d'être une coïncidence. Nous pourrions utiliser le lien entre ces trois-là à notre avantage mutuel, dit Lerner.

Le patron du Mossad, conscient du grand respect que ses agents de terrain nourrissaient à l'égard d'O'Connor, n'avait aucune intention de lâcher les informations qu'il possédait sur lui ou sur Weizman.

— Nous nous intéressons aussi, reprit-il, aux journaux que tenait von Heiβen. Nous pensons qu'O'Connor pourrait savoir où ils se trouvent actuellement.

Wiley ne dit rien. Le Mossad et les chasseurs de nazis israéliens n'étaient pas les seuls à vouloir mettre la main sur ces fameux journaux. Le cardinal Felici avait des raisons encore plus urgentes de les récupérer.

— Si von Heiβen avait ses journaux dans le presbytère de San Pedro, pourquoi votre équipe ne les a-t-elle pas pris quand elle y était ? demanda Wiley qui ne ratait jamais une occasion de souligner les faiblesses de ses concurrents.

— Le Mossad n'est pas parfait, Howard, pas plus que la CIA. Nos hommes étaient si proches de von Heiβen qu'ils sont restés à sa poursuite sans fouiller le presbytère. Une circonstance malheureuse, dit Lerner. Nous savons – à vrai dire, le monde entier le sait – qu'O'Connor et Weizman sont toujours en fuite et se trouvent probablement au Pérou. Nous aimerions que vous nous teniez au courant. Surtout si, en les recherchant, vous tombez sur une piste menant à von Heiβen et à ses journaux.

28

Arlington, Virginie

Cette fois, le tueur emprunta une autre route pour rejoindre la planque et arriva sur North 27th Street par l'ouest. Il se gara juste après la Cornerstone Wesleyan Church et se prépara à attendre. Dans la maison, l'agent Ellen Rodriguez était confortablement installé avec son avocat, Dustin Coburn, un des cadors du barreau de Washington.

— La commission d'enquête se compose de quinze membres, huit démocrates et sept républicains, lui expliquait-il. Je vous ai apporté la liste. La présidence est assurée par la sénatrice démocrate du Connecticut, Mary Wheeler. Avocate de formation, plus pointue qu'un clou et à qui rien n'échappe. Mais elle est réglo, et tant que vous lui répondrez de façon sincère, vous n'avez rien à craindre de sa part. Ce qui n'est pas le cas d'Austin Crosier, le vice-président de la commission. Il soutiendra Wiley jusqu'à la mort et il va vouloir vous intimider. Si ça ne suffit pas, il tentera de vous discréditer. Nerveuse ?

— Un peu. Mais un type comme Wiley à la tête de la CIA représente une menace non seulement pour les États-Unis, mais aussi pour le monde entier.

— Accuser Wiley de façon frontale sera un sacré risque. Il vous faudra des preuves.

— Je suis la preuve, Dustin. Quand j'étais en poste à Langley, j'ai fini par me retrouver affectée à la Task Force Maya, une petite opération ultrasecrète qu'il avait montée pour traquer O'Connor et Weizman. Depuis, elle a été rebaptisée Task Force Inca. Dès qu'il est devenu clair qu'O'Connor n'avait pas assassiné Weizman, et qu'il faisait même équipe avec elle, Wiley est devenu enragé. Peu après, un tueur sicilien, Antonio Sodano, a été retrouvé étranglé dans une benne à ordures de Vienne.

Je n'ai compris le rapport avec O'Connor que quand j'ai vu Wiley piquer une crise.

— Vous pensez que Sodano avait été engagé pour éliminer O'Connor et Weizman ?

— Oui, et il a échoué. Peu après, nous avons retrouvé leur trace dans un train en direction de l'Allemagne. J'y étais, Dustin... je me trouvais dans la pièce quand Wiley a envoyé un agent dans le train avec ordre de les assassiner. Il a qualifié O'Connor et Weizman de danger clair et immédiat.

Dustin Coburn secoua la tête. Dans le jargon de la CIA, quand un « danger clair et immédiat » était identifié, il n'existait plus aucun mécanisme de contrôle. Ce n'était pas la première fois qu'une administration employait ce moyen pour contourner une éventuelle curiosité de la part du Congrès.

— La police allemande a retrouvé le corps du tueur dans les toilettes du train à son arrivée à Francfort. Et ça ne s'est pas arrêté là. Il y a eu une nouvelle tentative quand O'Connor et Weizman ont quitté le camp de Mauthausen, et cette fois c'est la police autrichienne qui a découvert un cadavre carbonisé dans une voiture au fond d'un ravin dans les Alpes.

— Cet O'Connor semble drôlement coriace.

— C'est un de nos meilleurs agents, ou du moins c'était, dit Ellen avec des regrets dans la voix. Il y a encore eu au moins deux autres tentatives, l'une sur un cargo et l'autre alors qu'O'Connor et Weizman faisaient de la plongée dans le lac Atitlán au Guatelama pour y chercher une figurine de jade. Toutes deux ont échoué. La figurine les a menés au temple du monde perdu. À ce moment-là, Wiley m'avait déjà mutée comme chef de station à Guatemala City. Il m'a envoyée traquer O'Connor dans la jungle avant de venir lui-même sur place.

— Le DAO a quitté Langley pour le Guatemala ?

Coburn connaissait suffisamment les usages de la Firme pour savoir que le chef des espions ne se risquait jamais sur le terrain.

— Bizarre, n'est-ce pas ? Mais c'était vraiment devenu une obsession pour lui.

— Pourquoi tenait-il tant à éliminer O'Connor ?

— Parce qu'il en savait trop, et quand il a décidé de protéger Weizman, Wiley n'a plus eu le choix : il devait se débarrasser d'eux.

— Vous pensez qu'il aurait pu les tuer lui-même ?

— J'en suis certaine. Quand O'Connor et Weizman ont finalement découvert l'emplacement du Codex maya, Wiley les a suivis dans un tombeau dans la jungle. J'y étais. Je revois encore la scène. Quand je suis arrivée, il les tenait en joue, leur demandant ce qui se trouvait dans une urne de jade. Ils n'ont pas répondu, alors il a voulu la prendre lui-même, ce qui a activé un piège. Il a reçu un javelot enduit de venin de serpent et a lâché son arme. Il m'a alors ordonné, je cite, de « les buter ». J'ai refusé. Et c'est là qu'il a ajouté quelque chose que je ne suis pas sûre de révéler demain.

— C'est-à-dire ?

— En dehors du fait qu'il m'a promis un séjour à San Quentin, il a dit que l'élimination d'O'Connor et Weizman avait reçu l'approbation du vice-président des États-Unis.

Coburn émit un petit sifflement.

— Laissez-moi réfléchir à ça. Pour le moment, il vaudrait mieux laisser ce petit détail de côté et attendre une éventuelle commission d'enquête du Congrès, mais il est rare qu'un président ordonne une investigation sur une administration précédente. Ceci étant, une chose me laisse perplexe dans toute cette histoire et je suis persuadé que la sénatrice Wheeler vous interrogera à ce sujet : je comprends pourquoi Wiley craint O'Connor, mais je ne vois toujours pas pourquoi il s'intéresse autant à Weizman. C'est vrai, nous avons joué un sale rôle au Guatemala, mais elle n'est pas la première à accuser la CIA... Il doit y avoir autre chose.

— Oui, il y a bien autre chose, et si jamais elle parle, Wiley finira ses jours dans un pénitencier... et il entraînera avec lui tous ceux qui l'ont soutenu comme, par exemple, le sénateur Crosier. La clé, c'est le passé de Weizman. Ses grands-parents ont été assassinés à Mauthausen et elle a grandi au bord du lac Atitlán avec son père qui était parvenu à s'évader du camp quand il était gosse. Avant qu'elle ne s'envole pour le Guatemala avec O'Connor, elle m'a raconté les circonstances de la mort de son père.

— Il avait fait un sermon assez controversé, n'est-ce pas ? En célébrant le deuxième anniversaire du meurtre de l'archevêque Romero ?

— Ça, c'est la version officielle : les escadrons de la mort du Guatemala ont interrompu le service parce qu'Ariel Weizman calomniait le gouvernement et la situation a dégénéré. En réalité, il dévoilait un lien étroit entre les États-Unis et le chef des escadrons de la mort qui avait tué Romero – un certain Roberto D'Aubuisson, une espèce d'enfoiré qui s'amusait à jeter des bébés en l'air pour les prendre comme cibles de tir. Ariel Weizman expliquait que D'Aubuisson était reçu avec les honneurs à Washington et s'était même vu offrir une distinction de la part du lobby conservateur pour ses soi-disant efforts en faveur de la liberté et sa lutte contre l'insurrection communiste.

— Oui, nous avons cette sale habitude de dérouler le tapis rouge pour des dictateurs et des vandales, marmonna l'avocat avec tristesse.

— C'est exact. Mais attendez la suite. Quand les escadrons de la mort se sont rués dans l'église, ils ont aussitôt ouvert le feu, sans la moindre sommation. Ça a été un massacre. Ils ont tué des centaines de paroissiens. Aleta Weizman avait à peine dix ans quand elle a perdu son père, sa mère et ses deux petits frères. Elle a survécu en rampant sous les bancs et en s'échappant par une porte. Ensuite, elle s'est cachée et a pu observer les officiers qui dirigeaient les opérations. Parmi eux, se détachait un civil. Aleta m'a dit qu'elle ne l'oublierait jamais... Très petit, le nez pointu et constellé de taches de rousseur, des cheveux roux en brosse...

Coburn sursauta.

— Wiley ?

— En personne. En 1982, l'année du massacre de San Pedro, il était chef de station à Guatemala City, voilà pourquoi il est prêt à tout pour l'éliminer. Heureusement qu'elle peut compter sur O'Connor, mais elle ne sera jamais en sécurité tant que Wiley n'aura pas rendu des comptes.

— Et vous non plus, remarqua Coburn. Vous avez refusé qu'un marshal reste ici ce soir ?

— Sans vouloir les offenser, Dustin, je tiens à ma vie privée. Tout ira bien. Les marshals m'ont assuré que l'adresse des planques est un secret mieux gardé que l'atterrissage des ovnis à Roswell.

— Néanmoins, je me sentirais mieux si vous acceptiez que l'un d'eux reste avec vous ce soir. Votre témoignage demain va faire l'effet d'une bombe.

Coburn parlait d'expérience. Malgré une très longue carrière à Washington, la capitale des coups tordus, il n'avait encore jamais eu à traiter une affaire aussi explosive.

— Plus encore que vous ne le croyez, Dustin. C'est de notoriété publique, mais on l'oublie souvent : depuis la Seconde Guerre mondiale, la CIA entretient des liens étroits avec les services d'espionnage du Vatican. Avant leur fuite au Guatelama, Aleta m'a dit que l'Église tenait tout autant que Wiley à mettre la main sur le Codex maya. Elle soupçonnait le cardinal Felici, un membre de la Curie romaine, d'être son complice et de l'avoir aidé dans ses tentatives d'élimination.

— Le Vatican ? Pourquoi serait-il impliqué ?

Ellen sourit.

— Le cardinal Felici serait un personnage pittoresque s'il n'était pas aussi ambitieux et impitoyable. Comme Wiley, il est prêt à supprimer quiconque se dresse sur son chemin. Il semble que ce soit un trait de famille : son père a servi d'envoyé auprès de Hitler. À la fin de la guerre, Felici senior a aidé bon nombre de nazis à s'échapper. L'un d'entre eux était le Standartenführer von Heiβen.

Nouveau sifflement de la part de Coburn.

— Je me souviens d'avoir lu quelque chose sur lui... C'était le commandant de Mauthausen, n'est-ce pas ? dit-il avant d'être pris de frissons. Le camp où était internée la famille Weizman ?

Rodriguez hocha la tête.

— O'Connor et Weizman pensent que von Heiβen, grâce aux bons soins du Vatican, a pu refaire sa vie en tant que prêtre à San Pedro au bord du lac Atitlán... Et qu'il s'est enfui au Pérou juste avant qu'ils n'arrivent là-bas.

— Et, bien sûr, le cardinal Felici préfère éviter que la vérité sur son père n'éclate, auquel cas c'est lui qui risquerait de finir curé dans un trou perdu.

— J'étais catholique, Dustin, et dans ma naïveté, je croyais que l'Église romaine n'était que ça : une église. Mais Hitler a un jour décrit le Vatican comme un des plus puissants gouvernements à qui il avait eu à faire et il avait raison. Le Vatican a toujours voulu le pouvoir... et c'est un pouvoir d'hommes qui, sous des dehors feutrés, gardent toujours un sérieux penchant pour la violence. Tout ce qui menace leur vision du monde doit être éliminé, souvent de façon brutale. Par ailleurs, je suis convaincue qu'O'Connor et Weizman sont sur le point de découvrir que l'Église – toutes les Églises – se fourvoie profondément.

— Savez-vous où ils se trouvent ? La commission va vous le demander.

Elle secoua la tête.

— Je vous répondrai avec sincérité que je n'en sais rien, même si je pense comme beaucoup d'autres qu'ils doivent être au Pérou.

— Pourquoi ?

— Les chamans incas étaient encore plus avancés que les Mayas, et aussi bien O'Connor que Weizman sont convaincus que les révélations de la prophétie inca seront bien plus dévastatrices que celles du Codex maya.

* * *

Après le départ de Coburn, Ellen vérifia que toutes les serrures étaient fermées à double tour. Peut-être aurait-elle dû accepter l'offre des US Marshals et laisser un Wyatt Earp des temps modernes veiller sur sa sécurité, mais elle n'avait toujours compté que sur elle-même. Mettant ses inquiétudes de côté, elle commença à se déshabiller pour prendre sa douche.

Dehors, le tueur décida que le moment était venu de passer à l'action.

29

Quartier général de la CIA

Wiley prit l'appel sur sa ligne interne.

— J'arrive, dit-il avant de descendre au centre opérationnel.

— Nous avons tracé le portable dans un restaurant à Lima, lui annonça Becker en montrant un des quatre grands écrans vidéo sur le mur qui affichait un plan du quartier Miraflores dans la capitale péruvienne.

Les mires au centre d'un cercle bleu clignotant se trouvaient entre la Calle Manuel Bonilla, le Paseo de la República et le Larco. Sur un moniteur voisin, Becker avait établi une transmission sécurisée avec le chef de station.

— Quelle est la situation, Reyes ? aboya Wiley.

— L'équipe la plus proche est celle du monastère. Elle se dirige vers la Calle Manuel Bonilla en ce moment même. Celle qui se trouve à l'aéroport est elle aussi en mouvement. Une question, monsieur. Si Toutankhamon et Néfertiti se séparent, avez-vous une priorité ?

— Bon Dieu, Reyes, je les veux tous les deux ! explosa Wiley. Mais si vous tenez à les descendre l'un après l'autre, commencez par la femme. C'est elle qui provoque tout ce bordel dans les médias.

Becker n'en perdait pas un mot.

Wiley consulta sa montre avant de se tourner vers son adjoint.

— Je dois aller faire le guignol à cette chasse aux sorcières sur Capitol Hill, Davis, mais je veux être briefé à la seconde où il se passera quelque chose.

* * *

O'Connor avait choisi l'hôtel avec soin. Comme n'importe quelle grande ville, Lima avait ses quartiers louches, mais Miraflores n'en faisait pas partie. Ce coin était surtout connu pour ses boutiques, ses restaurants et sa vue splendide sur le Pacifique. La Faraona, un établissement confortable mais discret, se trouvait dans une rue donnant sur le Paseo de la República. Après leur visite au monastère, ils avaient décidé d'essayer un petit restaurant non loin de là. Le plat du jour était du ceviche, du poisson cru mariné dans du jus de citron et assaisonné au piment et à la coriandre. Depuis son siège, Aleta voyait le vieux chef, la sueur ruisselant sur ses joues ridées, s'activer sur ses casseroles dans une cuisine incroyablement exiguë.

— *¡Salud !* dit O'Connor en levant son verre.

— *¡Salud ! r*épondit Aleta avant de goûter le vin. Hmm... pas mal. Qu'est-ce que c'est ?

— Un Gran-Tinto 2005, un mélange intéressant de malbec, de tannat et de petit verdot, répondit-il. On n'imagine pas qu'il puisse y avoir du bon vin au Pérou, sans doute parce qu'il n'y a que trois grands vignobles dans tout le pays. Celui-ci vient de Tacama.

— Tu devrais changer de métier... Sommelier, c'est nettement moins dangereux.

O'Connor esquissa un sourire.

— À condition d'éviter les cirrhoses, répondit-il. C'est un peu rustique ici, mais il y a du monde. C'est toujours bon signe.

— Que va-t-il se passer à Washington selon toi ? demanda Aleta, soudain sérieuse.

Un peu plus tôt, ils avaient vu sur CNN le même reportage que le président et ses conseillers à la Maison Blanche.

— On ne sera tranquilles que quand Wiley sera derrière des barreaux... et encore. On est une grosse épine dans le pied de beaucoup de gens, surtout au parti républicain. Et ces types-là, en plus d'avoir les orteils sensibles, ont la dent dure. Tant que Rodriguez n'aura pas témoigné, Wiley ne manquera pas de soutien.

— Dieu bénisse Ellen. Une autre de tes conquêtes ? demanda Aleta en haussant un sourcil taquin.

— Peut-être, répondit-il avec le petit sourire en coin qu'elle commençait à bien connaître.

— Ça t'est déjà arrivé de travailler avec une femme sans qu'elle finisse dans ton lit ?

— À notre première rencontre, ça ne te faisait pas trop envie, si je me souviens bien.

— *Primo*, je ne travaillais pas avec toi. Et *secundo*, je te rappelle que tu étais venu m'assassiner.

Aleta observa une pause avant de continuer d'un ton hésitant qui ne lui ressemblait guère.

— Sans toi, je ne serais plus là. Tu m'as sauvée de Wiley et de ses sbires. Je n'imaginais même pas que des gens comme eux puissent exister.

— Le monde – et particulièrement Washington – est rempli d'enfoirés.

— Et moi qui croyais que le milieu universitaire était dur. Tu retourneras à la CIA si tu es innocenté ?

Cette idée la mettait mal à l'aise.

— Tout dépendra du nouveau DAO. Si Tom McNamara sort de sa retraite, j'y retourne en courant.

— Et moi ? demanda Aleta, regrettant sa question au moment même où elle franchissait ses lèvres.

— Chaque chose en son temps, dit O'Connor, une douceur inhabituelle passant dans ses yeux bleus.

Ils continuèrent à manger en silence, mais, au bout d'un moment, elle n'y tint plus :

— Les Mayas ne nous ont donné que le début de la prophétie, dit-elle. Nous savons que l'autre partie provient des Incas. Mais comment allons-nous faire ? Faut-il essayer de retrouver les documents dont nous a parlé le frère Gonzáles ?

— Autant de questions auxquelles je n'ai pas de réponse non plus. Et je n'oublie pas le conseil de José Arana avant notre départ du Guatemala.

Le chaman maya avait prédit que l'intérêt des médias internationaux pour le Codex ne tarderait pas à retomber et il les avait pressés de se mettre sur la piste des Incas.

— Mais, reprit O'Connor, nous n'avons guère d'éléments sur quoi travailler, en dehors de ce que nous a dit frère Gonzáles et de ta... discussion avec le crâne Mitchell-Hedges qui, je l'avoue, me laisse encore assez perplexe.

— La CIA n'avait-elle pas lancé un programme de recherche sur le paranormal à l'époque où l'URSS avait recours à des médiums ? demanda Aleta avec un sourire moqueur. Je crois bien avoir entendu parler d'un télépathe capable de communiquer à distance avec un membre du Kremlin qui vous aurait livré pas mal de renseignements.

O'Connor prit un air penaud.

— Le projet Stargate. Il a démarré dans un laboratoire d'électronique et de bio-ingénierie au Stanford Research Institute, mais nous ne nous sommes intéressés aux perceptions extrasensorielles qu'après avoir découvert que les Russes et les Chinois s'étaient lancés sur cette voie-là. Pour combler notre retard.

— Si je me souviens bien, quand ce programme a été déclassifié, vous l'avez fait examiner par tout un tas de scientifiques aussi perplexes que toi, parmi lesquels deux prix Nobel, et ils sont tous arrivés à la conclusion que ces recherches n'étaient pas bidonnées. Apparemment, il est tout à fait possible de communiquer avec l'esprit de quelqu'un qui se trouve à des milliers de kilomètres. Alors, pourquoi ces doutes à propos du crâne de cristal ?

— Disons que je garde l'esprit ouvert, se défendit-il.

— Ton esprit est-il ouvert à la possibilité qu'Einstein tenait une piste en recherchant une théorie qui réunirait la gravité, l'électromagnétisme et les forces nucléaires ?

— L'insaisissable théorie unificatrice ? La théorie du tout ?

— Un esprit aussi universel que le tien devrait savoir que de nombreuses expériences tendent à prouver l'existence d'un réseau d'énergie – une force transversale qui permettrait d'unifier toutes les théories majeures de la physique. Ce pourrait être exactement ce à quoi faisait allusion frère Gonzáles quand il a parlé de champs source.

— C'est possible, convint O'Connor. Les Russes ont ouvert la voie dans les années cinquante et, jusqu'à récemment, la plupart de leurs recherches étaient encore classifiées. J'ai lu quelques rapports et c'est assez fascinant. Nous pourrions enfin répondre à des questions comme d'où venons-nous et où allons-nous... Tu crois que les crânes de cristal sont liés à ce champ source ?

— D'après ce que le crâne Mitchell-Hedges a dit, c'est tout à fait possible. Il a aussi annoncé que, pour déchiffrer la Prophétie inca, il nous faudrait les trois crânes et que les récupérer n'allait pas être de tout repos. Tu te souviens de l'avertissement ? L'un des crânes se trouve en possession de nos ennemis et nous trouverons des indices sur son emplacement près d'une ancienne fontaine, sous une grande pomme en bronze.

— L'un des crânes est déjà aux mains de nos ennemis... celui qui se trouve à Rome, selon frère Gonzáles. La pomme en bronze...

Soudain, O'Connor se tut. Il plissa les yeux.

— Attends, ça pourrait être la *pigne* de bronze, la pomme de pin en bronze ! Je savais que ça me disait quelque chose, dit-il, les yeux brillants. La cour du Belvédère relie le palais du Vatican au palais du Belvédère. À l'époque romaine, il y avait une fontaine et elle a été bouchée au XVIIe siècle et recouverte d'une sculpture, une immense pigne en bronze. Depuis, on l'appelle la Cortile della Pigna... la cour de la Pigne.

— Ça colle, non ? fit Aleta avec excitation. Et sans vouloir t'offenser, pour un ex-catholique, tu es un puits de connaissance. Donc, notre crâne se trouverait là-bas ?

— C'est possible. Les archives secrètes du Vatican se situent juste en dessous de cette sculpture. S'il n'y est pas, on dénichera peut-être des indices qui nous mèneront à lui. Mais, avant d'aller faire un tour dans la Cité éternelle, j'ai rendez-vous à l'ambassade d'Israël.

— Ah oui, ton vieux copain du Mossad. Pourquoi veut-il te voir ?

— J'imagine qu'il est toujours à la poursuite de von Heiβen.

Une ombre passa sur le visage d'Aleta.

— Ils ont intérêt à le retrouver avant moi.

Elle avait vu des photographies du commandant nazi de Mauthausen et ses traits s'étaient gravés de façon indélébile dans son esprit.

Curtis lui prit la main.

— Ça leur a peut-être pris quinze ans, mais ils ont retrouvé Eichmann à Buenos Aires. Si von Heiβen est toujours en vie, ils l'auront, lui aussi.

Elle acquiesça, essuyant une larme fugitive. O'Connor demanda l'addition.

— Je n'arrive pas à croire qu'on a mangé et bu tout ça pour moins de vingt dollars, dit-il en laissant cinquante nuevo soles sur la table.

Quand ils arrivèrent dans le hall de leur hôtel, il prit gentiment Aleta par le bras.

— Reste dans la chambre et n'ouvre à personne. J'en ai pour deux ou trois heures tout au plus, dit-il avant de ressortir pour appeler un taxi.

* * *

— Curtis ! Ravi de te revoir. Assieds-toi !

L'accueil du chef de station du Mossad à Lima était sincère et chaleureux. Les deux hommes se ressemblaient beaucoup, affichant la même décontraction et la même carrure athlétique. Seule différence, la chevelure d'Eli Shaked commençait à grisonner.

— Content de te voir aussi.

Ils se serrèrent la main. Ils avaient travaillé ensemble à Berlin dans des circonstances difficiles à la fin de la guerre froide et, depuis, une solide amitié les unissait. Ce qui ne signifiait pas qu'ils n'avaient pas de secret l'un pour l'autre, mais leur collaboration s'avérait toujours mutuellement profitable.

— T'as vraiment mis la Fouine en rage, observa Shaked. Comment tu t'en sors ?

— Tant que je garde une longueur d'avance, ça va. Et si les auditions à Washington se passent comme je l'espère, ça ira encore mieux.

— Tu n'as pas perdu la main avec ces dames, on dirait. Cette Weizman, c'est un canon. Comment ça se passe de ce côté-là ?

— Ça ne te regarde pas et salue Zivah de ma part, répliqua O'Connor, goguenard, en faisant allusion à la femme de Shaked. Toi aussi, t'as dû en énerver quelques-uns pour te retrouver à Lima.

— Bah, comme d'habitude, le président, le Premier ministre, le grand rabbin… Ils ne veulent plus m'adresser la parole. Mais j'avais aussi une bonne raison d'accepter ce poste, poursuivit Shaked, soudain sérieux. Tu sais où se trouve von Heiβen ?

— Non. Mais je te conseille de le dénicher avant Aleta.

Shaked hocha la tête.

— Oui, je sais pour ses grands-parents. Tu peux lui assurer que nous ferons tout ce qu'il faudra pour qu'il passe en jugement.

— C'est déjà fait.

O'Connor raconta ensuite sa découverte des journaux de von Heiβen dans une vieille malle chez monsignor Jennings. À l'époque, le Mossad avait été briefé, mais il n'avait pas encore eu l'occasion d'en parler avec Shaked.

— Je vous les ferai parvenir quand vous le traduirez devant un tribunal, mais il manque encore le cahier principal, celui qui couvre sa fuite de Mauthausen. Cet enfoiré a réussi à s'en sortir en emportant une belle quantité d'or.

— Aucune chance que tu nous donnes tout de suite ceux que tu détiens ?

Shaked sourit tandis qu'O'Connor secouait la tête à contrecœur.

— Fallait bien essayer, reprit l'Israélien. En attendant, si tu trouves quoi que ce soit d'autre sur von Heißen, voilà mon numéro personnel, dit-il en lui tendant une carte.

— Je vais devoir quitter le pays – discrètement si possible – pendant quelques jours, mais dès mon retour, je tends l'oreille.

— Ça tombe bien, on a un jet en partance pour Tel Aviv demain, proposa son vieil ami. Il devra s'arrêter une ou deux fois pour refaire le plein, mais le billet n'est pas cher.

— Deux places ?

— Je suis impatient de faire la connaissance du célèbre docteur Weizman.

* * *

En quittant l'ambassade, O'Connor reprit un taxi. Quand celui-ci tourna dans la Calle Manuel Bonilla, il eut tout juste le temps de voir deux hommes jeter Aleta à l'arrière d'un 4 x 4 BMW noir.

30

Washington

Le président adjoint de la commission d'enquête sénatoriale sur le renseignement, le sénateur Austin Crosier, gravit les marches du Capitole d'un pas décidé, heureux à l'idée d'affronter les journalistes. Les auditions sur l'implication présumée de la CIA dans la disparition de l'agent O'Connor et du docteur Aleta Weizman constituaient le grand sujet du jour : caméras et projecteurs étaient de sortie. Il comptait bien en profiter.

— Sénateur, avez-vous un commentaire sur les allégations selon lesquelles la CIA a tenté d'assassiner Curtis O'Connor et l'archéologue guatémaltèque, le docteur Weizman ? demanda Susan Murkowski de CNN qui menait la meute encerclant le sénateur au cou de taureau.

Il prit un air inspiré.

— Je n'ai aucun commentaire à faire tant que la commission n'aura pas achevé ses travaux, mais je peux vous dire ceci : ce n'est pas la première fois que l'Amérique se trouve sous la menace d'un traître et si O'Connor et Weizman ont divulgué la moindre information qui pourrait s'avérer dommageable pour la sécurité de cette grande nation, nous les traquerons sans répit, comme nous avons traqué Saddam Hussein et Oussama Ben Laden.

De son menton protubérant, Crosier toisait les reporters.

— Vous soutenez donc la version des faits d'Howard Wiley ?

— Le directeur adjoint des opérations doit encore nous fournir quelques explications, mais Howard Wiley a toujours servi ce pays avec abnégation et dévouement. La CIA préserve la sécurité de chaque citoyen ordinaire et Howard Wiley s'inscrit dans la longue tradition des hommes d'honneur qui l'ont précédé à son poste.

— Et des femmes ? lui demanda une journaliste.

Le sénateur ne jugea pas cette remarque digne de réponse.

— Sénateur, le docteur Weizman ayant été l'épouse de votre fils, cela ne devrait-il pas vous disqualifier comme membre de cette commission ? demanda Murkowski.

— Je trouve cette remarque insultante et déplacée.

— Néanmoins, le lien qui existe entre le docteur Weizman et votre fils ne constitue-t-il pas un conflit d'intérêt ?

La journaliste souriait d'un air angélique, ce qui eut l'effet désiré : celui de faire enrager encore un peu plus le sénateur.

— Le mariage de mon fils avec Weizman qui, dois-je le signaler, a duré moins de dix-huit mois, n'a absolument rien à voir avec cette enquête.

Devant le déchaînement de flashes, le sénateur tourna les talons et se rua à l'intérieur du bâtiment.

* * *

La grande salle allouée aux auditions de ce qui était désormais le « Mayagate » était bourrée à craquer de gens des médias, d'avocats et d'employés du Capitole. Howard Wiley, affichant sa mine des très mauvais jours, avait pris place avec son conseiller à la table des témoins. Face à lui, les quinze membres de la commission étaient installés derrière un long bureau sur une estrade. À leurs pieds, une vingtaine de photographes étaient, eux, assis en tailleur à même le sol, certains braquant des téléobjectifs d'un demi-mètre de long.

La présidente de la commission, la démocrate Mary Wheeler, à l'impeccable permanente blonde, se pencha vers son microphone à activation vocale.

— Mesdames et messieurs, commença-t-elle, la commission d'enquête sénatoriale sur le renseignement ouvre sa session.

Elle s'interrompit, attendant que le calme revienne.

— Sur le mur, derrière moi, se trouve le sceau du Sénat des États-Unis.

Tous les regards se fixèrent sur le bouclier portant la bannière étoilée et la devise : *E pluribus unum* – de plusieurs, un.

— Vous remarquerez sur la gauche la branche d'olivier qui symbolise la paix et la branche de chêne sur la droite qui, elle, représente la force. Au sommet, se trouve un bonnet phrygien tandis que ces faisceaux croisés évoquent la liberté et l'autorité. Nos pères fondateurs avaient pour objectif que de nombreux États forment une seule et même nation, une nation pacifique, forte et libre. L'autorité conférée à la Chambre et au Sénat fait partie des systèmes de contrôle et d'équilibre qui sont inscrits dans notre Constitution. Aucune branche ou agence du gouvernement ne peut opérer en toute indépendance. Et aucune agence ne peut opérer en dehors de la loi.

Elle s'interrompit à nouveau pour fixer Wiley droit dans les yeux.

— Les accusations pesant sur la Central Intelligence Agency et qui l'impliquent dans une tentative d'assassinat contre un de ses anciens agents et contre une citoyenne guatémaltèque sont graves et il reviendra à cette commission d'établir la validité de ces allégations. Le premier témoin appelé à la barre est monsieur Howard Wiley, directeur adjoint des opérations à la CIA. Monsieur Wiley, voulez-vous, s'il vous plaît, vous lever pour prêter serment ?

Les lèvres encore plus minces que d'ordinaire, Wiley lui obéit, tandis que l'huissier lisait le serment.

— Jurez-vous solennellement que le témoignage que vous êtes sur le point de donner devant cette commission sera la vérité et toute la vérité ?

— Je le jure.

— Vous pouvez vous asseoir, dit l'huissier.

— Monsieur Wiley, depuis combien d'années servez-vous avec loyauté la CIA ? commença aussitôt le sénateur Crosier.

— Cela fera quarante ans cet automne, sénateur.

Wiley sourit aux photographes.

— Et, pendant ces quarante années, avez-vous jamais été personnellement impliqué dans un assassinat ?

— Jamais.

— Un de vos collègues, peut-être ?

— Pas à ma connaissance, sénateur. Non.

La sénatrice Wheeler regarda avec un mépris à peine dissimulé son *alter ego* républicain continuer à servir la soupe au DAO pendant une bonne demi-heure. Quand son tour arriva, elle lui sauta à la gorge :

— Monsieur Wiley, la CIA a-t-elle jamais employé un manuel d'assassinat pour la formation de certains de ses agents ?

— Non, madame.

— Donc, celui qu'elle a utilisé durant PBSUCCESS, l'opération que le président Eisenhower avait autorisée pour renverser le président démocratiquement élu du Guatemala, n'est que le fruit de l'imagination des médias ?

Une salve de déclics d'appareils photo accompagna cette question.

— Et vous n'avez donc pas lu, reprit-elle, les dossiers secrets sur le Guatemala que la CIA a été forcée de déclassifier en raison de la législation sur le libre accès aux documents administratifs ?

— Eh bien, il ne s'agissait pas d'un manuel à proprement parler. Juste quelques pages tapées à la machine... madame, ajouta Wiley avec un sourire condescendant.

— Juste quelques pages tapées à la machine, répéta-t-elle. Vous souvenez-vous de ce qu'il y avait dans ces pages ?

— C'était bien avant mon époque, j'en ai peur.

— Je vois. Laissez-moi vous rafraîchir la mémoire, monsieur Wiley, reprit la sénatrice Wheeler en cherchant dans un dossier parsemé de marque-pages. « Les outils les plus simples sont souvent les plus efficaces... un marteau, une hache, une clé, un couteau de cuisine, un pied de lampe, n'importe quoi de lourd et dur peut suffire, quant aux blessures par perforation du corps, elles ne sont guère fiables à moins d'atteindre le cœur...

Les résultats les plus probants sont obtenus en sectionnant la moelle épinière dans la région cervicale. » Ces « quelques pages » expliquent ensuite que pour pouvoir mieux nier toute implication aucun ordre d'assassinat ne doit jamais être écrit ou enregistré. Vous rappelez-vous du nombre de noms inscrits sur la liste d'élimination de la CIA dans le cadre de l'opération PBSUCCESS, monsieur Wiley ?

— Encore une fois, c'était bien avant mon époque, j'en ai peur.

Le visage de la Fouine commençait à prendre la même teinte que sa chevelure.

— Pour quelqu'un qui a été chef de station au Guatemala, monsieur Wiley, vous possédez une connaissance remarquablement limitée de notre ingérence dans les affaires de ce pays. Il y avait cinquante-huit noms. Cinquante-huit... Et ce n'était *qu'une* des listes, déclara Wheeler en le toisant d'un regard furieux. J'ai devant moi un autre mémo, monsieur Wiley, envoyé par les chefs de la division de la CIA qui ont organisé le coup d'État au Guatemala, demandant à leurs agents sur le terrain de proposer toute autre cible appartenant au gouvernement Arbenz qu'ils jugeraient nécessaire d'inclure à la liste finale. Vous ignoriez donc que votre agence utilisait l'assassinat comme un instrument de politique étrangère ?

Le sénateur Crosier émit un long soupir tout à fait audible.

— Madame la présidente, allons-nous perdre encore beaucoup de temps avec des histoires anciennes ?

— Sénateur, il a peut-être échappé à votre attention, ainsi qu'à celle de monsieur Wiley, qu'après l'opération PBSUCCESS et le renversement du président Arbenz, la CIA a installé au pouvoir une junte militaire dirigée par le colonel Castillo Armas, une espèce de petit truand. Grâce à notre aide et à nos « conseillers militaires », il a formé le premier des escadrons de la mort qui seront finalement responsables de la torture et du massacre de deux cent mille Guatémaltèques.

Après avoir fusillé son homologue républicain du regard, elle se retourna vers celui qui était désormais sa cible.

— Monsieur Wiley, quelle est la ligne de la CIA en ce qui concerne les assassinats politiques ?

Celui-ci haussa les épaules, toujours avec condescendance.

— Si vous ne pratiquez pas l'assassinat, madame le sénateur, vous n'avez pas besoin de ligne.

— Précisément, ricana Crosier.

— Donc, à votre connaissance, il ne s'en est jamais produit ?

— Non, répondit Wiley.

— Vous êtes soit incompétent soit amnésique, ou les deux, et je vous préviens que si vous continuez de répondre de façon évasive à mes questions, je vous ferai citer pour outrage à cette commission.

— C'est une curieuse accusation contre un homme de bien, grogna le sénateur Crosier.

— Laissez-moi vous rappeler quelques faits précis, monsieur Wiley, continua Wheeler, ignorant ce commentaire. En 1976, le président Ford a banni l'assassinat politique. Le président Carter a renforcé ce décret, interdisant même toute implication indirecte et, en 1981, le président Reagan a promulgué le décret 12333.

— Qui a dramatiquement limité les capacités de la CIA à protéger ce pays ! intervint le sénateur Crosier qui virait à l'écarlate.

— Et, juste au cas où vous ou quiconque appartenant à votre agence auriez des doutes, monsieur Wiley, je vais vous le citer : « Nul employé du gouvernement américain ou agissant pour son compte ne prendra part à un assassinat ou ne s'en rendra complice. » Est-ce que vous, ou l'un des membres de votre équipe, avez donné l'ordre à l'agent Curtis O'Connor d'assassiner le docteur Weizman ? Je vous rappelle que vous avez prêté serment.

— Absolument pas, répondit Wiley.

— Et quel était l'avis de l'agent O'Connor sur cet assassinat ?

— O'Connor est un traître et un lâche, gronda Wiley. Il représente une menace claire et immédiate pour notre pays.

— Donc, quand il a refusé d'exécuter votre ordre d'élimination du docteur Weizman, vous avez lancé un autre contrat... contre lui ?

— C'est scandaleux ! tonna le sénateur Crosier.

— Je vous prie de répondre à la question, monsieur Wiley. Je vous rappelle une nouvelle fois que vous êtes sous serment. Les peines encourues pour dissimulation de la vérité devant le Congrès sont connues, et d'autres témoins se présenteront devant cette commission, dont l'agent Ellen Rodriguez.

— Je nie formellement cette accusation, rétorqua Wiley.

31

Arlington, Virginie

Le tueur resta immobile dans sa voiture quand un homme élégamment vêtu quitta la planque de Rodriguez et grimpa dans une Jaguar. Sa cible entretenait-elle une liaison ? Il sourit. Si c'était le cas, elle venait tout juste de vivre son dernier rendez-vous. Il attendit, mais les lumières dans la maison restèrent allumées. Il aurait mieux valu attendre qu'elle soit au lit, mais il préférait s'accorder le plaisir de la tuer éveillée. Voir la peur dans ses yeux au moment où elle vivrait ses derniers instants. Il inspecta la rue devant et derrière lui et quitta son véhicule, prenant soin de ne pas claquer la portière. Quelques secondes plus tard, il longeait l'allée menant à la maison.

Il avait mémorisé les plans qui lui avaient été fournis et avait décidé d'entrer par-derrière. Arrivé dans le jardin, il s'immobilisa, enfila ses gants et tendit l'oreille. L'eau coulait dans la salle de bains. *Excellent*, se dit-il en choisissant une des deux portes de la véranda qui donnaient dans la cuisine. La serrure s'avéra difficile, comme il fallait s'y attendre pour une planque. Il dut changer d'outil pour l'ouvrir.

Sans faire le moindre bruit sur le linoléum noir et blanc, puis dans le couloir tapissé de moquette, il s'arrêta sur le seuil de la chambre. L'entrée de la salle de bains se reflétait dans un grand miroir au-dessus de la coiffeuse et il aperçut la silhouette nue à travers la paroi couverte de buée de la douche. C'était risqué, mais *Psychose* avait toujours été un de ses films préférés, et voilà qu'il avait l'occasion de rejouer la célèbre scène. Il verrouilla la lame de son Ka-Bar Hawkbill Tanto et, toujours sans bruit, contourna le lit pour se diriger vers la salle de bains. Dans le nuage de vapeur, il prit le temps de contempler un instant Rodriguez qui lui tournait le dos. Elle se savonnait les seins.

Il fut sur elle en deux pas, ouvrant brutalement la porte de la douche. Rodriguez se retourna aussitôt, mais il l'attendait, la cueillant d'un coup de coude à la gorge pour l'empêcher de crier. Elle s'écroula contre la paroi opposée. Pendant une seconde, le tueur savoura la panique qu'il vit dans ses yeux verts. Elle voulut lutter, tentant frénétiquement de le griffer, mais il frappa avec sauvagerie, plantant à plusieurs reprises le couteau dans sa poitrine, ses bras et ses cuisses. Le sang écarlate jaillit des multiples blessures jusqu'à ce qu'il recule pour laisser le corps s'effondrer sur la porcelaine. Après avoir calmement essuyé sa lame sur une serviette, il sortit par où il était entré et regagna sa voiture.

32

Le Vatican

Le cardinal Felici réagit au bip de son iPhone et ouvrit le texto de monsignor Jennings.

```
O'Connor et Weizman identifiés au monastère de
Saint-François d'Assise à Lima. Frère Gonzáles
les a briefés sur le crâne de cristal récupéré
par la Sainte-Alliance. Vous tiens informé.
```

Felici était convaincu qu'O'Connor ne retrouverait jamais la trace du crâne mais, par précaution, il appela sur sa ligne privée le chef de la sécurité.

— *Pronto,* Votre Éminence.

— Je viens d'apprendre que la villa pourrait être menacée. Placez-vous en alerte maximale et doublez la garde jusqu'à nouvel ordre.

— *Certamente,* Votre Éminence. Bien sûr.

La Villa Felici était déjà une des mieux protégées du lac de Côme. Avec des patrouilles renforcées, il serait impossible à O'Connor ou à quiconque de s'en approcher. Le crâne de cristal et les documents étaient en lieu sûr.

Quand, peu après, un coup retentit à la porte, il leva les yeux d'un dossier qui portait l'inscription : *Origines possibles des crânes de cristal.*

— *Si.*

Le père Cordonna entra et ferma la porte derrière lui.

— Le docteur Rossi demande si vous êtes disponible, Votre Éminence. Il dit que c'est urgent.

Felici consulta sa Rolex en or.

— Décalez mon prochain rendez-vous et dites-lui de venir.

Il ne fallut que quelques minutes au chirurgien pour traverser la place Saint-Pierre depuis les appartements pontificaux.

— Docteur, je vous en prie, asseyez-vous, dit Felici en lui montrant un des deux canapés bleus. Vous disiez que c'était urgent ?

La mine grave, le docteur Rossi hocha la tête.

— Comme vous le savez, Votre Éminence, le souverain pontife était en rémission depuis de nombreuses années, mais je crains que le cancer ne soit revenu. La semaine dernière, trois tests de cytologie se sont révélés positifs. Je ne voulais pas vous alarmer, Votre Éminence, avant d'être tout à fait sûr, mais j'ai dû opérer pour enlever deux nouvelles tumeurs, ou du moins autant qu'il m'a été possible de le faire.

— Autant qu'il vous a été possible de le faire ? répéta Felici, masquant son irritation de ne pas avoir été prévenu plus tôt.

— L'une d'entre elles était assez importante et il semble qu'elle ait traversé la paroi de la vessie.

— Vous en êtes certain ?

— Nous sommes en train d'effectuer des biopsies et d'autres tests sur les ganglions lymphatiques, mais Sa Sainteté se plaint aussi de douleurs thoraciques, d'un manque de souffle et, surtout, d'hémoptysie, ce qui semble indiquer que le cancer s'est métastasé dans les poumons.

— Hémoptysie ?

— Sa Sainteté tousse du sang.

— Le pronostic ?

— Très pessimiste. À ce stade, moins de quinze pour cent des patients guérissent et à l'âge de Sa Sainteté... En tant que *camerlengo*, je pensais que vous deviez être mis au courant.

Entre autres charges, le cardinal camerlingue du Saint-Siège avait celle d'annoncer le décès du souverain pontife.

— Je vois. Sa Sainteté est-elle en état d'assumer ses fonctions officielles ?

— Je lui ai conseillé de se reposer, mais elle est obstinée. Elle semble décidée à respecter son programme, dit Rossi en haussant les épaules avec résignation.

— Qui d'autre est au courant ?

— Ses secrétaires personnels et les sœurs de la maison pontificale savent, bien sûr, que Sa Sainteté subit des examens, mais ils ignorent les détails.

— Qu'il en soit ainsi, docteur, jusqu'à ce que vous soyez certain du diagnostic. Quand le moment sera venu, j'informerai la Curie. Combien de temps lui donnez-vous ?

— C'est difficile à dire, Éminence, répondit le docteur Rossi, surpris par la brutalité de la question. Quand le cancer se répand ainsi, l'état général se détériore très rapidement, surtout après une intervention. Dans le meilleur des cas, c'est une question de semaines ou peut-être de mois, mais dans le pire…

* * *

Longtemps après le départ du chirurgien, Felici se tenait encore devant la fenêtre de son bureau, son *zucchetto* écarlate se détachant sur sa chevelure noire. Il contemplait les appartements pontificaux au dernier étage du palais apostolique. Le jour de son ordination, il avait fait un autre vœu en secret. Il s'était promis qu'un jour il prendrait la tête de l'Église à laquelle il avait consacré sa vie. Et maintenant, le moment était enfin venu. À condition de régler un ultime détail.

33

Lima

— Je conduis ! hurla O'Connor en espagnol en agitant une poignée de nuevo soles devant le visage éberlué du chauffeur de taxi et en sortant de la voiture.

Il le poussa sur le siège passager pour se mettre au volant. Les pneus du 4 x 4 hurlèrent quand celui-ci démarra sur les chapeaux de roues dans la ruelle devant eux. Sur route dégagée, le Daewoo Tico n'avait aucune chance face à la BMW, mais dans l'agglomération de Lima, c'était une autre histoire. O'Connor lança la petite voiture à sa poursuite.

La BMW tourna dans le Larco complètement bouché par la circulation pour se diriger vers le nord. Des cars aux couleurs criardes crachaient une vilaine fumée noire et des myriades de taxis, de minibus et de camions se disputaient chaque centimètre de route. O'Connor avait suivi le même cours de pilotage que les chauffeurs des services secrets affectés à la protection personnelle du président. Cet entraînement très intensif avait lieu au James J. Rowley Training Center, un site très confidentiel proche de Baltimore équipé d'un faux aéroport, de répliques d'Air Force One et Marine One, l'avion et l'hélicoptère privés du président des États-Unis, de multiples champs de tir et de dix kilomètres de circuit automobile. Il s'était fait la main sur des limousines présidentielles désormais à la retraite, sur des Dodge Charger et sur des Suburban. Mais ce type était doué, constata-t-il, quand la BMW tourna brusquement sur la gauche dans l'Óvalo de Miraflores.

— Baissez-vous ! ordonna-t-il au chauffeur de taxi terrifié.

Le très jeune voyou installé sur le siège arrière du 4 x 4 et qui tenait Aleta par la nuque se pencha par la fenêtre pour ouvrir le feu sur le Daewoo. O'Connor dégaina son Glock 21 et répliqua, l'atteignant au poignet. La BMW accéléra en arrivant devant une cabine jaune et bleue plantée au milieu de la route dans laquelle une femme policier, en jodhpurs moulants et hautes bottes noires, dirigeait la circulation. Elle leva une main gantée pour arrêter le 4 x 4, mais le chauffeur l'ignora et traversa le carrefour à toute allure, aussitôt imité par O'Connor. Celui-ci jeta un coup d'œil dans son rétroviseur pour voir la femme parler dans sa radio. Peu après, une sirène retentit au loin, puis une autre.

La BMW zigzaguait violemment dans la circulation et vira dans Malecón Balta en direction du Parque del Amor. Le « parc de l'amour », sur les falaises de Chorrillos, dominait l'océan Pacifique et était parsemé de citations romantiques écrites en mosaïques. Les sirènes se rapprochaient. O'Connor visa l'une des roues arrière de la BMW. Le 4 x 4 effectua une violente embardée quand le pneu explosa. L'engin grimpa sur le trottoir avant de s'écraser contre l'immense statue de deux amoureux se dressant au centre du parc.

O'Connor bondit du Daewoo. Tenant son arme dans sa main valide, le jeune type la braquait sur la tête d'Aleta puis, incertain, la tourna vers O'Connor qui, lui, n'hésita pas. Il tira deux fois. Aleta hurla quand son ravisseur s'effondra sur elle et le chauffeur sur le volant. O'Connor la fit sortir du véhicule avant de la porter dans le taxi. Elle était maculée de sang. Quelques secondes plus tard, la petite voiture mêlée à la circulation se dirigeait vers l'ambassade israélienne.

— Ça va ? demanda O'Connor en serrant la main d'Aleta.

Elle hocha la tête, les yeux vitreux.

— Je crois... oui.

* * *

Ils s'installèrent à l'arrière d'un véhicule arborant des plaques diplomatiques. Assis à l'avant, Eli Shaked rendit son salut au garde quand ils franchirent l'entrée VIP de l'aéroport international Jorge-Chávez.

— C'est agréable, non, d'avoir droit à certains égards ? chuchota O'Connor.

Aleta se tourna vers lui, encore un peu hébétée après la poursuite avec le 4 x 4.

— Un jet privé, poursuivit-il, et en plus tu as la chance de m'avoir comme compagnon de voyage.

Il cherchait à la rassurer et à détendre l'atmosphère.

Elle eut tout juste la force de lui répondre avec un petit sourire.

La voiture s'immobilisa devant le Lear et ils embarquèrent à la suite de Shaked. Ils s'installèrent dans de confortables fauteuils en cuir tandis que le pilote prenait déjà la direction de la piste d'envol. Aleta se retourna vers le terminal et sursauta : deux voitures noires fonçaient sur le tarmac. Mais elles arrivaient trop tard. Leur appareil décollait déjà au-dessus du Pacifique.

— Des amis à vous ? s'enquit Shaked, goguenard.

— Sûrement pas. Et merci ! répondit-elle.

Se laissant aller contre son dossier, elle poussa un soupir de soulagement tandis que l'avion virait sur l'aile pour survoler le continent. Les côtes du Pérou s'éloignaient derrière eux. Elle ferma les yeux. Cela devait être ainsi à l'époque des nazis, se dit-elle. Fuir, toujours ; rester sans cesse sur ses gardes. Plus vite Ellen Rodriguez témoignerait, mieux cela vaudrait, pensa-t-elle juste avant que l'épuisement ne prenne le dessus. Elle s'endormit.

Dix-huit heures plus tard, l'avion du Mossad entama sa descente vers l'aéroport Ben-Gourion de Tel Aviv. C'était une belle journée sans le moindre nuage et Aleta aperçut au loin l'étincelante coupole dorée du dôme du Rocher. Sous celle-ci, l'empreinte du sabot de l'étalon de Mahomet, Buraq, marquait l'endroit où, selon la tradition islamique, le Prophète était monté aux cieux. À un jet de pierres seulement du Golgotha où, selon les chrétiens, Jésus avait été crucifié, l'autel musulman avait été érigé au VIIe siècle sur les ruines du Second Temple juif. Soliman le Magnifique avait ordonné que l'extérieur soit recouvert de superbes carreaux de céramique d'Iznik. Bien des siècles plus tard, le roi Hussein de Jordanie avait vendu une de ses maisons à Londres pour fournir les quatre-vingts kilos d'or nécessaires à sa restauration. Le dôme du Rocher, avec la mosquée al-Aqsa, deux cents mètres au sud, représentait le troisième lieu saint de l'islam. Toute tentative des Israéliens pour le détruire et construire un Troisième Temple marquerait sans doute le début d'une troisième guerre mondiale.

— On part à Rome tout de suite, annonça soudain O'Connor. Le bruit court que le pape est gravement malade.

— De quoi souffre-t-il ? demanda Aleta avant de baisser la voix. Ça change quelque chose pour nous ?

— Il s'agirait d'un cancer. Je ne lui souhaite aucun mal, mais ça arrangerait bien nos affaires. La Garde suisse sera très occupée.

La sécurité à l'aéroport Ben-Gourion était une des plus rigoureuses au monde, avec des policiers en uniforme et d'autres en civil qui circulaient incognito parmi les voyageurs. Contrairement aux États-Unis, où la Sécurité du territoire se concentrait sur les bagages et examinait les liquides, les chaussures ou les ordinateurs, les Israéliens scrutaient les yeux des passagers, cherchant le moindre signe suspect, la moindre réaction bizarre. Grâce à l'aide de Shaked, les formalités furent extrêmement réduites. Moins de deux heures plus tard, O'Connor et Aleta se trouvaient sur un vol El Al à destination de Rome.

* * *

Les contrôles à l'aéroport Leonardo da Vinci-Fiumicino n'étaient pas aussi sévères qu'à Ben-Gourion et, trente minutes à peine après l'atterrissage, O'Connor et Aleta montaient dans un taxi. O'Connor avait choisi d'adopter la même tactique qu'à Lima : éviter les hôtels de luxe, utiliser des noms d'emprunt et de faux papiers et régler les factures en liquide.

— C'est charmant, dit Aleta en jetant un coup d'œil par la fenêtre de leur chambre au troisième étage qui donnait sur les terrasses des restaurants du Borgo Pio.

Au XVIe siècle, l'hôtel Sant'Anna avait été un palais. Avec ses fontaines stylisées et ses fresques décorant ses cours intérieures et sa salle à manger, il offrait une ambiance digne de la Rome éternelle.

— Et surtout, répliqua O'Connor, nous ne sommes qu'à trois minutes à pied du Vatican. Je dois sortir faire quelques achats, mais la règle ne change pas : n'ouvre à personne.

Aleta grimaça.

— Ce serait bien qu'un jour je puisse moi aussi sortir faire du shopping.

— Dès que Wiley sera derrière des barreaux, promit-il.

Après son départ, elle se servit un verre d'eau et alluma la télé. La nouvelle lui glaça le ventre.

— C'est une exclusivité CNN, annonçait Walter Crowley : l'agent de la CIA, Ellen Rodriguez, témoin essentiel dans le Mayagate, se débat entre la vie et la mort après une sauvage agression. Retrouvons Susan Murkowski sur Capitol Hill. Que pouvez-vous nous dire, Susan ?

Le Capitole apparut sur l'écran. Une couche de neige fraîche en tapissait les marches. Susan Murkowski, portant toujours un manteau rouge et une écharpe bleue, se tenait au sommet du grand escalier, micro en main.

— La nuit dernière, Walter, autour de minuit, l'agent de la CIA Ellen Rodriguez a été poignardée dans la planque où les autorités l'avaient installée. Malgré ses multiples plaies – on parle d'une dizaine de coups de couteau –, elle est parvenue à ramper jusqu'à son téléphone portable pour appeler des secours. Une ambulance, la police et le FBI sont très vite arrivés sur les lieux, mais elle avait déjà perdu conscience. On l'a amenée au Walter Reed National Military Medical Center où elle a depuis subi plusieurs interventions chirurgicales. Elle s'y trouve en ce moment... sous bonne garde.

— Des indications sur son état ?

— Il a été décrit comme critique. Les médecins l'ont plongée dans un coma artificiel. Elle se trouve toujours en soins intensifs.

— Quelles vont être les conséquences pour l'enquête ?

— Il y a quelques minutes, la présidente de la commission, Mary Wheeler, a publié un communiqué dont voici un extrait...

Le plan changea pour montrer l'élégante sénatrice démocrate face à quelques journalistes lors d'une conférence de presse organisée en hâte dans l'une des salles du Sénat.

— Nos pensées et nos prières accompagnent madame Ellen Rodriguez dans l'espoir qu'elle parvienne à se remettre de ses terribles blessures. Quant à l'enquête elle-même, et contrairement à ce que certains médias ont suggéré, elle ne sera pas suspendue. Nous avons encore plusieurs témoins clés à entendre.

— Susan Murkowski, merci. Passons aux autres sujets du jour...

Comme une somnambule, Aleta se leva pour vérifier encore une fois que la serrure était fermée à double tour.

34

Le Vatican

Le cardinal Felici avait de nombreuses raisons d'être irrité. Son ennemi intime, le cardinal secrétaire d'État, avait convoqué la Curie, ce qui signifiait que l'affable, l'éloquent et très respecté Ferdinando Sabatani assurerait la présidence de cette réunion. Pire encore, elle avait lieu dans ses bureaux du palais apostolique. Felici contempla les participants réunis autour de l'immense table en chêne, évaluant ceux qui pourraient représenter une menace. Les préfets pour la Congrégation des évêques, pour l'éducation catholique, pour le clergé, pour les causes des saints, pour les Églises orientales... tous ceux qui détenaient les clés du pouvoir au Vatican étaient là. Quant à l'ordre du jour, c'était encore pire : il ne comprenait que trois sujets, tous trois indécents. Le célibat, la contraception et les abus sexuels.

— Je sais à quel point vous êtes tous occupés, commença Sabatani, mais cette concertation est importante. Pour le dire de façon simple, il ne se passe pas un jour sans que mes services ne reçoivent un ou plusieurs rapports indiquant que notre sainte Église traverse une crise très grave un peu partout dans le monde.

— Voilà qui semble excessivement pessimiste, Ferdinando, intervint Felici, bien décidé à imposer son autorité sur l'assemblée. Les dernières statistiques dont je dispose montrent que sur une population de sept milliards d'êtres humains, un milliard deux cent mille sont catholiques, ce qui nous donne une progression plus que notable de dix pour cent.

— J'ai vu ces chiffres, moi aussi, Salvatore, répondit Sabatani avec calme, mais cette progression court sur dix ans, ce qui représente, en fait, un rythme assez faible d'un pour cent par an.

Le chiffre le plus alarmant est celui de la raréfaction des prêtres. Des centaines de séminaires à travers le monde sont vides : si nous prenons les États-Unis par exemple, quatre-vingt-dix pour cent de leurs séminaires ont fermé. D'ici 2020, le nombre global de prêtres aura diminué de moitié et, parmi ceux qui resteront, la majorité aura plus de soixante-dix ans. La situation est encore pire pour nos sœurs. D'ici une génération, nous n'aurons pratiquement plus de nonnes et des milliers de paroisses seront sans prêtre.

— En quoi ceci a-t-il un rapport avec notre ordre du jour ? grommela Felici.

— Deux des sujets à aborder affectent directement notre capacité à recruter de nouveaux prêtres, poursuivit Sabatani, imperturbable. Et celui de la contraception a un impact sur nos congrégations. Il y a quelque temps, le Saint-Père m'a commandé une étude et le but de cette réunion est de vous la présenter. Les documents préparatoires qui se trouvent devant vous seront diffusés plus largement au cours des prochains mois et vous aurez l'opportunité de les commenter. Tout ce que je vous demande, conclut Sabatani en regardant Felici droit dans les yeux, c'est de garder l'esprit ouvert.

— Et quelle est l'orientation de ces documents ? insista Felici dont la colère ne cessait de croître.

— Ils traitent tous de sujets sensibles, Salvatore, et je pressens qu'au bout du compte le Saint-Père voudra un débat formel devant un consistoire. Je n'entrerai pas dans les détails, mais, pour donner un exemple, le dossier sur le célibat envisage que le mariage des prêtres permette de résoudre nos problèmes de recrutement.

— C'est scandaleux, rétorqua Felici. Renoncer aux vœux de célibat ne serait rien de moins qu'une trahison fondamentale du Christ !

— Je pense que nous devrions y réfléchir, intervint alors le cardinal Schäfer.

Felici jeta un regard noir au préfet de la Congrégation de l'éducation catholique. Il avait déjà attribué la note de trois étoiles sur cinq possibles au cardinal allemand et l'avait inscrit sur la liste de ses concurrents éventuels malgré sa jeunesse, qui constituait un sérieux handicap pour être *papabile*... Il venait d'avoir cinquante-quatre ans. Ses opinions libérales étaient dangereuses.

— Le célibat des prêtres n'a pas toujours été la règle. Comme vous le savez tous, il n'a été introduit qu'au Moyen Âge. Autoriser à nouveau le mariage pourrait avoir des effets très positifs, conclut Schäfer, évitant la moindre allusion aux divers scandales sexuels touchant l'Église.

Sabatani acquiesça.

— Les deux autres sujets ne sont pas moins sensibles. Les déclarations de certains cardinaux sur la contraception – proclamant, par exemple, que les préservatifs ne fournissent aucune protection contre le sida – n'ont été guère constructives, souligna-t-il.

Quelques années auparavant, le cardinal Alfonso Trujillo, président du Conseil pontifical pour la famille, avait provoqué la colère des scientifiques et de l'Organisation mondiale pour la santé en affirmant que le virus VIH franchissait sans difficulté la paroi des préservatifs. Les qualifiant d'immoraux, Trujillo avait proposé qu'on note sur leurs emballages des avertissements proclamant leur dangerosité, un peu comme sur les paquets de cigarettes.

— Cette pandémie a déjà fait plus de vingt millions de victimes à travers le monde, enchaîna Sabatani, et elle touche aujourd'hui plus de quarante millions de personnes. Si nous voulons éviter le ridicule, nous devrions au moins admettre l'évidence scientifique qui prouve que le préservatif réduit les risques de maladies sexuellement transmissibles de plus de quatre-vingt-dix pour cent.

Il s'interrompit pour permettre une quelconque opposition mais seul un silence gêné accueillit cette déclaration.

— Le dossier sur la contraception examinera aussi les conditions déplorables dans lesquelles se débattent les familles nombreuses chez les populations très pauvres, reprit-il. Quant aux abus sexuels infligés à des enfants par certains membres du clergé, il suffit de lire les titres de la presse en Irlande pour comprendre notre terrible négligence sur ce point. Pas plus tard que la semaine dernière, le gouvernement irlandais a pris de façon officielle ses distances avec l'Église, une mesure qui a reçu le soutien d'une opinion publique qui nous a longtemps été acquise. Le document sur l'abus des enfants prônera la tolérance zéro et l'excommunication pour tout prêtre coupable de délit sexuel, aussi minime soit-il. Ce sera une ligne rouge à ne pas franchir.

* * *

— Je te présente le père Darragh McLoughlin, dit O'Connor en pénétrant dans la chambre d'hôtel. Tu me trouves comment ?

Il était vêtu d'une longue soutane noire à trente-trois boutons, rappelant l'âge du Christ à sa mort, et portait une écharpe noire.

— Effroyablement convaincant, dit Aleta en éteignant la télévision.

La Via dei Cestari et les ruelles voisines étaient au shopping ecclésiastique ce que la 5e Avenue était aux *fashion victims* du monde entier. Des boutiques de luxe comme De Ritis, Barbiconi et le plus célèbre tailleur du palais pontifical, Gammarelli dans la Via di Santa Chiara, fournissaient une gamme extraordinairement vaste de vêtements religieux.

— Dois-je en déduire que tu vas désormais te consacrer au célibat ? demanda-t-elle.

— Convaincant, je veux bien, mais convaincu, c'est une autre histoire. Tout ce que je demande à cette défroque, c'est de me permettre d'accéder aux archives secrètes.

* * *

Le garde suisse à la Porta Sant'Anna se mit au garde-à-vous quand la Mercedes noire de Felici, arborant la plaque d'immatriculation SCV 2, quitta le Vatican. La circulation était dense et une cacophonie de klaxons perçait la nuit tandis que des Piaggio et des Vespa slalomaient à toute allure sans se soucier des autres véhicules. Le chauffeur emprunta le tunnel sous le Tibre puis continua sur la Lungotevere Tor di Nona avant d'obliquer finalement dans la Via dei Banchi Nuovi où se trouvait l'appartement du cardinal, un lieu qui lui convenait à merveille. La Via dei Banchi Nuovi se situait sur l'itinéraire qui menait du Vatican au palais du Latran, autrefois lieu de résidence de nombreux papes. Cette route était jalonnée de nombreux autres palais hébergeant quant à eux les puissants cardinaux de la Curie. L'appartement de Felici était un des plus luxueux de la Ville éternelle, avec ses tableaux d'une valeur inestimable et ses salles de réception dominées par d'énormes lustres en cristal. Les musées du Vatican contenaient plus d'œuvres d'art qu'ils ne pouvaient en exposer et la demeure de Felici en était devenue une annexe privée. Tableaux, statues et poteries antiques renforçaient l'impression de splendeur et de puissance qui se dégageait dès qu'on franchissait le seuil.

Sœur Bridget l'attendait à la porte.

— Vous paraissez fatiguée, Votre Éminence, dit-elle en prenant sa cape. Désirez-vous un verre de champagne avant le dîner ?

— Excellente idée, dit Felici avec l'ombre d'un sourire.

— Jacquesson, 1988, annonça Bridget en lui tendant une flûte en cristal.

La maison de Jacquesson existait depuis 1798 et avait fourni le champagne durant les noces de Napoléon.

— Et vous semblez aussi inquiet, ajouta la sœur après que le chef eut annoncé une terrine de homard accompagnée d'une sauce épicée à la tomate.

Ils se rendirent dans la plus petite des deux salles à manger où le couvert avait été dressé. L'argenterie étincelait sur une nappe d'un blanc immaculé.

Felici ne répondit pas immédiatement. Il préféra savourer son breuvage et sa mousse fine et persistante.

— Le cancer est revenu, déclara-t-il finalement.

— Oh, non, fit sœur Bridget en portant la main à ses lèvres. Oserais-je vous demander le pronostic, Votre Éminence ?

— Très mauvais. Si j'ai bien compris le docteur Rossi, le corps du souverain pontife est infesté de métastases, annonça brutalement Felici. Nous devrions en savoir davantage d'ici quelques jours avec les résultats de la biopsie, mais je crois que le temps est venu d'envisager sa succession.

— Je sais qu'il est encore trop tôt pour parler d'un conclave, Votre Éminence, mais pensez-vous qu'ils vont élire un Italien cette fois-ci ?

— Concernant ces questions, il nous faut être pragmatiques et j'y ai déjà un peu réfléchi, dit Felici en pensant aux dossiers qu'il possédait sur tous ses concurrents potentiels. Cette fois, seuls cent vingt et un cardinaux auront le droit de vote.

Le Collège des cardinaux comprenait deux cent trois cardinaux, évêques, prêtres et diacres mais, en 1972, Paul VI avait rédigé une lettre apostolique, *Ingravescentem Aetatem,* stipulant qu'après quatre-vingts ans on n'était plus en âge de voter, ce qui excluait du scrutin quatre-vingt-deux octogénaires très mécontents.

— Quant aux candidats eux-mêmes, il est déjà possible d'en éliminer certains, malgré la haute opinion qu'ils nourrissent d'eux-mêmes, poursuivit Felici. Étant donné les problèmes que les Américains ont rencontrés avec les abus sexuels, il est très peu probable que le conclave choisisse l'un d'entre eux.

— Il en sera donc de même avec les Irlandais ?

Felici attendit que la terrine de homard soit servie avant de répondre.

— Ils n'ont pas de candidats de moins de quatre-vingts ans et, de toute manière, après la publication du rapport Murphy, il sera hors de question de choisir un Irlandais pendant de nombreuses années.

Les investigations sur les abus sexuels sur des enfants commis par des prêtres catholiques en Irlande avaient porté sur des décennies et les enquêtes judiciaires avaient établi que les plus hautes instances du clergé avaient délibérément menti aux autorités pour couvrir de nombreuses affaires de pédophilie.

— Y a-t-il des favoris, Votre Éminence ? demanda timidement Bridget.

— On dit que les papes sont choisis par le Saint-Esprit, répliqua Felici avec un sourire ironique, mais, en réalité, il s'agit d'une banale élection avec plusieurs partis qui s'affrontent et qui, dès que l'état réel du pape sera connu, se lanceront dans une campagne effrénée. Certains prétendent que le moment est venu de choisir un représentant du tiers-monde. Leur tour viendra, mais pas encore.

— Arinze fait partie de ceux-là ?

Consciente que son intérêt était intimement lié à celui de son cardinal, Bridget tenait elle aussi son propre livre noir et elle accordait de fortes chances au cardinal nigérian.

— Oui. Il est charmeur, plein d'esprit... c'est probablement le meilleur candidat africain, mais il ne rajeunit pas.

Felici se laissait rarement aller, mais ce soir, seul avec sœur Bridget, il se sentait d'humeur partageuse. Après le champagne, elle avait eu le bon goût de choisir un château-mouton-rothschild dont il savourait les arômes de cassis et de truffe.

— Il y en a d'autres, bien sûr : Ouellet du Canada, Llovera d'Espagne, Schönborn d'Autriche, Bergoglio d'Argentine, Hummes du Brésil...

Felici continua à citer plusieurs noms auxquels il avait accordé quatre ou cinq étoiles avant de conclure :

— Mais nous devons protéger les traditions et la réputation de l'Église.

— J'ai une confession à vous faire, Votre Éminence, dit Bridget, l'air gêné. Il existe un site de paris en ligne...

— Ah, oui, Paddy Power. C'est agréable de voir qu'on nous range dans la même catégorie que les chevaux et les footballeurs.

— La cote pour un pape italien est de sept contre quatre, dit Bridget avec un sourire chaleureux. L'Afrique est à quinze contre huit et les Amériques à neuf contre quatre. Les autres sont beaucoup moins bien placés.

— Nous verrons, dit Felici. Sur les deux cent soixante-cinq papes élus jusqu'à ce jour, deux cent dix-sept étaient italiens. Même si nous n'avons plus que vingt-cinq cardinaux italiens, ils forment un bloc puissant de grands électeurs.

— Vous pourrez en rallier d'autres à votre cause ?

— Je le pense, oui, répondit Felici, confirmant ainsi qu'il avait bien l'intention d'être le candidat du bloc italien. Même si maintenant que nous avons réintroduit la majorité des deux tiers, la barre est très haute.

En 1996, Jean-Paul II avait promulgué le *Universi Dominici Gregis*, qui permettait l'élection d'un pape avec une majorité simple plus une voix en cas de blocage du conclave après trente tours de scrutin. Mais cette décision avait été annulée en 2007.

— Il faut convaincre deux tiers des votants. C'est beaucoup plus difficile qu'une élection politique.

— Sera-t-il possible de... commença sœur Bridget.

Felici sourit. S'il était un homme politique, il la choisirait à coup sûr comme chef de campagne.

— D'exercer une influence ? conclut-il à sa place.

— Beaucoup de cardinaux étrangers ont programmé une visite à Rome dans les prochains jours, annonça-t-elle.

Felici acquiesça.

— Oui, j'en suis conscient. Les Africains ont douze votes et l'Asie dix, ils représentent donc un bloc important, tout comme le Mexique et le Brésil qui ont neuf votes à eux deux. Mais il faudra faire preuve de discrétion. Faire ouvertement campagne pour un conclave est très mal vu.

— Je pourrais peut-être organiser une petite réception ici, Votre Éminence ? Cela ne devrait guère éveiller d'intérêt et vous pourriez sonder vos invités sur leurs intentions ?

— Excellente initiative, dit Felici. Pour le bien de la sainte Église, il est important que nous élisions un conservateur. Un candidat progressiste serait un désastre.

— Et la prophétie, Votre Éminence ?

L'air très grave, elle évoquait l'ancienne prédiction de saint Malachie. En 1140, lors d'une visite à Rome, l'évêque Malachie était tombé dans un profond sommeil sur la colline du Janiculum et s'était soudain mis à parler en latin. Ses scribes avaient noté ses déclarations et, à son réveil, Malachie confirma que Dieu lui avait révélé l'identité de tous les papes jusqu'à la fin des temps. Cette liste s'était avérée extraordinairement précise et Felici frissonna malgré lui en songeant à la référence concernant l'avant-dernier pape. *Gloria Oliva,* voilà comment saint Malachie avait parlé de lui. La branche d'olivier était le symbole de l'ordre de saint Benoît et, après son élection, le cardinal Joseph Ratzinger avait choisi de s'appeler Benoît XVI.

Son successeur serait donc le dernier. Le pape de la fin des temps.

— Je n'accorderais pas tant d'importance au vieux Malachie, déclara Felici. La sainte Église a survécu deux mille ans déjà et, par la grâce de Dieu, elle continuera et prospérera... jusqu'à la fin des temps.

Il versa le reste du mouton-rothschild et, verre en main, monta dans son immense chambre à coucher où Bridget ferma les lourds rideaux de velours, éteignit les lumières et revint lentement vers son cardinal pour l'aider à se déshabiller.

35

Le secrétaire privé de Felici frappa discrètement à la porte avant de pénétrer dans le bureau du cardinal.

— Le docteur Rossi désire vous voir dans les appartements pontificaux, Votre Éminence. De toute urgence.

Le père Cordonna était grave. Le protocole interdisait au chirurgien du pape de convoquer le cardinal le plus éminent du Vatican, sauf en une seule et unique circonstance.

— Dites-lui que j'arrive.

— *Certamente*, Votre Éminence.

Felici ne se pressa pas en traversant la cour pavée de la place Saint-Pierre. La santé du pape était déjà le sujet d'intenses spéculations et il ne tenait pas à nourrir de nouvelles rumeurs et donc de nouvelles intrigues dans les allées du pouvoir du Saint-Siège. Il accorda un bref salut aux deux gardes suisses, tous deux armés de hallebardes et vêtus de leur uniforme chamarré, postés devant les portes de bronze massives menant au palais apostolique et aux appartements pontificaux. Il prit l'ascenseur et longea le couloir jusqu'à l'entrée de ceux-ci où il retrouva le docteur Rossi.

— Merci d'être venue, Votre Éminence. L'état de Sa Sainteté s'est rapidement dégradé cette nuit.

— Vous avez eu raison de m'appeler. Puis-je le voir ?

— Oui, mais je vous préviens, il est très faible et perd souvent conscience.

Felici pénétra dans la chambre à coucher et s'approcha du lit où gisait un vieil homme très pâle aux yeux clos.

— Votre Sainteté, nous prions tous pour votre guérison, déclara-t-il à voix basse.

Le souverain pontife ouvrit brièvement les paupières mais son regard resta vitreux.

— Assurez-vous que l'Église reste en de bonnes mains, murmura-t-il, la voix rauque et faible.

Il ferma à nouveau les yeux et sa tête retomba sur le côté. Le docteur Rossi lui saisit la main, chercha son pouls. Des minutes passèrent, les deux hommes demeurant silencieux devant la silhouette prostrée. Puis le médecin regarda le cardinal.

— Il est parti, annonça-t-il.

Deux des sœurs au service de la maison pontificale se mirent à pleurer. Felici fit signe à monsignor Abati, le secrétaire particulier du pape, de les faire sortir.

— Convoquez le maître de cérémonie et les prélats de la Chambre apostolique dans la bibliothèque, ordonna sèchement Felici dès qu'Abati revint. Nous devrons confirmer le décès de Sa Sainteté en leur présence. Ensuite, ces appartements devront être scellés.

— *Certamente*, Votre Éminence.

Felici se tourna ensuite vers le préfet de la Maison pontificale, l'évêque Michalski, qui venait d'arriver, l'air pâle et choqué.

— Informez le doyen du Collège des cardinaux du décès de Sa Sainteté. C'est à lui de prévenir le reste du collège et les chefs d'État étrangers, même s'il ne fait aucun doute que les médias le précéderont. Et dites au directeur du service de presse de venir me voir sur-le-champ.

En tant que *camerlengo*, Felici tenait maintenant le rôle de chef de l'État par intérim. Cela faisait très longtemps qu'il se préparait pour ce moment. Il n'avait pas la responsabilité de diriger toute l'Église en cette période de *sede vacante* – de siège vacant –, les cardinaux s'en chargeraient, mais en tant qu'organisateur des funérailles et du conclave il comptait bien profiter au maximum de l'autorité qui lui était conférée.

Peu après, lors d'une cérémonie en présence de trois autres cardinaux, il brisa l'anneau du pêcheur du pape décédé avec une paire de cisailles, afin de s'assurer que le sceau ne servirait plus à signer le moindre document. Puis, il scella les appartements pontificaux avant de retourner dans son propre bureau, prêt à assurer l'interrègne.

* * *

O'Connor s'empara de la télécommande. Le reportage était en italien, mais ni Aleta ni lui n'eurent la moindre difficulté à comprendre le communiqué délivré par le directeur du service de presse du Saint-Siège, monsignor Giovanni Mancini.

— Le Saint-Père est mort cet après-midi à 14 h 37 dans ses appartements privés des suites d'une longue maladie. Le *camerlengo* et préfet de la Congrégation pour la doctrine de la foi, le cardinal Felici, et le chirurgien pontifical, le docteur Rossi, se trouvaient à ses côtés. Le docteur Rossi nous assure que Sa Sainteté s'est éteinte paisiblement.

Un plan de coupe montra la place Saint-Pierre et un groupe de nonnes pleurant sur les marches de la basilique. Le présentateur réapparut à l'écran.

— Les messages de condoléances affluent du monde entier et la foule commence à se rassembler ici, place Saint-Pierre. Voyons maintenant avec le grand spécialiste du Vatican, le père Dennis O'Flaherty, son analyse de l'héritage du souverain pontife et ce que cet événement implique pour l'avenir de l'Église catholique.

— C'est le moment, dit O'Connor en s'emparant de sa serviette en cuir souple et en empochant son passe de sécurité « Accès Autorisé – Archivum Secretum Apostolicum Vaticanum. »

Les hommes de Shaked à Lima avaient fait du bon travail, aussi bon que les faussaires de Langley.

— Ça va être le chaos là-bas, répondit Aleta. Ne vaudrait-il pas mieux attendre un peu ?

— Non, c'est précisément pour ça qu'il faut y aller tout de suite. Quand ils vont reprendre le contrôle de la situation, ils risquent de fermer les archives secrètes jusqu'à l'élection du nouveau pape. Et ne t'inquiète pas si je ne reviens pas ce soir... ça va peut-être prendre un peu de temps.

O'Connor quitta l'hôtel et descendit le Borgo Pio puis la Via di Porta Angelica noire de monde, les fidèles se dirigeant en masse vers la place Saint-Pierre. L'air préoccupé, il traversa la Porta Sant'Anna, saluant le garde suisse d'un bref signe de tête. Les bruits de la rue et de la foule s'estompèrent derrière les hauts murs de la Cité du Vatican. O'Connor se dirigea vers la cour située derrière les appartements pontificaux où se trouvait l'entrée des archives.

Il montra son passe au premier des deux gardes qui lui fit signe d'entrer. Plus méticuleux, le second scruta avec attention la demande d'accès au codex du procès de Galileo Galilei. Un choix délibéré de la part d'O'Connor. C'était un document que le Vatican avait rendu disponible aux chercheurs. Il n'y avait aucune chance d'obtenir l'accès à une pièce qui n'était pas encore autorisé, malgré la soi-disant « ouverture » des archives vaticanes. Nul ne se voyait octroyer le droit de compulser librement la masse immense de documents qui y étaient conservés et notamment ceux qui couvraient les liens du Vatican avec les autorités nazies. Pour l'instant, aucun étranger n'avait reçu la permission de les consulter. Le garde appuya sur un bouton et un des documentalistes gérant ce vertigineux catalogue apparut.

— Père McLoughlin, se présenta O'Connor. Quel triste jour.

— Un jour très triste, en effet. À vrai dire, il n'y a plus grand monde ici aujourd'hui, y compris dans nos équipes.

— Oui, je vous prie de m'excuser de me présenter dans un moment pareil, mais je n'en ai pas pour longtemps et je dois retourner à Dublin au plus vite.

— Bien sûr. Si vous voulez bien me suivre.

Lui emboîtant le pas, O'Connor s'engagea entre les étagères qui couraient sur plus de quatre-vingt-quatre kilomètres, passant devant d'anciens cabinets en bois abritant des millions de parchemins en vélin noués par des rubans. Certains remontaient au IXe siècle. Cette collection inestimable comprenait des lettres échangées entre des pontifes et des grands noms de l'histoire : Michel-Ange, la reine Elisabeth Ire, Voltaire, Mozart, Érasme ou Adolf Hitler. Ils arrivèrent dans les salles de lecture désertes de la tour des Vents où les ordinateurs paraissaient étrangement placés sur les vieilles tables en bois. La tour avait été construite en 1580 pour servir d'observatoire astronomique ; elle était notamment célèbre pour ses fresques exécutées par Niccolò Circignani, dit le Pomarancio, et pour l'ascenseur en bois branlant entouré de marches de marbre blanc qui menait au bureau de Léon XIII. O'Connor fut invité à prendre un siège.

L'archiviste revint peu après.

— Voici le document que vous avez demandé, dit-il en posant l'ancien manuscrit et une paire de gants blancs sur la table. En raison de ces circonstances tragiques, j'ai bien peur que nous soyons dans l'obligation de fermer plus tôt qu'à l'ordinaire. À 17 heures.

— Je comprends tout à fait. Je ne serai pas long, je vous le promets.

O'Connor parcourut le *Codice del Processo di Galileo* datant du XVIIe siècle. Avec le temps, l'encre sur le parchemin avait perdu ses contours nets mais elle restait encore parfaitement lisible. L'Inquisition avait rendu son verdict le 22 juin 1633, jugeant Galilée coupable d'hérésie pour avoir affirmé que la Terre ne se trouvait pas au centre du monde, mais qu'elle tournait autour du Soleil, contrairement à ce qui était inscrit dans les Saintes Écritures. O'Connor secoua la tête devant la décision de l'Église de placer les ouvrages de Galilée sur la liste des livres interdits et d'emprisonner le savant.

Il abandonna le document sur le bureau et gagna discrètement l'escalier descendant au niveau diplomatique situé à l'étage inférieur. Ici, des documents du secrétariat d'État remontant au XVIe siècle étaient conservés dans des centaines de vieux cabinets en bois. O'Connor chercha autour de lui. Les placards grimpant jusqu'au plafond, chaque salle possédait des échelles sur roues pour permettre l'accès à ceux du haut. O'Connor ouvrit deux d'entre eux dans la première salle, mais ils étaient pleins. Dans la troisième salle, il en trouva enfin un où il pouvait loger sa longue carcasse. Il referma la porte derrière lui.

Une heure plus tard, les lumières s'éteignirent. O'Connor attendit. Peu après, elles se rallumèrent et il entendit des bruits de pas.

— Il est peut-être parti de lui-même, Votre Excellence.

C'était la voix de l'archiviste qui s'adressait sans doute au préfet des Archives secrètes, l'évêque Romano.

— Peut-être, répondit-on, mais le garde ne l'a pas vu sortir et il vaut mieux vérifier. Il serait inadmissible de laisser quelqu'un se promener seul dans les archives.

Après un instant de silence, O'Connor entendit le bruit déplaisant de placards qu'on ouvrait dans la salle voisine, se rapprochant inexorablement de sa cachette.

36

Salle de crise de la Maison Blanche, Washington

Le président McGovern quitta le Bureau ovale pour la salle de crise où il se rendait chaque jour. Les parois d'acajou originelles, qui n'offraient pas une acoustique idéale pour les appels téléphoniques et les visioconférences, avaient été remplacées par des « murs-murmures » de haute technologie, eux-mêmes couverts de six grands écrans plats. Durant la guerre du Golfe et l'offensive sur Bagdad, ceux-ci étaient souvent devenus noirs en raison de problèmes techniques, mais les derniers systèmes de pointe utilisés assuraient que les conférences cryptées avec d'autres chefs d'État ou des généraux américains présents sur divers théâtres d'opérations ne soient jamais interrompues. Ici, convergeaient les mémos des « équipes de veille » qui enregistraient et analysaient en permanence à peu près tout ce qui se passait sur Terre. Un circuit fermé de caméras permettait aux agents du Secret Service, les hommes chargés de la protection rapprochée du président, de voir ce qui se passait à l'intérieur de la pièce. Cette salle servait autrefois de piste de bowling au président Truman mais, après le fiasco de la baie des Cochons, le conseiller pour la sécurité du président Kennedy l'avait transformée pour lui donner ses fonctions actuelles. Malgré cela, et curieusement, Kennedy préférait gérer les crises depuis son bureau ou depuis la salle du Cabinet et Nixon et Ford l'avaient imité ; mais, durant la guerre du Vietnam, Lyndon Johnson avait passé tant de temps ici qu'il y avait fait déménager son fauteuil du Bureau ovale. Clinton y avait tenu de nombreuses réunions et le président McGovern opérait de façon similaire, exigeant des *briefings* quotidiens.

La longue table polie avait été conçue pour accueillir les douze membres du Conseil de sécurité nationale et ceux qui avaient été convoqués ce matin se levèrent à l'entrée du président : le vice-président, le secrétaire d'État, le secrétaire à la Défense, le chef d'état-major, le directeur du renseignement et le conseiller à la sécurité nationale. Chuck Buchanan, Lauren Crawford, ainsi que Howard Wiley et le professeur Lapinski occupaient, eux, des sièges rangés le long des murs.

— Monsieur le président, puis-je vous présenter le professeur Lapinski du département de physique nucléaire du Massachusetts Institute of Technology, commença le vice-président. Une fois que Wiley nous aura fait un topo sur les derniers développements, le professeur nous donnera son avis sur ce que pourraient être les intentions des Iraniens.

— Ravi de faire votre connaissance, professeur – j'espère que vous allez aussi nous faciliter la compréhension des problèmes scientifiques, dit McGovern en souriant, la main tendue.

— Je ferai de mon mieux, monsieur le président.

— Je dois vous prévenir, je n'ai pas remis les pieds dans un labo de physique depuis le lycée.

Le président prit place en bout de table. Aussitôt, Wiley lança la plus récente imagerie satellite des installations iraniennes avant d'entamer son exposé basé sur les dernières informations récoltées par la CIA et d'autres agences.

— Monsieur le président, il existe très peu de doutes quant à la volonté de l'Iran de se pourvoir de capacités qui vont bien au-delà d'un simple usage civil de l'énergie nucléaire. Ces images ont moins de vingt-quatre heures et elles témoignent des progrès accomplis.

Une image parfaitement nette apparut à l'écran. Six mois plus tôt, une énorme fusée américaine Delta IV, de plus de cinquante mètres de haut et capable de soulever treize tonnes, avait quitté le pas de tir de la base Vandenberg sur la côte californienne, pour expédier dans l'espace le dernier satellite espion Keyhole. De la taille d'un car scolaire, l'immense plate-forme avait atteint une orbite de mille kilomètres qui la faisait passer deux fois par jour au-dessus de la République islamique. Les capteurs dont elle était équipée opéraient dans le spectre de la lumière visible et dans le proche infrarouge ; elle possédait aussi un système infrarouge thermique qui pouvait détecter les signatures de chaleur. Grâce à cela, les analystes des services de renseignement pouvaient lire les plaques d'immatriculation des camions iraniens si l'envie leur en prenait. De gros satellites Lacrosse, avec leurs panneaux solaires de quarante-cinq mètres et leurs antennes radar, complétaient le système. Ils étaient équipés de capteurs et orbitaient à des vitesses de près de vingt-cinq mille kilomètres par heure. Ils pouvaient voir à travers les nuages et repérer les missiles sol-air, même quand ceux-ci étaient déployés dans les forêts de chênes au centre et à l'ouest du pays ou dans celles couvrant les montagnes au nord-est.

— La centrale de Bushehr se trouve ici, dit Wiley en utilisant un pointeur laser, à mille deux cents kilomètres au sud de Téhéran sur le golfe Persique, avec une capacité de production de mille mégawatts. Une compagnie russe, Atomtroy Export, a achevé le nettoyage des installations ainsi que du principal pipeline et a commencé à charger l'uranium. À huit cents kilomètres au nord, à Ispahan, les Iraniens ont construit une usine de conversion des oxydes d'uranium, ou yellowcake, en hexafluorure d'uranium, la première étape de l'enrichissement de l'uranium pour obtenir du combustible militaire.

Wiley fit passer son pointeur sur une zone désertique et montagneuse, s'arrêtant sur les différents complexes iraniens, y compris le réacteur à eau lourde d'Arak.

— La plus grande inquiétude sans doute, continua-t-il, concerne les systèmes souterrains de centrifugeuses de Natanz, ici, à deux cent quarante kilomètres au sud de Téhéran. Nous détenons aussi les preuves de l'existence d'une deuxième installation profondément enfouie sous terre, à trente-deux kilomètres de la ville sainte de Qom.

Les images satellite montrèrent avec netteté les énormes entrées des tunnels en béton renforcé.

— Si les Iraniens mettent au point une bombe, que ce soit à l'uranium 235 ou au plutonium 239, ils disposent déjà d'un moyen de livraison, souligna Wiley. Au cours des manœuvres militaires du Grand Prophète en 2006, ils ont dévoilé leur missile Fajr-3. Plus grave encore, le nez de cet engin peut transporter des têtes multiples indépendamment ciblées, ce qui signifie qu'il pourrait, par exemple, frapper simultanément plusieurs villes israéliennes. Leur dernier missile, le Sejil-2, une évolution du Fajr-3, utilise du carburant solide et peut donc être mis à feu beaucoup plus rapidement.

Sur un deuxième écran, Wiley afficha un reportage sur le test de missile en Iran le plus récent.

L'engin de dix-huit mètres scintillait sur son pas de tir sur le site ultrasecret dans le Dasht-e Kavir, un grand désert de sable dans le Semnan, à deux cents kilomètres à l'est de Téhéran. Une brume de chaleur montait du sable brun tandis que des sirènes d'alerte retentissaient, suivies par des annonces de lancement en farsi. Soudain, une formidable flamme émergea des moteurs, provoquant un gigantesque nuage de sable et de fumée ; le monstre de vingt-six tonnes s'éleva gracieusement dans les airs, lâchant derrière lui une épaisse traînée blanche.

— Le Sejil-2 a une portée de deux mille cinq cents kilomètres, expliqua Wiley. Ce qui met Israël et toutes les bases américaines du Proche-Orient à sa portée, ainsi que bon nombre de capitales européennes. De plus, depuis que le Venezuela et l'Iran ont signé un accord, nous savons que des missiles iraniens sont basés au Venezuela et menacent donc Miami et d'autres villes majeures du sud des États-Unis.

Le président et le secrétaire d'État échangèrent un regard. Les Iraniens ne faisaient pas les choses à moitié.

37

Rome

Le cardinal Felici semblait parfaitement à l'aise parmi ses invités sous les lustres de la salle de réception Louis XIV. Certains s'étaient inquiétés. Le protocole permettait-il d'assister à une soirée juste avant les funérailles du pape ? En tant que cardinal camerlingue, Felici les avait personnellement rassurés : le souverain pontife aurait voulu que les affaires de l'Église se poursuivent de la façon la plus normale qui soit. Il avait pris un soin tout particulier pour choisir ses convives. Vingt des cardinaux les plus influents des blocs italien, africain, asiatique et américain avaient reçu un carton d'invitation. Les serveurs vêtus de blanc immaculé offraient des plateaux d'huîtres fraîches, de coquilles Saint-Jacques et autres mets délicats. Les sommeliers distribuaient des flûtes en cristal remplies de Moët et, pour ceux qui préféraient d'autres boissons, deux barmans étaient en service derrière un comptoir discret, mais parfaitement garni.

— Frédéric, je suis si content que vous ayez pu venir, dit Felici avec chaleur au chef de la délégation africaine. Un bien triste moment, mais nous devons songer à l'avenir, *n'est-ce pas** ?

Il veillait toujours à s'adresser à ses invités dans la langue qui leur était la plus familière.

— Et si un pontife africain n'est pas encore choisi cette fois, nous devons faire en sorte que le prochain pontificat assure aux Africains une autorité digne de leur foi. Il est grand temps que nous ayons un secrétaire d'État issu de votre continent... ou, pourquoi pas, de votre propre pays.

Quelques minutes plus tard, ayant semé sa graine, Felici alla retrouver le cardinal patriarche de Venise.

— Le moment est venu de retrouver nos racines, Giorgio, *non è vero ?*

— Cela fait bien longtemps qu'un Italien n'a pas été élu, Salvatore, mais qui avez-vous en tête ?

— Quelqu'un qui permette à l'Église de tenir son cap. Surtout en cette période où certains, cédant à l'air du temps comme on dit, voudraient nous pousser au laxisme et à la décadence – autoriser la contraception, permettre aux homosexuels de recevoir les sacrements, aux divorcés de se remarier dans la sainte Église. Ce serait un désastre d'élire un progressiste, déclara Felici sans mentionner une seule fois son rival Sabatani.

— Je ne peux que vous approuver, Salvatore. Il nous faut quelqu'un de fort à la barre.

Le patriarche de Venise posa une main rassurante sur l'épaule du cardinal.

* * *

— Si vous le désirez, Votre Excellence, je peux demander aux gardes suisses d'effectuer une fouille plus approfondie, même si le père McLoughlin a bien dit qu'il n'en aurait pas pour longtemps. Il désirait juste consulter le document Galilée, proposa l'archiviste.

Les deux hommes se tenaient maintenant sous le placard dans lequel O'Connor était caché.

L'évêque Romano prit le temps de réfléchir.

— Non, je crois que vous avez raison, dit-il finalement. Les gardes ont suffisamment de travail en ce moment… mais je vais quand même leur demander de retrouver la trace de ce père McLoughlin. Fermez les portes et disons que la journée est finie.

O'Connor écouta le bruit des pas qui s'éloignaient. Dix minutes plus tard, il s'extirpa de sa cachette avant de descendre trois niveaux plus bas dans les entrailles des archives. Il braqua sa torche sur les kilomètres d'étagères. Finalement, au bout d'une immense allée, il tomba sur une lourde porte en cèdre munie d'une serrure en fer forgé. Pour ses mesures de sécurité, le Vatican faisait encore confiance à des mécanismes qui dataient du Moyen Âge. Le clergé n'avait pas encore tout à fait rejoint le XXIe siècle. Trente secondes lui suffirent pour ouvrir la porte qui grinça. Il suivit le passage qui descendait vers les cryptes de la basilique. Cinquante mètres plus tard, il arriva à une autre porte qui céda aussi facilement que la première.

« Bingo », murmura-t-il en pénétrant dans une pièce meublée d'une lourde table et de deux chaises en chêne.

Mais ce n'était pas le mobilier qui l'intéressait. À l'autre extrémité de la salle, une excavation avait été taillée à même la roche et un pape, mort depuis longtemps et qui avait quelque chose à cacher, avait fait sceller ce caveau par une porte en acier. O'Connor s'était préparé à tout, emportant de quoi forcer des serrures électroniques à retardement et d'autres beaucoup plus sommaires. Il fut surpris de constater à quel point celle-ci l'était. La vieille porte de coffre Mosler ne comportait qu'une molette à combinaison et une poignée. Il sortit un stéthoscope de son sac et se mit au travail. Quelques instants plus tard, il sourit en entendant le mécanisme s'engager avec un petit *clic.* Le premier numéro de la séquence était le soixante-seize, le second cinquante-six et le troisième quarante et un. Quand il tourna la poignée rouillée, la porte du coffre pivota sur ses gonds huilés.

O'Connor chercha l'interrupteur avant de pénétrer dans la chambre forte. Elle contenait étonnamment peu de documents, mais il n'ignorait pas qu'il existait une autre salle située dans la cave au niveau supérieur où étaient conservés tous ceux ayant trait aux rapports que le Vatican entretenait avec l'Allemagne nazie. Ailleurs encore se trouvaient les dossiers concernant les scandales touchant à la pédophilie, que le Saint-Siège avait ignorés ou dissimulés pendant des décennies. Seules les pièces les plus sensibles devaient donc se trouver ici et il ne fallut pas longtemps à O'Connor pour dénicher un petit dossier en vélin portant le titre *Le Troisième Secret de Fátima.* Intrigué, il l'ouvrit. À l'intérieur, figurait une copie de la version de quatre pages du Troisième Secret rendue publique par Jean-Paul II en juin 2000. Curieusement, une pochette en plastique transparent était agrafée à la couverture : elle contenait une unique feuille de papier couverte d'un texte beaucoup plus court et rédigé à la main en portugais. O'Connor la reposa. Beaucoup de spécialistes, il le savait, pensaient que le Vatican avait dissimulé le véritable secret. Pouvait-il s'agir de ces lignes manuscrites ?

Quelques minutes plus tard, il dut se rendre à l'évidence : le crâne de cristal n'était pas ici, mais il remarqua que quelqu'un avait récemment travaillé sur un dossier orné d'un blason et portant les mots *Foedus Sanctus* et *Top Secret.* Le Vatican avait peut-être changé le nom de son service d'espionnage, devenu l'Entité, mais son sigle portait toujours l'équivalent latin de son prédécesseur, la Sainte-Alliance.

« Oui ! » marmonna O'Connor en ouvrant le dossier.

Il contenait une suite de nombres précédés d'un titre :

Le Chiffre

299 4 164 177 3 228 45 287 36 224 84 200 83 232 50 145 194 219 101 10 125 127 9 166 216 113 241 38 158 1 3 61 306 187 199 272 217 206 6 183 152 67 145 200 106 306 253 310 231 218 12 108 156 23 126 111 78 219 279 281 260 145 287 166 106 304 7 6 225 66 270 246 204 223 126 218 171 108 140 273 170 281 50 272 243 145 307 270 6 27 250 295 314 107 146 48 207 189 108 304 53 204 180 126 158 210 78 279 68 3 9 105 124 108 6 253 172 208 125 256 78 71 206 225 7 6 70 206 279 225 126 218 9 108 125 212 182 101 291 106 147 219 61 218 152 190 38 24 150 243 189 145 217 55 125 35 234 152 71 158 38 156 6 123 101 219 96 187 125 69 217 117 169 223 270 250 3 225 252 158 68 240 182 104 38 158 196 6 107 124 218 125 79 112 232 114 78 241 55 111 247 170 227 137 145 162 38 192 253 33 96 206 125 69 293 52 287 78 69 147 70125 78 168 17 152 33 239 52 219 140 3 254 158 309 207 242 75

Une deuxième feuille était la photocopie d'un ancien document aux rebords craquelés et déchirés :

Advertencia – *un avertissement*

Quand l'Aigle du Nord et le Condor du Sud voleront ensemble, la Terre se réveillera.

Il y a douze mille ans, les derniers vestiges des antiques civilisations d'Atlantis et de Lémurie ont été détruits. Leurs savants avaient ignoré les avertissements des Maîtres contre leurs expériences qui troublaient le fragile équilibre de la planète. Alors, les Maîtres ont rassemblé leurs documents sacrés les plus précieux.

Le Disque solaire de l'Atlantide et d'autres objets essentiels ont été préservés dans le temple du Soleil de la capitale inca, Cuzco. Mais, à l'arrivée des Espagnols, tout a été transporté dans la cité perdue de Païtiti.

Ensuite, étaient rassemblées ce qui ressemblait à des notes prises par un certain Msgr dL, qui se révélèrent particulièrement intéressantes. Ayant déjà eu affaire aux services d'espionnage du Vatican, O'Connor n'eut aucun mal à deviner que celles-ci émanaient de leur chef, monsignor Lorenzo de Luca. Elles s'étalaient sur plusieurs années. De Luca devait être persuadé que nul autre que lui n'aurait jamais accès à cette chambre forte. O'Connor consulta les plus récentes :

• *Cardinal F. mécontent du manque d'avancée – ai dû lui expliquer différence entre code et chiffre.*

• *Chiffre soumis aux plus puissants logiciels de décryptage disponibles, sans résultat.*

• *Pas convaincu que nous disposions de tous les éléments. Cardinal F. refuse de laisser voir crâne de cristal – caché dans sa villa du lac de Côme ?*

• *Pas convaincu non plus que nous ayons toute la prophétie.*

• *Cardinal F. catégorique : ne pas informer sec. d'État de l'enquête. Ressources issues du budget du cardinal F.*

O'Connor retint un sourire. Le lac de Côme était délicieux à cette époque de l'année. Il remonta discrètement au rez-de-chaussée où il avait vu une photocopieuse en service. En tournant au bout d'une longue rangée d'étagères, il se retrouva face à deux gardes suisses.

38

Salle de crise, Maison Blanche

Le professeur Lapinski ajusta ses lunettes rondes à monture d'écailles.

— Comme vous l'avez demandé, monsieur le président, ce matin, je vais traiter des problèmes essentiels auxquels nous serions confrontés en cas d'attaque nucléaire. Ce qui rend la poursuite du programme iranien si dangereuse, c'est que ni le clergé ni les politiques n'en ont le contrôle absolu. Les Pasdarans, le corps d'élite des Gardiens de la Révolution, a été créé par l'ayatollah Khomeini pour protéger la révolution.

Lapinski afficha une photo de ces forces spéciales d'élite, reconnaissables à leur cravate rouge de cérémonie.

— Mais, depuis, ils sont devenus bien plus puissants. Ils supervisent l'entraînement d'organisations comme le Hezbollah pour des opérations contre Israël à la frontière sud du Liban. De plus, les Gardiens ont des liens avec le marché noir et plus d'une centaine d'entreprises d'ingénierie et de construction dont le capital global est estimé à dix milliards de dollars. Un analyste les a un jour décrits comme le KGB et la mafia réunis. Pourquoi est-ce si important ?

Howard Wiley fulminait sur son siège, excédé d'entendre un civil aborder des sujets qui relevaient strictement du domaine de la CIA.

— Les différents corps d'armée iraniens comprennent environ un demi-million d'hommes, monsieur le président, mais les Gardiens constituent une force autonome d'environ cent vingt mille membres disposant de sa propre marine, de sa propre aviation et de ses propres forces terrestres. Et surtout, ce sont les Gardiens qui contrôlent les installations nucléaires du pays.

Lapinski ouvrit une valise en métal, guère plus grande qu'un bagage ordinaire. À l'intérieur, gisait un cylindre en métal luisant, d'environ un demi-mètre de long, ainsi qu'une batterie, un générateur à neutrons et un mécanisme de mise à feu.

— Cette bombe-valise est inerte, poursuivit-il, même si vos gars du Secret Service ont été assez difficiles à convaincre, monsieur le président. Lapinski s'autorisa un petit sourire avant d'enchaîner : C'est une bonne réplique de ce que nos meilleurs scientifiques sont actuellement capables de produire en termes d'arme nucléaire portable. Un cylindre comme celui-ci pourrait contenir aussi bien de l'uranium 235 que du plutonium 239. La mauvaise nouvelle, monsieur le président, c'est que la demi-vie du plutonium est de vingt-quatre mille ans et qu'à quantité égale il produit un engin bien plus puissant que l'uranium. Un réacteur normal à eau légère, tel que celui que les Russes construisent à Bushehr, produit effectivement du plutonium 239, mais, pour l'extraire avant qu'il ne soit contaminé, il faut éteindre le réacteur. Voilà pourquoi, à mon avis, les Iraniens ont bâti celui à eau lourde d'Arak, et ils ne vont pas s'en servir pour fabriquer de l'électricité. L'avantage d'utiliser de l'eau lourde est que le combustible usé peut être retraité grâce à des techniques relativement simples pour obtenir du plutonium à usage militaire sans éteindre le réacteur.

— Vous n'avez aucune bonne nouvelle à nous annoncer ? demanda le président McGovern.

— La seule, si on peut s'exprimer ainsi, c'est que les bombes au plutonium ne sont pas si faciles à réaliser. Elles ont la fâcheuse habitude de pré-détoner, et pendant très longtemps nos propres scientifiques qui travaillaient sur le Projet Manhattan durant la Deuxième Guerre mondiale ont cru qu'il serait impossible de fabriquer une bombe au plutonium. Pour séparer un atome de plutonium lors de ce que nous appelons la fission, il faut le frapper avec un neutron.

Le président semblant suivre ces explications avec aisance, Lapinski continua :

— Et pour créer une explosion atomique, que ce soit avec de l'uranium 235 ou du plutonium 239, il faut ce que nous appelons une masse critique – du matériau en quantité suffisante pour que la réaction se poursuive. Cela peut paraître étrange, mais la plus grande partie d'un atome est constituée par le nuage des électrons à travers lequel passe le neutron. C'est le minuscule noyau au centre qu'il faut atteindre.

Devant l'air perplexe de certains conseillers du président, le professeur tenta une analogie :

— C'est un peu comme tirer sur un arbre avec un fusil. Si vous êtes mauvais tireur, il y a de fortes chances pour que vous le ratiez, mais s'il se trouve au milieu d'une forêt, votre balle finira bien par toucher un tronc quelconque.

Le président McGovern sourit. Il commençait à apprécier l'humour et la fausse désinvolture de ce scientifique. Peut-être serait-il judicieux de lui demander de rejoindre son staff de conseillers...

— La fission se produit une fois que nous avons une masse critique. Deux possibilités existent pour la conception de notre bombe : soit nous provoquons la rencontre de deux masses sub-critiques, ou bien nous comprimons le matériau jusqu'à ce qu'il soit si dense que la fission devienne inévitable. Non seulement il produit une énergie énorme, expliqua Lapinski, mais un atome de plutonium relâche bien plus de neutrons quand il éclate, ce qui initie une réaction en chaîne qui, en un millionième de seconde, produit une explosion nucléaire accompagnée de radiations et de températures qui, initialement, atteignent des millions de degrés. De telles températures vaporisent tout ce qui se trouve dans leur voisinage immédiat.

— C'est ça, la bonne nouvelle ? s'enquit le président.

Le professeur afficha un sourire las.

— Dans un réacteur, monsieur le président, le plutonium 239 est contaminé par du plutonium 240.

— Qui possède un neutron supplémentaire, n'est-ce pas ?

— Absolument. Et c'est ce neutron en trop qui rend le plutonium 240 hautement radioactif. Il fissionne spontanément, produisant toujours plus de neutrons qui peuvent provoquer une détonation prématurée de la bombe avant que le reste du plutonium soit comprimé en masse critique. Quand les Nord-Coréens ont conduit leurs premiers essais nucléaires en 2006 avec une bombe au plutonium, elle a dégagé une puissance de moins de mille tonnes de TNT, à comparer avec les vingt mille tonnes de la bombe de Nagasaki. Nous pensons que leur bombe a pré-détoné avant que la réaction en chaîne ne soit arrivée à son terme.

— Les Iraniens peuvent-ils faire mieux ?

— Je le pense, monsieur le président.

— Nous ne *pensons* pas ici, professeur, intervint Wiley, mais le président leva la main pour le faire taire.

— Je peux m'exprimer autrement, répondit poliment le professeur Lapinski. Ce serait une erreur de sous-estimer les capacités des scientifiques iraniens. Non seulement ils ont reçu une assistance importante des chercheurs des laboratoires A.Q. Khan au Pakistan, mais les Russes et les Chinois les ont aussi aidés. Et quand vous possédez votre propre réacteur à eau lourde, il est facile d'obtenir du plutonium. La difficulté, c'est de le comprimer en masse critique pour obtenir une implosion uniforme. Nous avons résolu le problème avec ce que nous appelons une lentille explosive, qui concentre la force de l'explosion sur toute la surface du plutonium. Les Iraniens connaissent bien cette technologie et ils tentent d'arrache-pied de la perfectionner. Le véritable danger, monsieur le président, serait de voir cette petite bombe, ou plusieurs d'entre elles, tomber entre les mains d'une organisation terroriste – que ce soit par accident ou volontairement.

— Nous n'avons aucune information indiquant que l'Iran possède de tels engins, monsieur le président, intervint Wiley. Pas plus que nous n'en avons indiquant que les Iraniens offriraient délibérément une arme nucléaire à un groupe terroriste.

À nouveau, le président lui intima le silence d'un simple geste.

— Nous n'avons peut-être aucune information de la sorte, monsieur le président, mais quand nous en aurons, il sera trop tard, observa le professeur Lapinski. La sécurité aux frontières n'est pas de mon domaine, mais je pense que les terroristes ont compris que si les aéroports de notre pays sont relativement bien sécurisés, nos frontières – je parle ici de nos lignes côtières, de nos ports et des frontières terrestres avec le Canada et le Mexique – offrent de réelles opportunités de faire entrer clandestinement de tels engins sur notre sol. Et même s'il semble raisonnable de penser que l'Iran n'armerait pas délibérément un groupe terroriste, j'estime qu'il est important de se préparer à une telle éventualité. Il y a sans le moindre doute possible des personnes au sein de ce régime qui seraient ravies de voir une attaque terroriste frapper les États-Unis sans que la faute ne puisse en être attribuée à la République iranienne, surtout si cette attaque est d'une ampleur comparable ou supérieure à celle du 11-Septembre...

La voix du professeur Lapinski s'éteignit, laissant le spectre terrifiant d'une explosion atomique hanter la pièce.

— Quelle sorte de dégâts pourrait provoquer une de ces bombes-valises dans une ville majeure comme New York ou Washington ? s'enquit le président.

— Cela dépend, bien sûr, de la puissance de la bombe. Le premier engin au plutonium qui a explosé au-dessus de Nagasaki développait une puissance de vingt mille tonnes de TNT, mais nous savons maintenant que seul un kilo de plutonium a fissionné. Malgré cela, il a généré des températures de quatre mille degrés Celsius au sol et des vents de plus de mille kilomètres par heure... Et plus de quatre-vingt mille morts.

Un silence plana tandis que le professeur Lapinski laissait ces chiffres faire leur effet.

— En supposant que la technologie actuelle – qui est nettement plus performante – produise juste cinquante pour cent de fission dans une bombe-valise contenant quinze kilos de plutonium, cela équivaudrait à cent cinquante mille tonnes de TNT.

Ayant anticipé la question suivante, le professeur afficha une carte de New York sur l'écran.

— Si un terroriste parvenait à faire exploser une telle bombe dans le bas de Manhattan, près de Ground Zero par exemple, voici ce qu'il risque de se passer. Le premier cercle indique la zone qui serait totalement rasée par la déflagration...

Celui-ci englobait tout le quartier financier.

— Dans le deuxième cercle, qui s'étend jusqu'à Central Park, les vitres seraient toutes brisées. La moitié environ des personnes présentes dans le premier cercle seraient tuées sur-le-champ par l'explosion. Dans un rayon de trois kilomètres environ, la plupart souffriraient de brûlures au second degré, et au-delà de cette limite, une torture plus lente et plus insidieuse serait infligée à ceux qui recevraient des doses mortelles de rayons gamma, cette exposition dépendant surtout des vents dominants.

À nouveau, le professeur Lapinski observa une pause pour laisser les personnes présentes dans la pièce digérer ces annonces.

— Enfin, monsieur le président, il existe aussi la possibilité de ce que nous appelons une bombe sale, constituée d'un explosif normal combiné à du matériau radioactif, qui sont tous deux relativement faciles à obtenir. En 1995, des rebelles tchétchènes ont enfoui une bombe contenant du césium 137 dans le parc Izmaïlovski de Moscou et, même si elle n'a pas explosé, la panique qui a entouré cet événement a été dévastatrice pour le moral et la sécurité du pays. Une bombe sale à Washington, à Chicago ou à New York imposerait l'évacuation d'une zone importante, en revanche, le nombre de victimes devrait être assez limité.

— Nous n'avons donc pas grand-chose à craindre d'une bombe sale ? s'enquit le président.

— Je ne veux pas minimiser cette menace, monsieur le président. Le césium 137, comme le strontium 90, sont deux des substances les plus cancérigènes qui soient, avec une demi-vie de trente ans. Elles provoquent des cancers des os et la décontamination des zones touchées est très difficile. Mais, selon moi, monsieur le président, le plus gros problème que vous devriez maîtriser dans une ville comme New York, ce serait l'hystérie provoquée.

— Une dernière question, professeur. Vous avez mentionné la vulnérabilité de nos côtes et de nos ports. Sur quoi basiez-vous vos remarques ?

Howard Wiley n'y tint plus.

— La Sécurité du territoire se charge de la protection des côtes et des ports, monsieur le président. Les gardes-côtes, les douanes et la police des frontières...

— J'en suis bien conscient, monsieur Wiley, le coupa le président d'un ton glacial.

— Mes observations se basent sur des sources qui sont du domaine public, monsieur le président, dit Lapinski, et sur des informations que j'ai rassemblées lors de conférences internationales. L'inventaire mondial recense plus de douze millions de porte-containers et ce n'est un secret pour personne que les USA à eux seuls comptent trois cents ports, avec des milliers de terminaux dans lesquels nous importons plus de six millions de containers par an. Ce n'est peut-être pas mon domaine, mais il est notoire que deux pour cent seulement de ces containers sont inspectés par les services des douanes. Il serait donc, à mon avis, relativement facile à des terroristes d'utiliser nos ports.

— Je crois me souvenir que les Russes disposaient de bombes-valises dans les années quatre-vingt-dix ? observa le président.

Wiley intervint à nouveau.

— En 1997, monsieur le président, l'ancien secrétaire du Conseil de sécurité, Alexander Lebed, a rencontré une délégation de notre Congrès. Selon ses dires, le KGB avait ordonné le développement de bombes-valises dont quatre-vingt-deux auraient disparu lors de l'effondrement de l'URSS. Nous n'avons jamais trouvé la moindre preuve de l'existence de ces bombes et, en fait, conclut-il avec un regard noir en direction du professeur, à l'époque un porte-parole des services de sécurité russes a formellement nié que l'URSS ait jamais possédé des armes de ce type.

Encore une fois, Lapinski réagit de façon très calme.

— J'aurais plutôt tendance à faire preuve de circonspection, monsieur le président, en invoquant les mots d'un ancien secrétaire à la Défense, Donald Rumsfeld, pour qui « l'absence de preuves n'est pas la preuve de l'absence ». Il est techniquement très difficile de réaliser des bombes-valises, mais je répète que ce serait une erreur de croire qu'une telle technologie dépasse les compétences des Iraniens. Quant à l'existence de telles bombes, je suis sûr que la CIA n'ignore pas qu'après la dislocation de l'URSS en 1991, il y a eu trois cents saisies de matériel radioactif volé rien qu'en Europe. Le matériau est disponible, monsieur le président, et nos frontières ne sont pas impénétrables.

39

Le Vatican

— La bibliothèque est fermée, mon père. Que faites-vous ici ? demanda le plus âgé des gardes. Et où emmenez-vous ces papiers ? Il est interdit de sortir quoi que ce soit des archives !

O'Connor sourit avec un air contrit.

— Je suis vraiment navré, dit-il en posant le dossier sur la photocopieuse avant de s'approcher de celui qui l'avait interpellé. Je me suis endormi.

Là-dessus, il lui expédia son genou dans le bas-ventre.

L'homme poussa un cri et se plia de douleur.

D'un coup de coude juste au-dessus de l'oreille, O'Connor le laissa groggy. Il se baissa pour éviter la hallebarde du deuxième garde. La lame de la hache siffla juste au-dessus de sa tête avant de se planter dans un des inestimables classeurs en vélin. Pendant que le garde tentait de récupérer son arme, O'Connor pivota sur son pied gauche, la jambe droite tendue à l'horizontale et, utilisant la rotation pour gagner de la puissance, lui donna un coup de pied circulaire dans un rein. Le jeune garde grogna de douleur et perdit l'équilibre. O'Connor le cueillit d'une frappe au visage avec la paume de la main suivie d'un autre coup de coude à la tempe. Le garde suisse rejoignit son collègue à terre.

Sachant que leur absence ne tarderait pas à être remarquée, il travailla vite, leur nouant les mains derrière le dos avec des liens prélevés sur les manuscrits. Il les traîna dans un des laboratoires de conservation et les bâillonna avec du ruban adhésif trouvé dans un tiroir avant de les attacher au pied massif d'une énorme table en chêne. De retour à la photocopieuse, il effectua des copies du Chiffre, des notes et du *Troisième Secret de Fátima*.

Dix minutes plus tard, les dossiers étaient de retour dans la chambre forte. Revenu au rez-de-chaussée, O'Connor ouvrit avec précaution une des portes de bronze des Archives secrètes et traversa le parking. Peu après, il saluait le garde en faction à la Porta Sant'Anna avant de disparaître dans le Borgo Pio.

* * *

— *Avanti !* s'exclama Felici, irrité d'être interrompu.

— Le commandant de la Garde suisse est ici, Votre Éminence.

— Qu'il entre.

Quand l'homme fut devant lui, Felici ne lui offrit pas de siège.

— À 16 h 10, aujourd'hui, un certain père McLoughlin s'est présenté aux archives secrètes avec une autorisation en bonne et due forme, Votre Éminence. Le document qui l'intéressait était assez banal, mais il a quitté la salle de lecture sans signer sa sortie.

— Quelqu'un l'a vu partir ? demanda sèchement Felici.

— Non, Votre Éminence, mais la garde a terminé son service à la fermeture des portes à 17 heures. L'officier de service a remarqué cette anomalie et l'a signalée à l'évêque Romano. Un des archivistes a effectué une fouille, mais sans trouver le père McLoughlin. Il y a quelques minutes, deux de nos gardes ont été agressés par quelqu'un correspondant à son signalement. Je vous ai amené la vidéo de surveillance, Votre Éminence.

Le commandant posa un ordinateur portable sur le bureau et y inséra une clé USB.

Felici sentit le sang quitter son visage quand il reconnut O'Connor. Il sonna aussitôt son secrétaire privé.

— Que monsignor de Luca vienne me voir… sur-le-champ, dit-il avant de se retourner vers le commandant. Vous pouvez laisser cette vidéo ici et je veux le silence absolu sur cette affaire.

— Bien sûr, Votre Éminence.

Après son départ, le cardinal eut beaucoup de mal à contrôler son impatience. Il n'y avait qu'une seule explication à la présence d'O'Connor dans les Archives. Dès que de Luca fut là, il lui expliqua ce qu'il s'était passé et lui donna ses instructions.

— J'exige une fouille immédiate de la chambre forte. Signalez-moi si on a touché à quelque chose.

De Luca pâlit, sachant que, si le cardinal découvrait ses notes, sa carrière était terminée.

* * *

Wiley lut l'e-mail crypté de Felici et en transféra aussitôt une version expurgée au chef de station à Rome. Trois minutes plus tard, il se rendait dans la salle d'opérations de la Task Force Inca où l'attendaient Megan Becker et Larry Davis.

Le chef de la CIA à Rome, Mike Shelby, avait connu de nombreux DAO, certains bons, d'autres nettement moins, mais jamais au cours de ses quarante années de service à l'Agence il n'avait reçu ses ordres d'un enfoiré comme Howard Wiley. En lisant le message sécurisé exigeant une visioconférence, il poussa un soupir. Comme beaucoup d'autres agents, il aimait et respectait O'Connor et cette vendetta lancée contre lui le désolait. L'ancien quarterback de West Point descendit dans la salle de communication de l'antenne de la CIA dans le Palazzo Margherita. L'ambassade, un palais en pierres grises et roses sur la Via Vittorio Veneto, avait autrefois abrité Jules César et la première reine d'Italie, Margherita. Shelby remercia l'officier de liaison et s'apprêta à endurer un nouveau pensum. Wiley, visiblement furieux, apparut sur l'écran.

— On a un problème, annonça-t-il. Il y a peu de temps, Toutankhamon a été identifié au Vatican, déguisé en prêtre. Nous n'avons rien de certain sur Néfertiti, mais il est probable qu'elle se trouve avec lui. Il est possible qu'ils se rendent à la Villa Felici au lac de Côme, propriété du cardinal Felici.

— Savons-nous ce qu'ils iraient faire là-bas ?

— On n'en a rien à foutre, aboya Wiley. Ce qui compte, c'est que vous couvriez les accès à la villa. Y compris depuis le lac. Je veux une surveillance vingt-quatre heures sur vingt-quatre.

— Il nous serait utile de savoir ce que recherche Toutankhamon, insista Shelby avec calme.

— Utile ou pas, c'est comme ça, grogna Wiley, agacé de ne pas connaître lui non plus la réponse à cette question.

Felici n'avait délivré aucune information à ce sujet.

— Quels sont vos moyens ? s'enquit le DAO.

— Ils sont suffisants pour une mission de ce genre. Nous sommes en Italie, monsieur, un pays qui ne manque pas de tueurs, répliqua Shelby, sarcastique, tandis que Megan Becker réprimait un sourire. Je suppose que vous ne voulez aucun contact avec la sécurité de la villa ? poursuivit-il.

— Pour que toute l'opération se retrouve dans les médias ? Bien sûr que non. Au boulot, et vite !

40

Rome

— On part ce soir, annonça O'Connor à Aleta dès qu'il pénétra dans leur chambre d'hôtel.

— Ils nous ont déjà retrouvés ?

— Pas encore, mais ça ne devrait pas tarder, dit-il avant de lui faire un résumé des événements de l'après-midi. J'ai payé la note et loué une voiture. On file dès que tu auras réussi à boucler ta trousse de toilette.

Elle leva les yeux au ciel.

— Qu'est-ce qu'il ne faut pas entendre ! Et ça t'ennuierait de me dire où on va, à moins que ce ne soit un autre secret d'État ?

— Au lac de Côme. La villa qui nous intéresse se trouve sur la rive sud. Avec un peu de chance, on y sera pour le petit déjeuner.

— Tu ne veux pas dormir et te reposer un peu ?

Il secoua la tête.

— Il y avait des caméras de surveillance et quand ils trouveront mes deux copains en pyjama bleu et jaune que j'ai laissés endormis, il y a toutes les chances que Felici me reconnaisse. Il a une ligne directe avec Wiley. Donc, si je me fie à nos mésaventures récentes, il vaut mieux filer d'ici au plus tôt.

Aleta frissonna. Wiley disposait, semblait-il, d'une réserve inépuisable de tueurs.

* * *

O'Connor sortit de Rome à une allure tout à fait raisonnable pour emprunter l'A1 en direction de Bologne, puis Milan, où l'A9 les emmena vers le nord du pays et le lac. Malgré les péages sur l'*Autostrada*, ils progressaient rapidement. La surpuissante

Audi S5 V8 qu'il avait louée était capable d'atteindre les deux cent cinquante kilomètres par heure, mais il respecta scrupuleusement les limitations de vitesse et ils arrivèrent à Côme au moment où le soleil se levait sur les Alpes. O'Connor avait choisi l'Hôtel Metropole Suisse, un établissement discret mais confortable à quelques centaines de mètres de la gare Como Nord Lago.

— Attends, je sais... il faut que tu sortes un moment, dit Aleta dès qu'ils eurent pris leur petit déjeuner sur la terrasse.

— Tu apprends vite, mais...

— Oui, ça aussi, je le sais. N'ouvrir la porte à personne. Ce qui n'a pas servi à grand-chose à Lima. Ils l'ont défoncée.

* * *

O'Connor emprunta la SS 340, une route étroite et tortueuse qui longeait le lac à l'est et la frontière suisse à l'ouest. Il traversa le village de Laglio, où se trouvait la villa de George Clooney, puis Torriggia et Brienno avant d'atteindre Ossuccio où il gara la voiture dans une ruelle pour continuer à pied sur le petit chemin qui menait au promontoire où se dressait la Villa Felici.

Quittant le sentier et se cachant derrière les arbres, il s'en approcha lentement, s'arrêtant tous les cinquante mètres pour tendre l'oreille. Il parvint au sommet d'une petite éminence où il prit position derrière un cyprès. Quand il braqua ses jumelles, il n'eut aucun mal à constater l'impressionnant dispositif de sécurité mis en place. La villa grouillait de gardes. Certains patrouillaient sur la rive tandis que d'autres postés sur le toit de la bibliothèque et de la résidence principale couvraient aussi bien le lac que la route. O'Connor sourit. Ce que Felici cachait ici méritait à l'évidence des mesures de protection inhabituelles. Restant à couvert, il battit en retraite. De retour à Como, il s'arrêta dans une boutique de matériel de plongée.

* * *

— La sécurité est renforcée, annonça-t-il à Aleta, et il ne fait aucun doute que Felici nous attend.

— Il est là ? Je me disais qu'avec les funérailles du pape...

— Non, il est resté à Rome, mais il a embauché une véritable petite armée pour protéger sa modeste bicoque. Ce qui me donne d'autant plus envie d'y faire un tour.

Après avoir allumé son ordinateur portable, il lança Google Earth. Il avait déjà trouvé les plans de la villa qu'un éminent cabinet d'architecte avait eu la bonne idée de mettre en ligne après y avoir accompli des travaux de rénovation. Maintenant, il cherchait des points faibles dans la ligne de défense.

— Il faudra éviter de nager trop longtemps, dit-il en remerciant les puissances du cosmos qu'Aleta soit une excellente plongeuse. Donc, la meilleure approche sera par Lenno. Le lac est profond et froid et, de nuit, il y fera encore plus sombre que dans le cul d'une vache. Hors de question de prendre des torches. Il faudra qu'on s'encorde.

Aleta secoua la tête mais elle souriait. Elle ne s'était pas encore tout à fait accoutumée au langage parfois coloré de son compagnon.

— On laissera la voiture à Argegno pour prendre un bus jusqu'à Lenno et on achètera des sacs pour cacher le matériel de plongée. On pourra se changer dans un bosquet près de la Via Comoedia à Lenno. De là, un petit sentier nous conduira au lac. Ensuite, on suivra la rive nord du promontoire Felici jusqu'à cette ouverture dans la marina...

O'Connor montrait la petite jetée qui en protégeait l'entrée.

— On dirait un hangar à bateaux. On entrera par là.

* * *

Ils vérifièrent leur équipement : régulateurs, bouteilles, jauges de profondeur, jauges de pression, ordinateur de plongée de poignet, système de compensation de flottaison, poids et poignards.

— Allons-y.

O'Connor s'engagea sur l'étroit chemin qui partait de la Via Comoedia et longeait quelques luxueuses propriétés. Arrivés au bord du lac, ils chaussèrent leurs palmes, vérifièrent qu'ils étaient bien encordés, dégonflèrent leur système de flottaison et descendirent dans les profondeurs du lac, Aleta nageant avec confiance derrière O'Connor.

La visibilité était médiocre, mais il avait calculé une série de coordonnées sur sa boussole qui les maintiendraient sur le bon cap. Trente minutes plus tard, il s'arrêta et attendit qu'Aleta le rejoigne avant de faire un « O » avec son pouce et son index, le signal universel en plongée pour « je vais bien/et toi ? ». Elle lui répondit de la même manière et il lui fit signe d'attendre le temps qu'il remonte voir où ils en étaient.

Grâce à son entraînement de Navy SEAL, il émergea en troublant à peine la surface. Les lumières de la villa brillaient, étalant des doigts d'argent sur le lac noir. Ici et là, des projecteurs fouillaient l'obscurité, ce qu'O'Connor avait prévu. L'opérateur balayait les eaux bien plus loin vers le large. L'entrée de la marina se trouvait à une centaine de mètres à peine. Il effectua un dernier relevé avec sa boussole avant de replonger dans les ténèbres.

Ils atteignirent un mur maçonné qu'il suivit avec prudence, restant au fond du lac. Il dépassa les marches pour refaire surface dans le hangar à bateaux. De façon surprenante, celui-ci était plongé dans l'obscurité. Un hors-bord y était amarré. Ils grimpèrent sur une corniche en pierre où ils se débarrassèrent de leur équipement de plongée. O'Connor vérifia son Glock dont le silencieux était déjà en place.

— On commence par la bibliothèque, murmura-t-il.

Alors qu'ils s'apprêtaient à quitter le hangar, une étroite niche de deux mètres de haut percée dans la roche attira son attention. Elle était obstruée par une solide porte en bois. Il essaya de l'ouvrir, mais elle était verrouillée.

— Je me demande... dit-il à voix basse.

— Où elle mène ?

— Exactement. Ça m'étonnerait que ce soit un placard.

Il fouilla dans son sac étanche pour en sortir une série de passes pour serrures encastrées. Le vieux système à deux leviers céda à la troisième tentative. O'Connor tira le battant avec prudence.

— Au lieu de se payer une armée de gardes, murmura-t-il, Felici ferait mieux de s'offrir des serrures dignes de ce nom. On va cacher les bouteilles au cas où quelqu'un viendrait fouiner par ici.

Il venait à peine de terminer sa phrase que soudain les lumières s'allumèrent. Un garde apparut au sommet des marches.

— Hé ! s'exclama-t-il en levant son fusil-mitrailleur Socimi 821.

Le Glock d'O'Connor émit deux détonations très assourdies qui résonnèrent étrangement dans l'espace confiné. Le cri du garde se transforma en gargouillis tandis qu'il lâchait son arme et s'effondrait sur les marches avant de plonger dans l'eau. Il n'était pas encore mort. Il tenta de s'accrocher au rebord, mais O'Connor était déjà sur lui. Il le retourna et lui emprisonna les bras tout en lui maintenant la tête sous l'eau. Quand l'homme cessa enfin de se débattre, il lui enleva sa ceinture à laquelle étaient accrochés quatre chargeurs. Il coinça le corps sous un des pneus d'amarrage et allait éteindre la lumière quand il remarqua les clés de contact insérées dans le tableau de bord du hors-bord. *Merci, messieurs,* songea-t-il en les empochant.

— Il va falloir faire vite, chuchota-t-il. Ils ne vont pas tarder à se demander où est passé ce type. Ils t'ont appris à te servir d'un engin pareil dans ton club de tir ?

— J'ai déjà tiré avec un Uzi, répondit Aleta.

— C'est presque pareil, dit O'Connor en lui tendant la version italienne.

Il revint à la porte de bois qui donnait sur un autre escalier en pierre. Quand ils atteignirent un vaste palier, O'Connor alluma sa torche qu'il avait équipée d'un filtre rouge. Tout en leur donnant assez de lumière, le rayon n'était visible que quand on se trouvait directement dans son axe. Devant eux, une première ouverture menait à des marches qui montaient sans doute dans la bibliothèque tandis qu'une autre signalait l'entrée d'un tunnel, lui aussi creusé dans la roche. Cette galerie intrigua O'Connor. Il fit signe à Aleta de le suivre. Ils s'engagèrent dans un boyau d'une cinquantaine de mètres, humide et aux parois couvertes de mousse.

— Tiens, tiens, s'exclama-t-il doucement quand ils se retrouvèrent devant une autre porte, en acier cette fois.

— C'est étrange qu'ils n'aient pas posté le moindre garde ici, murmura Aleta en braquant la torche sur la première des serrures à combinaison.

— Je suis prêt à parier qu'ils ignorent l'existence de cette pièce, répondit O'Connor. Felici est un petit cachottier.

* * *

Ignorant encore l'intrusion dans sa villa, le cardinal s'était lui aussi lancé dans une stratégie à haut risque. Vêtu d'un costume Armani et assis à l'arrière de sa Mercedes noire, il rendit son salut au garde suisse quand ils franchirent la porta Sant'Anna. Le trajet en ville fut très court jusqu'au bar discret qui disposait de box privés. La collaboration avec Luigi Campioni, un journaliste qui écrivait dans *La Stampa* et le *Vatican Insider*, était très ancienne. Les contacts, toujours à l'initiative de Felici, étaient proposés par sœur Bridget depuis un téléphone public. En cas d'enquête, il n'y aurait aucun moyen de remonter jusqu'au cardinal ou un membre de son équipe. Cet arrangement satisfaisait les deux parties. Grâce à son « contact au Vatican », Campioni avait publié quelques scoops stupéfiants. Il en irait de même cet après-midi.

— Je suis ravi de vous revoir, Votre Éminence. Blanc ou rouge ? s'enquit Campioni en s'emparant de la carte des vins.

Ses notes de frais, notamment dans des restaurants, étaient extravagantes, mais ses supérieurs ne se plaignaient pas. Ses papiers faisaient toujours augmenter les tirages.

— Rouge, je crois. Les jours qui viennent s'annoncent difficiles.

— Tahbilk, annonça Campioni après le départ du serveur. Un shiraz australien. Des vignes qui datent de 1860.

Felici huma longuement le bouquet et fit tourner le vin sur ses papilles avant de livrer son jugement.

— Excellent. Très bons tanins.

— Ces Australiens donnent du fil à retordre aux Français, répondit Campioni, soulagé. J'ai suivi les préparatifs du conclave avec un grand intérêt, Votre Éminence. Vous ne devez pas être surpris de figurer parmi les favoris.

— Celui qui entre pape ressort cardinal, répondit Felici, rappelant à son interlocuteur le vieux dicton romain qui s'était avéré en maintes occasions.

— Oui, mais pas toujours, répondit Campioni, et bien sûr, nous espérons tous votre victoire. Même si cela signifiera que je perdrai le meilleur des conseillers.

— Il existe toujours des moyens, même pour un pape, répliqua Felici. Mais n'oublions pas que le cardinal Sabatani est un concurrent sérieux.

— Que signifierait son élection pour la sainte Église, Votre Éminence ?

— En un mot, un désastre. Si Sabatani est élu, j'ai très peur pour l'avenir de l'Église. Beaucoup dans son camp veulent adopter une espèce de théologie New Age dont ils s'imaginent qu'elle attirera les masses : accepter la contraception et autoriser le remariage pour les divorcés et, pire encore, permettre aux prêtres de révoquer le vœu du célibat. Tout pour se mettre à la remorque d'une époque sans âme alors qu'il faudrait que nous revenions à nos racines. D'ici peu, vous verrez, nous utiliserons des boules de cristal et nous chanterons la messe en créole.

Felici fouilla dans sa serviette de cuir souple.

— Ceci vous intéressera peut-être, dit-il en tendant au journaliste une copie des documents préparatoires de Sabatani.

* * *

O'Connor porta un doigt à ses lèvres pour réclamer le silence avant de poser son stéthoscope sur la serrure pour guetter le premier déclic indiquant que l'un des barillets prenait sa place. Encore une serrure démodée... Néanmoins, il lui fallut près de dix minutes pour faire céder le mécanisme, chaque seconde semblant une éternité à Aleta. Enfin, la vieille porte d'acier tourna sans bruit sur ses gonds.

— Regarde ! s'exclama Aleta. Le crâne !

Il était niché dans une cavité taillée dans la roche sur la paroi du fond. Le rayon rouge de la torche parut déclencher une véritable explosion à l'intérieur du cristal où apparut une sorte de filet fluorescent, comme si le réseau des synapses s'illuminait.

— Donc, l'un des crânes se trouvait bien aux mains de tes ennemis, observa O'Connor, fasciné par le kaléidoscope d'impulsions rouges, bleues et jaunes qui zébraient le visage translucide.

Grâce à cette lueur supplémentaire, il aperçut un autre petit coffre logé dans une niche creusée elle aussi à même la roche. Là encore, la serrure était munie d'un mécanisme simple à combinaison.

— Pas vraiment de la haute technologie, remarqua Aleta.

— On va pas s'en plaindre, dit O'Connor, déjà à l'œuvre avec son stéthoscope.

Moins de cinq minutes plus tard, le coffre livrait son contenu : deux dossiers écarlates dans une chemise de protection, tous deux arborant un blason doré.

— Des copies des documents des archives secrètes ? demanda Aleta.

— Les originaux... et ceux-ci sont plus complets, expliqua O'Connor en parcourant rapidement les dossiers. Le Chiffre semble identique, mais la prophétie occupe ici deux pages et pas une. J'ignore pourquoi Felici avait besoin d'enrôler toute une armée pour les protéger, mais on va bien s'amuser à le découvrir, dit-il en lui tendant les dossiers avant de refermer le coffre.

— Tu sais, il y a d'autres façons de s'amuser. Par exemple, sur une plage des Caraïbes !

— Quand tout ça sera terminé, on ira plonger aux Bahamas, je te le promets.

— Je tiens une liste de toutes tes promesses. Crois-moi, celle-là, je t'obligerai à la tenir… Même si, avec ma chance, tu vas nous faire chercher les ruines d'Atlantis au large de Bimini.

— Excellente idée ! Bon, un crâne récupéré, plus que deux.

O'Connor souriait tandis qu'il s'emparait du crâne pour le déposer dans la boîte tapissée de feutre qui se trouvait au pied de la niche. À peine eut-il terminé qu'un long bruit plaintif et étouffé atteignit les profondeurs de la chambre forte.

— C'est ce que je pense ? demanda Aleta, le cœur battant.

— Ils ont dû trouver le corps dans le hangar à bateaux. La sortie risque d'être un peu mouvementée. Tu es sûre de savoir te servir de ce truc ? demanda-t-il en regardant le Socimi qu'elle tenait en bandoulière.

Il ne put s'empêcher de la contempler quelques secondes. Il avait rarement vu un tableau aussi sensuel que cette femme avec ses cheveux mouillés, son arme et sa combinaison moulante.

— Occupe-toi de ton Glock, répliqua-t-elle avec une confiance qu'elle était loin d'éprouver.

O'Connor repartit dans le tunnel, ses bottines en caoutchouc glissant sans bruit sur la pierre. Quand ils arrivèrent à la porte en bois, un trait de lumière était visible sous le battant.

— Baisse-toi, dit-il en se mettant à plat ventre et en levant la main vers le loquet pour l'ouvrir.

Une rafale de fusil-mitrailleur déchiqueta la roche et le bois. O'Connor répondit par un tir d'instinct : deux balles qui firent mouche et atteignirent les deux gardes postés au sommet des marches du hangar. Mais cette fusillade aurait réveillé un mort.

— On prend le bateau ! cria-t-il.

Le pistolet dans une main et la boîte dans l'autre, il fila le long de la corniche et dégagea les amarres du hors-bord dans lequel il déposa le crâne. Quand il glissa la clé dans le démarreur, Aleta se trouvait déjà à ses côtés. Une nouvelle rafale de balles retentit au-dessus de leurs têtes au moment où les énormes moteurs jumeaux V8 Cadillac grondèrent.

Aleta répliqua par deux tirs brefs et deux autres gardes s'écroulèrent dans les eaux de plus en plus rouges. La coque en acajou racla la jetée quand ils jaillirent dans la marina.

— Accroche-toi ! hurla O'Connor tandis que d'autres gardes les prenaient pour cibles depuis la rive. Mais ne tire pas. Il faut profiter de l'obscurité.

Les éclairs orange au bout du canon auraient indiqué leur position aux hommes postés sur les balustrades de la villa. L'homme qui maniait le projecteur les cherchait frénétiquement tandis qu'O'Connor ne cessait de tourner le volant, zigzaguant comme un destroyer de la Seconde Guerre mondiale évitant des torpilles. Soudain, de nouveaux coups de feu éclatèrent à bâbord, mais cette fois ils provenaient du large. Un autre hors-bord fonçait vers eux depuis la rive opposée. N'étant plus à portée de la villa, O'Connor braqua violemment. L'engin superbement équilibré tourna pratiquement sur place avant de filer dans la direction opposée aux nouveaux venus vers la marina de Sala Comacina, au sud d'Ossuccio. Mais l'autre bateau était puissant lui aussi et bien piloté. Les deux embarcations rebondissaient avec violence sur l'eau à plus de trente-cinq nœuds. La machine de Felici s'avéra légèrement meilleure et les sauts sur les vagues les mettaient relativement à l'abri des tirs. Sur la rive, des sirènes retentissaient : la police locale réagissait à son tour.

— Tire quand je tournerai ! cria O'Connor alors que la marina approchait à toute allure.

Il braqua vers la rive, aussitôt imité par leurs poursuivants.

À nouveau, il tourna le volant et l'embarcation vira quasiment sur place pour foncer vers l'engin ennemi. Les brèves rafales d'Aleta trouvèrent leurs cibles, arrachant des éclats d'acajou sur la coque, explosant le pare-brise et tuant le pilote. Elle abattit son complice au moment où les deux hors-bord se croisèrent. Le bateau devenu incontrôlable alla s'écraser contre un yacht dans une formidable explosion.

O'Connor continua un moment vers l'est, fouillant l'obscurité sur l'autre rive du lac. Puis il coupa les gaz pour avancer à une allure plus discrète, et surtout moins bruyante, avant de virer de bord. Argegno était relativement calme : l'action s'était déroulée plus au nord. Toutes les forces de police disponibles descendaient vers la villa et la marina de Sala Comacina où un gigantesque incendie faisait rage. O'Connor sourit en se dirigeant vers une petite plage au nord de celle d'Argegno. Qui allait être le plus furieux ? Felici ou Wiley ?

Dès que le fond du bateau gratta les galets, ils sautèrent dans l'eau. Les préparatifs méticuleux d'O'Connor s'avéraient utiles. Leur Audi les attendait non loin de là. Vingt minutes plus tard, ils roulaient vers le sud sur la SS340.

— Ça va ? demanda-t-il.

Ils arrivaient à l'A9 où il tourna à droite.

Aleta était en proie à des émotions contradictoires. Abattre un homme n'était en rien comparable avec une séance dans un stand de tir. Mais, se raisonna-t-elle, elle n'avait fait que défendre sa vie : ces types étaient des tueurs. C'étaient eux ou elle.

— Tu vas vers l'ouest ? demanda-t-elle, préférant éviter de répondre.

— Oui. Avec les funérailles du pape et le conclave qui approche, Felici préférera éviter d'être impliqué, mais il va sûrement donner notre signalement à la police italienne. La frontière suisse ne se trouve qu'à cinq kilomètres. Autant essayer de la traverser avant que l'alerte ne soit lancée. J'ai encore les faux papiers que nous ont fournis les Israéliens. Ils sont dans le double fond de mon sac.

— Ce qui fera notre troisième changement d'identité depuis que je te connais ! Je me demande si la véritable Aleta Weizman refera surface un jour, dit-elle en fouillant dans le compartiment caché du sac de voyage d'O'Connor. Ce sera quoi, cette fois, monsieur ? Musicien ? Banquier ?

— En Suisse, banquier, ça s'impose. Tu seras ma secrétaire particulière.

— Et pourquoi pas le contraire ? riposta Aleta, tandis que les lueurs du poste-frontière de Como Nord apparaissaient.

Ces plaisanteries leur permettaient d'évacuer la tension, mais elle sentit son cœur s'accélérer encore une fois quand O'Connor immobilisa la voiture à hauteur de la guérite.

41

Suisse

Elle s'était inquiétée à tort. Felici n'avait visiblement pas eu le temps de donner leur signalement et, la Suisse faisant partie de la zone Schengen, la séduisante garde-frontière se montra très détendue. O'Connor sourit en lui tendant les quarante francs suisses nécessaires à l'obtention de la « vignette », l'autocollant qui prouvait que la taxe pour utiliser les autoroutes helvétiques avait bien été payée.

— *Reisen Sie sicher...* Bon voyage, dit-elle en lui rendant son sourire.

— *Reisen Sie sicher,* la singea Aleta, ironique, dès qu'ils eurent démarré.

— Tu aurais préféré qu'elle fouille nos bagages ? répondit-il en haussant un sourcil.

— Je suis sûre qu'elle aurait été ravie d'inspecter toutes tes affaires une par une, ton after-shave, tes sous-vêtements... y compris ceux que tu portes, rétorqua Aleta. Et pendant que j'y pense... combien de temps va-t-on continuer à pratiquer l'abstinence ?

Il posa la main sur son genou.

— Il va falloir que j'organise certains trucs à Zurich, on pourra donc profiter de quelques heures au bord du lac. Mais pas plus. Le zénith en Amérique du Sud est dans dix jours seulement.

— Quelques heures, c'est déjà ça. Moi aussi, j'ai envie d'inspecter tes sous-vêtements.

Elle laissa sa main errer sur la cuisse d'O'Connor.

Soudain, elle sentit ses muscles se raidir.

Les yeux dans le rétroviseur, il surveillait une Ducati 1198. La circulation était réduite, mais quand il ralentit derrière un camion, la moto rouge resta sagement derrière eux. Il rétrograda pour doubler et la Ducati en fit autant.

— Ne te retourne pas. On a de la compagnie, dit-il.

— Ces types n'abandonnent jamais, hein ? Wiley ?

— Difficile à dire. C'est probable, même si je suis sûr que Son Éminence a, elle aussi, quelques copains motards. Cette bécane est un sacré engin. On ne va pas pouvoir la semer, même avec l'Audi.

La 1198 restait imperturbablement à deux cents mètres derrière eux, alors qu'ils roulaient normalement à cent trente. O'Connor réfléchissait. De part et d'autre de l'autoroute, c'étaient les Alpes suisses, des pics de granit enneigés qui grimpaient à l'assaut des nuages.

Il jeta un coup d'œil dans le rétroviseur. La moto était coincée derrière deux camions, l'un tentant de dépasser l'autre.

— Accroche-toi ! ordonna-t-il soudain.

Il écrasa les freins en se plaçant sur la bande d'arrêt d'urgence. Les deux camions et la moto les doublèrent, ainsi que plusieurs voitures coincées derrière les poids lourds. O'Connor redémarra aussitôt le convoi passé et fonça sur la bretelle de sortie qu'il avait repérée. Il lança l'Audi sur la route du col du Saint-Gothard. Les pneus hurlaient tandis qu'il poussait la voiture à atteindre ses limites.

— Tu t'es entraîné aux 24 Heures du Mans ? demanda Aleta, pas très rassurée.

Elle se retenait à sa ceinture. O'Connor rétrograda de deux rapports d'un coup avant de répondre avec nonchalance.

— Baltimore. L'école de pilotage du Secret Service.

Son sourire ne tarda pas à s'effacer quand il aperçut la Ducati penchée selon un angle improbable, son pilote touchant presque le bitume.

— Il est encore là, et il n'a pas l'air content.

Toujours aussi calme, O'Connor aborda le virage suivant.

— Attention !

Aleta se baissa instinctivement tandis que le motard redressait son engin juste assez longtemps pour les mitrailler avec son Uzi.

— Essaie de l'avoir la prochaine fois qu'il se trouve de ton côté, dit O'Connor, les dents serrées.

Aleta changea le chargeur du Socimi, baissa sa vitre et attendit le virage suivant. Dès que la Ducati apparut en contrebas, elle lâcha trois courtes rafales. La moto se cabra mais le type parvint à la maîtriser avant de la coucher dans le lacet, gagnant inexorablement du terrain. Il ne se trouvait plus qu'à quelques mètres derrière eux quand ils abordèrent le Teufelsbrücke, le fameux pont de pierre au-dessus des gorges de la Schöllenen.

— Accroche-toi ! s'exclama O'Connor en s'y engageant à toute allure.

Il écrasa les freins tout en ouvrant sa portière. Le motard, dans un réflexe étonnant, réussit à éviter la voiture, mais pas la porte. La moto la heurta de plein fouet, l'arrachant de ses gonds tandis que son pilote s'envolait au-dessus du parapet. Son casque et sa combinaison renforcée ne lui servirent à rien : il fit une chute de soixante mètres sur les rochers de granit qui tapissaient la rivière.

O'Connor descendit de l'Audi, releva la Ducati broyée pour la faire passer elle aussi par-dessus la barrière. Il la regarda s'écraser en contrebas avant de disparaître sous les flots.

— Dommage de bousiller une bécane pareille, dit-il en récupérant l'Uzi sur la chaussée et en chargeant la portière arrachée sur le siège arrière. Mais, au moins, notre arsenal ne cesse de s'étoffer.

— Plus tôt on récupérera les deux autres crânes, mieux ça vaudra, dit Aleta d'une voix blanche.

— Oui. La police ne va pas tarder à retrouver le cadavre et la moto. Il va donc falloir quitter Zurich au plus vite… mais il fait beau au Pérou à cette époque de l'année.

* * *

Il aurait préféré arriver par un des aéroports secondaires mais, le temps jouant contre eux, il devait prendre le risque d'atterrir à Jorge-Chávez. Ils utilisèrent de nouvelles identités pour réserver deux places sur un vol Zurich/Lima, *via* Amsterdam. Un voyage qui allait durer vingt heures.

— Dommage, chuchota O'Connor tandis que l'hôtesse de la KLM les conduisait en classe affaires. Pas de première classe. On va avoir des lits séparés.

— Ça va être une interminable torture, répondit Aleta avec un sourire aguicheur.

Il haussa un sourcil avant de ranger la boîte contenant le crâne et sa mallette dans le compartiment au-dessus de leurs têtes.

Après trois heures de vol, un repas décent et quelques verres, ils commencèrent enfin à se détendre et à ne plus penser aux tueurs lancés à leurs trousses. Quand les lumières de la cabine s'éteignirent, O'Connor glissa la main entre les cuisses d'Aleta. Elle déposa un baiser sur ses lèvres avant de la retirer gentiment.

— Tu veux risquer l'attentat à la pudeur ? murmura-t-elle d'une voix rauque en le caressant à son tour.

— Tu ne paies rien pour attendre, soupira-t-il.

Ils échangèrent un long baiser, puis Aleta baissa son siège pour essayer de dormir un peu. O'Connor récupéra sa mallette pour se concentrer à nouveau sur les documents dérobés dans le coffre de Felici.

Il avait consacré tous ses – rares – moments libres à essayer de décrypter le Chiffre, jusqu'ici sans résultat, mais une idée lui trottait dans la tête. Il ouvrit la copie des journaux de Beale que le frère Gonzáles leur avait confiée. Une heure plus tard, il tapota l'épaule de sa voisine, l'air très satisfait de lui-même.

— J'ai trouvé ! murmura-t-il. La clé se trouvait dans les journaux de Beale. Felici avait la solution sous le nez.

— Il va falloir que tu m'expliques.

— Jusqu'à présent, on n'a décrypté que le deuxième code, celui qui donnait des précisions sur le trésor caché. Mais là n'est pas l'important. C'est la façon de faire qui compte. Je suis sûr que c'est la raison pour laquelle frère Gonzáles nous a donné ce livre.

Il étala sur sa tablette le texte de la prophétie inca qu'ils avaient trouvée dans le coffre de la Villa Felici, puis sur celle d'Aleta la longue série de nombres.

— Ils sont parvenus à le décoder en comprenant qu'il fallait le relier à la Déclaration d'indépendance des États-Unis d'Amérique. En numérotant chaque mot de la Déclaration comme ceci...

Il lui montra :

Lorsque (1) dans (2) le (3) cours (4) des (5) événements (6) humains (7) il (8) devient (9) nécessaire (10)...

— ... on obtient un chiffre différent pour chacun des mille trois cent vingt-deux mots du texte. Les nombres dans les journaux de Beale représentent la première lettre de chaque mot correspondant dans la Déclaration. Ainsi ces nombres 115, 73, 24, 818, 37, etc., donnent quand on effectue la traduction : *J'ai déposé dans le comté de Bedford... quatorze cents livres d'or.* Bon, reprit O'Connor, maintenant regarde ça. En appliquant le même principe à la prophétie inca, j'ai obtenu quelque chose de cohérent. Seul problème : j'y comprends rien.

Il tendit une feuille à Aleta.

À l'est, se trouve Apu Veronica, à l'ouest Apu San Miguel. Au sud, se trouve Apu Salkantay, au nord Apu Huayna Picchu. Suis le vol du condor depuis Intiwatana sur 8 560 pas vers l'ancienne capitale. À travers l'or et l'obsidienne, tout sera révélé.

— Mais moi, oui ! s'exclama-t-elle en faisant un effort pour ne pas élever la voix. Il ne peut s'agir que de la pierre sacrée Intiwatana à Machu Picchu !

42

Lima

— Combien de temps nous reste-t-il avant le zénith ? demanda Aleta.

Ils venaient de s'installer dans un nouvel hôtel anonyme situé dans une petite rue pavée de Miraflores. Si le fait d'être de retour dans la ville où elle avait été kidnappée la rendait nerveuse, elle ne le montrait pas.

— Ça devient assez juste. Pourquoi ?

— Je viens de recevoir un e-mail de mon ancien professeur d'archéologie, le professeur Cardoza. Il travaille ici à Lima à l'université San Marcos. Regarde.

Elle tourna son iPad pour lui montrer l'image d'un lingot d'or.

— La police a trouvé ça et lui a demandé de l'analyser. Il proviendrait de la région du lac Titicaca. Mais, à en juger par ces marques, cela n'a rien à voir avec un quelconque trésor inca.

— Si tu penses ce que je pense, on devrait peut-être rendre une petite visite à ton cher professeur. On peut lui faire confiance ?

— Absolument.

* * *

Fondée en 1551, l'université nationale majeure de San Marcos était l'une des plus anciennes au monde. Le département d'archéologie, avec ses échantillons de poteries incas, ses cordelettes quipus et ses armures espagnoles, semblait avoir été là dès ses origines. Et le professeur Cardoza, un vieux monsieur bourré de tics nerveux, la chevelure grise en bataille et les lunettes rafistolées avec un bout d'adhésif, avait dû arriver très peu de temps après.

— On n'a pas jugé bon de me renseigner quant à la provenance de ce lingot, mais j'ai mes propres contacts et tous indiquent une descente de police sur le marché noir de Puno, expliqua-t-il une fois les présentations terminées, et ces marques m'intriguent beaucoup. Celui qui a voulu vendre cette pièce a tenté de les effacer au burin, sans y parvenir tout à fait.

Il afficha des clichés pris au microscope sur l'écran de son ordinateur.

Aleta et O'Connor échangèrent un regard.

— Von Heißen. Aucun doute, déclara-t-elle avant de se tourner vers son ancien professeur. Quand il était commandant du camp de Mauthausen, Karl von Heißen exigeait qu'un four fonctionne en permanence pour y faire fondre l'or volé aux juifs, leurs bijoux mais aussi leurs dents. Il s'est ainsi constitué son propre petit stock personnel. Il a réussi à s'enfuir avant l'arrivée des Alliés. Avec l'aide du Vatican, il a emmené avec lui cent kilos d'or. Ils ont totalement disparu, son or et lui, pendant soixante-cinq ans. Grâce à ses complicités au sein de l'Église, il s'était offert une nouvelle vie en tant que prêtre au Guatemala. Nous avons bien retrouvé quatre lingots au fond du lac Atitlán quand nous recherchions le Codex maya, mais rien de plus... jusqu'à aujourd'hui.

Le professeur Cardoza soupira.

— Quand l'existence de ce lingot sera rendue publique, des tas de journalistes vont reparler de la citée perdue de Païtiti. Vous savez à quel point les tabloïds adorent les mystères... et, ces temps-ci, les trésors incas les excitent bien plus que l'or nazi.

— Ce n'est pas de l'or nazi officiel, expliqua O'Connor. Von Heißen s'est bien gardé de remplir les coffres de l'État. Les lingots produits par les banques allemandes étaient gravés d'un aigle posé sur une croix gammée, le tout entouré d'une couronne. Ce qui n'est pas le cas de celui-ci. On distingue bien le svastika et l'image de l'aigle, mais rien d'autre. Les lingots officiels portaient aussi l'inscription « Deutsche Reichsbank » et ils avaient des numéros de série. Enfin, ce truc doit peser dans les dix kilos alors que la plupart des lingots nazis étaient beaucoup plus petits, plus maniables… ils faisaient environ un kilo.

— Pourrions-nous comparer celui-ci avec ceux que vous avez retrouvés au lac Atitlán ? demanda Cardoza.

— Seulement si cela devient absolument nécessaire, répondit O'Connor. Nous ne sommes pas en odeur de sainteté à Washington en ce moment. Mieux vaut éviter de signaler notre présence ici. Mais vous disiez avoir vos propres contacts ?

— À mon tour de demander de la discrétion. Un frère franciscain ici à Lima, le frère Gonzáles, entretient d'étroits contacts avec un vieux chaman de Puno. Gonzáles et moi sommes de vieux amis et il me dit que, selon le chaman, le lingot provient bien de la région du lac Titicaca. Je peux vous donner ses coordonnées, si vous voulez.

Aleta et O'Connor échangèrent de nouveau un regard tandis que le professeur notait l'adresse et le numéro de téléphone de Gonzáles.

— Bonne chance avec les médias, dit O'Connor quand ils prirent congé. Ils vont sûrement venir vous harceler à propos de la cité perdue.

Aleta attendit qu'ils aient quitté le campus pour prendre la parole :

— Le frère Gonzáles fréquente des gens intéressants. Ce lingot, c'est du von Heiβen tout craché… et s'il vient bien de Puno, c'est une sacrée piste. Je sais que nous devrions aller au Machu Picchu, mais n'avons-nous pas le temps de faire un détour ?

Des larmes brillaient dans ses yeux au souvenir du meurtre de ses grands-parents et de millions de leurs semblables.

— Ça va être juste, mais je suis d'accord. Si von Heiβen est dans le coin, on ne peut pas prendre le risque de le laisser s'échapper encore une fois. Il nous manque toujours son journal le plus intéressant, celui où il évoque ses liens avec le Vatican et le père de Felici. J'imagine qu'il le garde comme assurance. Mais, avant de foncer à Puno, passons d'abord voir le frère Gonzáles. On va aussi demander un petit coup de main aux Israéliens.

* * *

Caché à bonne distance, monsignor Jennings vit O'Connor et Aleta disparaître dans l'ancienne bibliothèque du monastère de Saint-François-d'Assise. Dans l'éventualité où ces deux-là reviendraient, il y avait dissimulé un micro-émetteur sous l'un des fauteuils en bois sculpté. Il n'y avait pas trop cru, mais maintenant la chance lui souriait. Il retourna dans le petit bureau qui lui avait été alloué au presbytère et brancha le récepteur.

* * *

— Je ne m'attendais pas à un succès aussi éclatant, observa frère Gonzáles une fois qu'O'Connor lui eut raconté l'opération au lac de Côme. C'est peut-être la confirmation que votre quête des crânes de cristal est voulue par le cosmos lui-même.

— Ouais… et si le cosmos pouvait aussi s'occuper de nos ennemis… maugréa Aleta.

— C'est souvent dans l'adversité qu'on obtient les meilleurs résultats, répondit Gonzáles, et votre route est encore longue. Mais je sens que votre visite ici n'avait pas uniquement pour but de me tenir au courant ?

— Tout juste, dit O'Connor. Nous comptions nous rendre au Machu Picchu, mais il semble qu'un petit détour s'impose. Nous sortons du bureau du professeur Cardoza.

— Ah, oui. Le lingot d'or de Titicaca.

— Il dit que vous avez un contact… un chaman à Puno ?

— Il s'appelle Diego Chávez. Lors de notre dernière rencontre, il a évoqué des rumeurs autour de cet or.

— Des rumeurs concernant la cité perdue de Païtiti ?

Gonzáles secoua la tête.

— Non. La piste qui mène à Païtiti n'a rien à voir. Elle commence à Machu Picchu et, comme vous devez déjà le savoir, le lingot qu'examine le professeur Cardoza n'est pas inca. Chávez m'a souvent parlé d'un prêtre à la retraite qui s'est installé dans un des villages flottants du lac. En échange de la bienveillance de la communauté, il lui offre un discret soutien financier. Diego s'est toujours demandé où ce vieux prêtre trouvait tout cet argent.

— Quel âge a-t-il ? s'enquit O'Connor.

— Selon Diego, dans les quatre-vingt-dix ans. Il se montre rarement en ville, mais il semble toujours très alerte.

Aleta regarda O'Connor.

— Von Heiβen.

— On ne va pas tarder à le savoir.

* * *

Quand ils rentrèrent à leur chambre d'hôtel, CNN diffusait un reportage en direct depuis Rome.

L'écran montrait un fleuve rouge. Comme à chaque nouveau conclave depuis 1492, les cardinaux, tous vêtus d'une soutane et d'un *zucchetto* écarlates et d'une écharpe de dentelle, pénétraient dans la chapelle Sixtine. Au moment où les deux derniers disparaissaient, l'image revint sur le présentateur, Walter Crowley.

— Retournons sans plus attendre à Rome pour consulter l'un des meilleurs spécialistes du Saint-Siège, correspondant du *Vatican Insider*, Luigi Campioni. Luigi, votre article de ce matin a provoqué un certain émoi. Pour ceux d'entre nous qui ne sont pas familiers du processus de désignation d'un nouveau pape, que va-t-il maintenant se passer dans la chapelle Sixtine ?

— Eh bien, comme nous venons de le voir, cent vingt et un des deux cent trois cardinaux – ceux qui ont moins de quatre-vingts ans et qui bénéficient donc du droit de vote – viennent de s'y retirer et ils y resteront jusqu'à ce qu'ils aient choisi l'un des leurs comme deux cent soixante-sixième souverain pontife. Une fois à l'intérieur, ils n'auront plus aucune communication avec le monde extérieur.

— Aucune ? Comment le Vatican peut-il s'en assurer ?

— Depuis 1978 et le décès de Jean-Paul I trente-trois jours seulement après son élection…

— … dans des circonstances qui n'ont toujours pas été complètement élucidées, intervint Crowley.

— C'est exact. Le Vatican a refusé que soit pratiquée une autopsie et n'a jamais révélé qui avait découvert le corps. Comme je m'apprêtais à le dire, un certain nombre de fuites s'étant produites lors des conclaves de 1978, les mesures de sécurité ont été considérablement renforcées. Pour vous donner un exemple, la chapelle Sixtine sera quotidiennement soumise à un balayage électronique pour détecter la présence d'éventuels micros.

— Et les cardinaux vont y vivre jusqu'à ce qu'une décision soit prise ?

— Pas tout à fait. C'était le cas autrefois : ils dormaient dans des cellules adjacentes à la chapelle, mais en 1996 une nouvelle résidence a été bâtie à la lisière de la Cité du Vatican. Un bus les y transportera. C'est plus confortable que les anciens quartiers, mais on reste loin d'un hôtel cinq étoiles, ajouta Campioni avec un sourire.

— Dans votre article, Luigi, vous indiquez que la controverse règne au sein de l'Église. Les spéculations sont nombreuses autour du nom de celui qui pourrait restaurer la confiance… Selon vous, un candidat émerge-t-il du lot ?

— Beaucoup feraient d'excellents pontifes, répondit Campioni avec diplomatie, mais si on s'en tient aux Italiens, le choix se portera probablement soit sur monsignor Felici, le cardinal camerlingue et préfet de la Congrégation pour la doctrine de la foi, soit sur monsignor Sabatani, le secrétaire d'État.

— Ce processus électoral peut-il durer longtemps ?

Campioni leva les yeux au ciel et haussa les épaules.

— C'est très possible. Pour vous donner un exemple, le conclave de 1268 s'est éternisé pendant près de trois ans... et pourtant on avait rationné les provisions des cardinaux. Il a fallu que des fidèles furieux commencent à arracher le toit de la salle de réunion pour qu'ils élisent Grégoire X. Par contre, la désignation de Pie XII en 1939 a pris moins d'un jour.

— Luigi Campioni, merci d'avoir été des nôtres aujourd'hui.

* * *

De l'autre côté de l'Atlantique, l'humeur de Wiley ne s'améliorait pas. Rodriguez était toujours en vie même s'il retirait une joie perverse de l'imaginer plongée dans le coma. Et c'était un soulagement de savoir que les autorités italiennes n'avaient pas la moindre piste après la mystérieuse poursuite en hors-bord qui avait abouti à la destruction de la marina de Sala Comacina et d'une douzaine de yachts de luxe. Parcourant la liste de ses e-mails cryptés, il ouvrit celui qui était marqué « immédiat » et qui provenait de son *alter ego* au sein de l'Entité. Felici était peut-être coincé par le conclave, mais cela ne l'empêchait visiblement pas de suivre la piste de Toutankhamon.

> O'Connor et Weizman en route pour Puno. À leur retour, ils devraient se rendre au Machu Picchu.

Wiley descendit dans la salle des opérations.

— Mettez-moi en relation avec Lima, ordonna-t-il à Davis.

Megan Becker l'observait avec intérêt. Plus O'Connor lui échappait, plus le DAO semblait en proie à une véritable obsession. Il y avait un désespoir dans cette traque qui la fascinait. Quelques années plus tôt, elle avait rencontré O'Connor lors d'une conférence à Moscou et leur relation n'avait pas été que professionnelle. Pendant quelques jours, ils avaient même pu s'offrir une escapade délicieuse dans une datcha perdue dans les montagnes dominant le lac Baïkal. Elle avait eu tout le temps de se forger sa propre opinion : l'homme était bon, l'agent excellent. Quand « Tête au carré » apparut à l'écran, elle regretta de ne pas voir Curtis O'Connor à sa place.

— Toutankhamon et Néfertiti sont en route pour Puno. Je veux qu'on envoie quelqu'un sur-le-champ, aboya Wiley.

Cameron Reyes acquiesça, l'air un peu hébété.

— Oui, m'sieur.

Le chef de station à Lima semblait épuisé et Megan éprouva une certaine compassion pour lui. À mesure que les échecs s'accumulaient, le sommeil devenait de plus en plus rare à Washington aussi.

— Si vous les ratez à Puno, chopez-les au Machu Picchu et, cette fois, démerdez-vous et butez-les !

— Oui, m'sieur.

Wiley quittait déjà la pièce tandis que Becker s'interrogeait sur la source qui lui fournissait ses infos.

43

Puno, Pérou

Ils venaient de s'installer dans un modeste hôtel de Puno, le port niché sur les côtes péruviennes du lac Titicaca.

— Quoi que le monde pense des politiciens israéliens, dit O'Connor, Shaked et ses gars du Mossad sont remarquables. Ils seront là d'ici une heure.

— Pas si remarquables que ça, répliqua Aleta. Ces types sont capables de voler les passeports et les identités de citoyens ordinaires pour aller assassiner un cadre du Hamas dans un hôtel de Dubaï. Sauf qu'ils oublient qu'ils sont filmés par les caméras de surveillance et qu'on va pouvoir admirer leurs exploits sur YouTube.

— Pas si sûr qu'ils l'aient oublié, marmonna O'Connor.

* * *

— Cette île n'accepte aucun étranger, protesta le vieux batelier.

Il était tôt et la cité de Puno se réveillait à peine. Une légère brume recouvrait le lac Titicaca. À quatre mille deux cents mètres au-dessus du niveau de la mer, c'était le plus haut lac navigable du monde et le plus grand d'Amérique du Sud. Quarante îles naturelles y étaient plantées entre Puno et la frontière avec la Bolivie à l'est mais, après discussion avec le chaman Diego, c'était l'une de celles créées par l'homme qui intéressait O'Connor et le Mossad.

Eli Shaked agita une grosse poignée de billets devant le visage du bonhomme.

— Vous êtes sûr ?

Le batelier sourit, révélant plusieurs trous dans sa dentition, mais il secoua la tête.

— Je peux vous emmener sur l'une des îles principales, *señor*, mais pas sur celle-là, dit-il. Elle est interdite.

Shaked regarda autour de lui. Le quai était désert. La plupart des pêcheurs dormaient encore.

Il dégaina son pistolet.

— Tant pis, on y va quand même, annonça-t-il avec calme.

— Mais je n'ai pas mon matelot...

— On vous filera un coup de main, vous en faites pas. Allez ! fit Shaked en braquant son arme.

— *Si, señor. Si, si.* On y va.

Le visage brun du batelier prit une teinte bizarre quand il vit les autres Israéliens, des types à l'air peu commode, monter sur le pont. O'Connor et Aleta, tous deux munis d'un sac rempli d'un équipement de plongée, les suivirent.

* * *

Le *sniper* avait trouvé un hôtel à l'écart du centre de Puno, sur une péninsule donnant sur le petit port. Posté sur le balcon de sa chambre, il observa le vieux ferry en bois à travers sa lunette de visée avant de secouer la tête, frustré. Il aurait pu éliminer une des cibles, mais pas les deux, et le groupe qui les accompagnait l'incitait à la prudence. On aurait dit un commando. Bien sûr, il avait déjà reçu plus de quatre-vingt mille nuevo soles, mais à quoi lui serviraient-ils s'il ne survivait pas pour en profiter ? Il jugea préférable d'attendre une meilleure opportunité.

* * *

Le batelier avait peut-être peur, mais il aurait pu effectuer la traversée les yeux fermés. Cela faisait des décennies qu'il transportait les touristes sur les eaux sacrées. Il engagea son embarcation dans l'étroit chenal creusé entre les lits de roseaux. Des hommes et des femmes accroupis semblaient les tisser.

— Ils se lèvent tôt, remarqua O'Connor.

— Ils y sont forcés, expliqua Aleta. Tu n'es jamais venu ici ?

Il secoua la tête.

— Ces îles sont artificielles. Il s'agit en fait de gigantesques nattes tissées à partir de roseaux *totora*, mais ces roseaux ne tiennent guère plus de trois mois. Ils pourrissent sous l'eau et il faut les remplacer en permanence par de nouvelles couches qu'on ajoute par-dessus. En cette saison, les gens d'ici ne peuvent pas se permettre de prendre un jour de congé, pour ne pas manquer les touristes, ils doivent donc travailler avant qu'ils arrivent.

— Tu connais la profondeur entre le fond des îles et celui du lac ?

— Trois, quatre mètres, parfois un peu plus. Elles sont amarrées à des poteaux plantés dans le lit du lac pour éviter qu'elles ne dérivent.

— Donc, il y a suffisamment de place là-dessous pour cacher quelque chose, marmonna O'Connor.

— Oui… mais quand tout ceci sera terminé, il faudra qu'on revienne ici… pour de vraies vacances, et sans flingue, dit Aleta.

— Je vais me sentir tout nu.

— Je sens que je vais adorer.

Il ne répondit pas, se contentant de lui effleurer le bras, tandis que leurs regards se croisaient.

Les îles s'étalaient encore sur cinq kilomètres au-delà du chenal et, à leur passage, les Indiens qui les habitaient les saluaient, croyant que le ferry amenait des touristes. Les femmes portaient des robes et des chemises multicolores, et des chapeaux de feutre à large bord. Les maisons, comme les îles, étaient en roseaux tissés et la fumée dégagée par des foyers de cuisson en pierre dérivait sur le lac.

Ils continuèrent vers l'île la plus lointaine qui avait été construite un peu à l'écart de l'archipel principal. Comme ils s'approchaient, deux hommes apparurent au bord des roseaux, criant dans leur dialecte et leur faisant signe avec colère de repartir.

— Pas très contents de nous voir, on dirait, fit O'Connor en tripotant son Glock.

Le batelier rangea son ferry le long des *totora* sous un flot d'insultes que les agents du Mossad ignorèrent. Ils débarquèrent, se déployèrent et commencèrent à fouiller les huttes, ce qui n'arrangea en rien l'humeur des habitants.

Soudain, une silhouette émergea d'une des habitations en joncs pour se mettre à courir d'une foulée maladroite vers un dinghy amarré un peu plus loin. L'homme portait un fusil. Soudain, il se retourna pour tirer trois ou quatre fois en direction du ferry. Une des balles fit exploser le pare-brise. Les Israéliens encore à bord, le batelier, O'Connor et Aleta se jetèrent à terre.

— On le veut vivant ! cria Shaked.

Ses hommes se mirent à ramper. L'autre était sur le point d'atteindre l'embarcation.

— Je ne compte plus le nombre de fusillades auxquelles j'ai été mêlée depuis que je te connais, dit Aleta à O'Connor tandis qu'une nouvelle série de coups de feu éclatait.

— Oui, mais reconnais que ça en vaut la peine. Reste couchée, dit-il en se ruant à son tour sur l'île.

Le canot s'était libéré de ses amarres et commençait à prendre de la vitesse. O'Connor visa avec soin et ne tira qu'une seule fois. Le fusil sauta de la main de l'homme. La barque ralentit. O'Connor était déjà en train de courir. Il plongea depuis la petite jetée en roseaux, émergeant aussitôt pour saisir le platbord du bateau. Le vieil homme, faisant preuve d'une agilité étonnante pour son âge, s'empara d'une rame, mais O'Connor tira violemment, projetant la silhouette vêtue d'une soutane dans les eaux du lac. Une fraction de seconde plus tard, il bloquait sa prise autour de son cou.

— La cavale est terminée, Standartenführer, siffla-t-il à l'oreille de von Heiβen.

* * *

— Si un jour tu cherches du boulot, viens me voir, dit Shaked à O'Connor tandis que ses hommes emmenaient leur prisonnier.

— Ça ne paie pas assez, répondit O'Connor en souriant avant d'aller retrouver Aleta. Comment ça va ? lui demanda-t-il en la prenant par les épaules.

— Ça ira, dit-elle en essuyant ses larmes. Ça fait un choc de le voir enfin en chair et en os.

— Es-tu sûre de vouloir plonger ? Je peux y aller avec Shaked ou un de ses gars, si tu préfères.

— Non, je tiens à le faire. Pour mes grands-parents.

44

Rome

— *Extra omnes*, ordonna Felici.

L'ancienne phrase en latin était le signal pour tous les conseillers, secrétaires particuliers et équipes médicales de quitter la chapelle Sixtine. Dès cet instant, l'élection serait conduite par les seuls cardinaux. Six longues tables drapées, chacune accueillant dix électeurs, avaient été disposées de chaque côté de la salle sous la fresque de la création de Michel-Ange. D'autres bureaux avaient été placés près de l'autel pour les trois scrutateurs et les trois relecteurs qui avaient la charge de contrôler leur travail. Le sol de marbre de la chapelle avait été protégé par des tapis et Felici s'était assuré que les dispositifs de brouillage électronique avaient bien été installés dans les sous-sols.

Le cardinal Sabatani prit place sur la gauche et regarda autour de lui. À l'autre bout de la salle, le cardinal Felix Schäfer, évêque de Munich et Freising, le salua d'un signe de tête. Il était jeune – précisément ce dont l'Église avait besoin – et Sabatani avait œuvré en toute discrétion pour lui faire gagner des suffrages, ignorant que Schäfer en avait fait tout autant en sa faveur. Le secrétaire d'État jeta un coup d'œil vers Felici. L'opposition du camp conservateur, il le savait, allait être rude.

— Il est navrant de devoir évoquer un tel sujet au début d'un conclave, Éminences, déclara Felici après la prière d'ouverture, mais avant que nous ne nous réunissions, beaucoup d'entre nous ont pu constater que le contenu de documents confidentiels a été diffusé dans les médias ce matin. Je me vois dans l'obligation de vous rappeler à tous notre serment de secret et la grave tâche qui nous incombe. Notre unique et constante préoccupation doit être le bien de l'Église universelle... *Solum Deum prae oculis habentes...* « En n'ayant que Dieu devant les yeux ».

Le regard de Sabatani resta indéchiffrable, mais il n'existait guère de doute dans son esprit quant à l'auteur de ces fuites. Felici était prêt à tout pour satisfaire ses ambitions. Et maintenant, le mal était fait.

— Je dois aussi vous rappeler de modifier votre écriture quand vous remplirez les bulletins de vote qui se trouvent devant vous.

Sabatani inscrivit le nom du cardinal Schäfer sur la petite feuille rectangulaire portant la devise *Eligo in Summum Pontificem* – Je choisis pour souverain pontife.

Un par un, par ordre d'ancienneté, les cardinaux s'approchèrent de l'autel, chacun portant son bulletin au-dessus de la tête pour que tous le voient. Sabatani plaça le sien sur le disque d'or recouvrant une vaste urne d'or et d'argent ornée des clés de Saint-Pierre et récita le serment : « Je prends à témoin le Christ Seigneur, mon juge, que je donne ma voix à celui qui, selon Dieu à travers moi, doit être élu. » Il renversa la patène et déposa son bulletin dans l'urne sous le regard attentif des trois scrutateurs.

Ceux-ci mélangèrent les bulletins avant de les compter pour s'assurer qu'il y en avait bien cent vingt et un. Satisfaits, ils les retirèrent l'un après l'autre. Les deux premiers notaient les noms tandis que le troisième les annonçait au collège.

— Cardinal Ferdinando Sabatani...

— Cardinal Salvatore Felici...

— Cardinal Felix Schäfer...

— Cardinal Felix Schäfer...

Felici analysait mentalement les résultats pour déterminer quel bloc apportait son soutien au cardinal allemand qui, et c'était une légère surprise, remportait plus de voix que prévu. Sa candidature était toute aussi néfaste que celle de Sabatani : tous deux sortaient du même moule libéral. Jean-Paul II n'avait que cinquante-huit ans lors de son élection en 1978 et il avait gouverné l'Église pendant plus d'un quart de siècle. Schäfer était encore plus jeune. Il serait bon de rappeler à certains de ses collègues que les longs règnes n'étaient pas sans risque.

45

Lac Titicaca, Pérou

Malgré la vase et les roseaux flottant entre deux eaux, la visibilité demeurait étonnamment bonne. O'Connor nageait en direction de la hutte de von Heiβen, les bulles qui jaillissaient de leurs régulateurs se perdant dans les *totora* pourrissant sous l'île flottante. Il fouilla la zone à l'aide de sa torche. Il ne lui fallut pas longtemps pour apercevoir ce qu'il cherchait : le coin de ce qui ressemblait à une caisse métallique émergeant de la boue. Se retournant vers Aleta, il braqua le rayon de sa lampe vers la malle à moitié enfouie dans le lit du lac. Il la dégagea avec précaution avant de forcer les cadenas à l'aide de son couteau. Il souleva le couvercle dans un nuage de vase et de débris de roseaux. Plusieurs lourds sacs de toile grossière et un petit paquet étanche apparurent. O'Connor ouvrit l'un des sacs : deux lingots d'or brillèrent dans le rayon de la torche. Il se tourna vers Aleta. Malgré les bulles qui s'élevaient autour de son masque, il vit l'excitation dans ses yeux. Mais le paquet étanche les intriguait encore davantage. Aleta traça les lettres JOURNAL sur le lit de vase et il acquiesça.

* * *

Le *sniper* ajusta la mise au point de ses jumelles pour observer le retour du ferry à Puno. La mission dans les îles flottantes n'avait pas duré bien longtemps, mais, encore une fois, il n'avait pas la possibilité d'éliminer ses deux cibles. Il fallait se montrer patient.

* * *

Scrutant les autres passagers qui attendaient sur le quai de la gare de Puno, O'Connor ne remarqua rien d'anormal. Aleta et lui embarquèrent dans le train pour Cuzco. Il était temps de se rendre à Machu Picchu. Le zénith n'était plus que dans huit jours.

— Tu ne renonces jamais au luxe ? demanda-t-elle en s'installant dans le confortable siège de première classe du Andean Explorer des chemins de fer péruviens qui allait assurer le voyage de dix heures en direction de la capitale.

— Pas si je peux l'éviter... ce qui ne cesse de consterner les comptables de Langley.

Aleta secoua la tête, prenant un air faussement affligé.

— J'étais sérieuse quand je disais que nous devrions revenir ici un jour.

— On le fera, promit-il en lui serrant la main. Mais avant ça, on a encore deux crânes à retrouver.

Il fouillait déjà dans sa mallette.

— Revenons-en à la prophétie et à la cité perdue de Païtiti. Tu crois vraiment qu'elle existe ? Avec toutes les expéditions qui ont été organisées, l'une d'elles aurait bien fini par la retrouver.

— Pas nécessairement. La jungle amazonienne est plutôt impénétrable. Et regarde le temps qu'il a fallu pour Machu Picchu. Les Incas ont commencé à la bâtir au XVe siècle mais Hiram Bingham ne l'a découverte qu'en 1911. Je suis persuadée que Païtiti existe, mais qu'elle est bien cachée.

— La question est : où ça ?

— Quelque part dans le bassin amazonien. Il y a encore des tribus là-bas qui n'ont jamais vu d'homme blanc. Si nous trouvons le deuxième crâne à Machu Picchu, il sera peut-être accompagné d'un indice. Aleta observa une pause avant d'enchaîner : Imagine la tête de Felici si nous réussissons.

— Cette pourriture est en cheville avec Wiley depuis le début.

— Tu penses qu'il a orchestré les fuites sur Sabatani ?

Ils avaient eu le temps de lire les journaux.

— Tom McNamara, mon ancien patron à la CIA, disait toujours que si on veut savoir qui est derrière une fuite, il suffit de voir à qui elle profite. En discréditant Sabatani, Felici augmente ses chances d'être élu pape.

— Seigneur, quelle perspective terrifiante. Même si ce ne serait pas la première fois qu'un charlatan siège sur le trône de Pierre, dit Aleta.

O'Connor sourit.

— Oui, ça pourrait faire l'objet d'une étude : les turpitudes pontificales. Je me souviens d'un bouquin sur le ballet des Châtaignes... cinquante des plus belles courtisanes de Rome dansant nues sous les lustres, les invités les pénétrant par tous les orifices tandis que les serviteurs du pape notaient leurs capacités éjaculatoires pour que Sa Sainteté puisse remettre des trophées... Ça a dû être une sacrée nuit.

— Mon père refusait qu'on dise le moindre mal de l'Église, dit Aleta. Il adorait Jean XXIII et il me racontait souvent comment, grâce à lui, il était parvenu à quitter Istanbul. L'archevêque Roncalli, qui n'était pas encore Jean XXIII, s'est rendu avec sa vieille Fiat sur les quais pour le faire embarquer sur un cargo en partance pour le Guatemala. Von Heiβen les y attendait, mais Roncalli et le chef de l'Agence juive ont tenu bon. Ils ont payé le capitaine du navire qui a pris mon père et d'autres enfants à son bord.

— Eh bien, il a fallu un peu de temps, mais von Heiβen va enfin devoir faire face à ses juges, dit O'Connor en ouvrant le journal qu'ils avaient trouvé dans le paquet étanche posé au fond du lac Titicaca.

— Je n'arrive toujours pas à croire que les Israéliens t'ont laissé l'original.

— Les voleurs possèdent eux aussi un certain code de l'honneur, mais, sois rassurée, ils en ont fait une copie. De toute manière, ils s'intéressent surtout à Mauthausen plutôt qu'aux accointances de von Heiβen avec le Vatican. Mais c'est l'arme qui nous manquait, et quand on l'utilisera, elle va faire de sacrés dégâts. Nous avons la preuve écrite que le père de Felici, un gentilhomme du pape, a blanchi de l'or nazi et a exfiltré von Heißen d'Europe en le faisant passer pour un prêtre.

O'Connor choisit l'entrée du 2 juin 1945 :

Alberto Felici a exigé la moitié de l'or. Scandaleux, mais la 11e division blindée est proche et progresse rapidement. Accepté à contrecœur. La Banque du Vatican effacera toutes les traces. Déguisement de prêtre très efficace. Soldat américain sur la route de Venise s'est excusé qu'elle soit aussi « bordélique ». Les chasseurs Mustang qui hurlent au-dessus de nos têtes. Les routes jonchées de tanks incendiés et de véhicules détruits appartenant au troisième Reich. Les militaires ont trahi le Vaterland ! Felici a tenu à ce que je lui donne mon pendentif : une superbe croix en or avec un gros rubis entouré de douze diamants. Était très impressionné – il souhaiterait qu'un jour son fils la porte.

— Cette croix appartenait à ma famille depuis très longtemps, murmura Aleta. Les nazis l'ont volée dans l'appartement de mes grands-parents à Vienne. Elle provenait d'une fouille archéologique sur le mont des Oliviers. D'après mon grand-père, elle remontait à l'époque de Richard Cœur de Lion et de la troisième croisade.

— Elle doit valoir une fortune... Ce qui explique l'intérêt de Felici.

— C'est une pièce unique. Et seul quelqu'un d'aussi arrogant que lui peut oser la porter.

— Si les cardinaux apprenaient cette histoire, il n'aurait plus aucune chance d'être élu, mais il est probablement trop tard maintenant. Au moins, cela permettrait de redonner un coup de projecteur sur les liens du Saint-Siège avec l'Allemagne nazie... Il y a encore de nombreux procès en cours contre la Banque du Vatican et il serait peut-être temps qu'on les force à ouvrir leurs archives.

— Tu veux parler aux médias ?

O'Connor secoua la tête.

— Non, la dernière chose dont nous ayons besoin, toi et moi, c'est de publicité. Mais, quand tout ceci sera terminé, je me débrouillerai pour refiler le tuyau à Campioni du *Vatican Insider.* Et, même si entre-temps Felici est devenu pape, ils devront faire le ménage. Quand le contenu de son coffre au lac de Côme et ses liens avec Wiley seront rendus publics, le scandale des prêtres pédophiles passera pour une peccadille en comparaison. En attendant, allons faire un tour dans le wagon panoramique… je t'offre un Pisco sour.

Dans la voiture en question, un barman en gilet noir et nœud papillon leur prépara la boisson nationale péruvienne : pisco, sucre, citron, blanc d'un œuf et quelques gouttes d'Angostura Bitters. Bien sûr, l'orchestre installé à côté du bar jouait *El Condor Pasa.*

Les rives du lac Titicaca furent remplacées par les touffes d'herbe des hauts plateaux des Andes et le train atteignit Juliaca où la voie ferrée passait carrément au milieu de la ville et de ses marchés. Des tricycles multicolores, certains équipés de barbecues soudés à l'avant avec de la viande grillant sur les plaques, ajoutaient au chaos ambiant. Une fois encore, O'Connor était sur le qui-vive, observant la foule pour voir si quelqu'un montait dans le train. Des enfants couraient le long des voitures tandis qu'elles longeaient lentement des bâtisses en briques de boue construites à quelques mètres à peine. Ensuite, commença la montée vers La Raya, un petit village de l'Altiplano niché sous les sommets enneigés des Andes. Les tours jumelles d'une petite église montaient la garde au-dessus du marché local, une oasis de couleurs sur ce plateau désolé. On y trouvait de tout, des rouleaux de tissu comme des sucettes. Les femmes, portant souvent un bébé sur le dos, venaient jusqu'aux fenêtres du train pour proposer de petits lamas empaillés en échange de quelques soles.

Affectant de se promener, mais gardant la main sur son Glock dissimulé sous son blouson, O'Connor remonta tous les wagons, scrutant attentivement les passagers. Quand il revint à sa place, le thé de l'après-midi avait été servi sur une nappe blanche et le convoi entamait la descente vers les vallées fertiles de l'Urubamba. Ici, de nombreux paysans travaillaient dans les champs. Les rivières étaient bordées d'eucalyptus et de saules.

Peu après, ils approchèrent enfin des faubourgs de Cuzco.

* * *

Plus au nord, l'ambassade américaine à Lima bourdonnait d'activité. Le *New York Times* venait de publier les rapports de WikiLeaks qui apportaient la preuve que le département d'État forçait ses diplomates à espionner leurs pays hôtes. Plus de mille trois cents de ces câbles provenaient de la capitale péruvienne. Comme si cela ne suffisait pas, le chef de la station locale de la CIA, Cameron Reyes, devait supporter une nouvelle tirade de Wiley qui exigeait qu'on envoie sur-le-champ le *sniper* au Machu Picchu.

46

Arak

Le soldat posté à l'entrée principale du complexe du réacteur à eau lourde se mit au garde-à-vous au passage de la voiture officielle. Le général Shakiba était attendu.

— Les problèmes techniques ont été résolus, général, l'informa aussitôt et avec fierté le colonel Rostami.

Ils gagnaient l'ascenseur qui allait les conduire dans le laboratoire souterrain, à plus d'une centaine de mètres sous le dôme du réacteur principal. Au bout d'un tunnel, ils retrouvèrent le chef du département scientifique, le docteur Assad Khadem. Shakiba se vit offrir une blouse et des surchaussures blanches avant de suivre Khadem et Rostami dans le laboratoire quasiment stérile.

— Les cylindres de plutonium sont chargés ici, expliqua Khadem en montrant le banc d'ordinateurs où un technicien guidait un robot à distance, manœuvrant son bras articulé avec une précision millimétrique.

La tâche délicate consistant à charger les cylindres nucléaires des bombes-valises était conduite dans une chambre verrouillée munie d'une vitre très épaisse. L'air en avait été évacué et la pression y était maintenue à moins d'une atmosphère, une précaution supplémentaire pour prévenir la moindre fuite de matériel radioactif.

— Chaque cylindre contient dix kilos de plutonium moulés en forme de sphère, continua Khadem. Nous avons conçu un système qui renverra tout neutron fuyant vers le cœur de plutonium, ce qui nous a permis de réduire le diamètre de la sphère.

— Et la masse critique ? demanda Shakiba.

— Les tests d'implosion ont été couronnés de succès et nous sommes convaincus que la sphère sera comprimée de façon optimale. Si c'est le cas, la fission se produira une fraction de seconde plus tard. À condition d'obtenir une détonation uniforme, les dix kilos de plutonium généreront l'équivalent de deux cent mille tonnes de TNT.

— Êtes-vous optimistes quant à la détonation uniforme ?

— C'est difficile à dire, général, répondit Khadem. Mais, même si nous n'atteignons qu'un taux de cinquante pour cent...

Shakiba acquiesça, plissant les yeux. Une seule bombe-valise d'une puissance de cent mille tonnes de TNT suffirait à détruire d'un coup la moitié de Manhattan ou Westminster, Buckingham Palace et la cathédrale Saint-Paul à Londres, ou encore l'Opéra et le Harbour Bridge à Sydney.

* * *

Le major Golzar l'attendait quand la voiture du général Shakiba pénétra sur la base d'entraînement établie dans une région montagneuse désolée. Celle-ci avait pour seul objectif de préparer l'opération Khumm. Moins de cinquante recrues avaient été sélectionnées parmi l'escadron martyr d'élite du Yawm al-Qiyamah Jihad. Le dernier groupe devait passer son évaluation finale dans une semaine et Golzar tint à montrer au général comment ses hommes s'en sortaient sur le parcours d'obstacles. Chacun portait une fausse bombe-valise d'une trentaine de kilos dans son sac à dos.

— Bravo, Shahadi. Bel effort ! s'enthousiasma Golzar tandis qu'Ahmed Shahadi prenait vingt mètres d'avance sur son plus proche rival au franchissement du mur.

La difficulté suivante était la « fosse à ours », un puits de six mètres rempli d'eau et de glace. Ahmed sauta sur la corde tendue au-dessus et se laissa porter avec un équilibre parfait de l'autre côté. Sans ralentir l'allure, il plongea à terre et se mit à ramper sous les barbelés tranchants comme des rasoirs pour achever l'épuisant parcours d'un kilomètre.

* * *

— Shahadi, la recrue libanaise, est de loin le meilleur élève que nous ayons jamais eu, général, annonça Golzar quand ils se retirèrent dans son bureau pour prendre le café.

Shakiba hocha la tête.

— Oui, le Hezbollah lui donne aussi d'excellentes notes.

— Il a demandé qu'on lui confie la tâche la plus difficile... en hommage à sa famille. Il garde une photo d'elle dans sa chambre.

— Son vœu sera exaucé, dit Shakiba qui avait déjà une mission très spéciale en vue pour le jeune martyr. Où en sommes-nous ?

Golzar sortit un pointeur laser de sa poche et alluma un grand moniteur fixé au mur.

— Saladin est en place à New York, Khalil se trouve à Londres, Tamerlan à Paris, Mehmet à Sydney et Selim à Chicago. Six autres groupes ne devraient pas tarder à rejoindre leurs bases, dit-il en montrant six autres villes occidentales majeures. Tous ont reçu l'ordre de ne pas attirer l'attention. De ne même pas fréquenter la mosquée. Durant toute la durée de l'opération Khumm, ils sont exemptés des prières du vendredi.

— Excellent. Et les valises ?

— Elles sont en cours d'expédition depuis un pays neutre, mêlées à de banals produits d'exportation comme du safran, des pistaches et des dattes. J'ai reçu hier la confirmation que Saladin et Mehmet ont bien récupéré leur livraison et que les autres ne devraient pas tarder à en faire autant. Les infidèles sont incapables de surveiller leurs ports, ajouta le major, les yeux brillants.

— Bravo, Golzar. Et j'ai moi aussi une bonne nouvelle pour vous, dit le général Shakiba en sortant des galons de sa mallette. Félicitations. Vous êtes dorénavant colonel de la force Qods, dit-il en lui serrant la main.

Le visage du tout nouveau colonel s'illumina.

— Merci, général, je les porterai avec fierté, annonça Golzar en claquant les talons.

— Maintenant, avant de partir, j'aimerais voir le jeune Shahadi.

47

Rome

Les scrutateurs dépouillèrent les résultats du nouveau tour de scrutin. À la fin du décompte, le troisième d'entre eux les annonça au collège :

— Cardinal Salvatore Felici, trente-sept voix…

— Cardinal Ferdinando Sabatani, trente-deux voix…

— Cardinal Felix Schäfer, vingt-six voix…

Les votes restants se répartissaient plus ou moins équitablement entre les autres candidats, aucun d'entre eux ne semblant un adversaire sérieux pour Felici. Tandis que le car raccompagnait les cardinaux dans leurs quartiers, celui-ci réfléchissait. Un troisième cheval se mêlait à la course ; il était temps de s'occuper de certains électeurs qu'il n'avait pas encore approchés.

Un des scrutateurs alluma les chandelles traditionnelles – le *fumo nero* – dans l'antique foyer et une fumée noire s'échappa de la cheminée de la chapelle Sixtine, indiquant que les délibérations étaient terminées pour aujourd'hui sans avoir donné de résultat. Un soupir de déception parcourut la foule rassemblée sur la place Saint-Pierre. Il n'y avait toujours pas de nouveau pape.

* * *

Devant un buffet simple alimenté par des nonnes, Schäfer discutait avec le chef du bloc africain. Il était bien sûr strictement interdit de tenter d'exercer la moindre influence sur les grands électeurs, mais les cardinaux étaient des hommes, eux aussi, et oubliaient parfois que « seul le Saint-Esprit décide du prochain pape ».

— Je suis flatté du soutien que je reçois, Victor, mais je pense que le moment est venu de nous rassembler derrière un seul candidat, expliqua Schäfer au cardinal Abasi, archevêque de Nairobi.

— Vous pensez à Sabatani ? Mais vous avez lu les documents préparatoires publiés dans la presse ? La contraception est une chose, mais un rôle accru pour les femmes ? Quel rôle au juste a-t-il en tête, Felix ?

— Nous ne devrions pas nous laisser distraire par les articles qui surgissent comme par hasard dans les médias à la veille d'un conclave. Le cardinal Sabatani est un des meilleurs théologiens que je connaisse. C'est un homme pondéré qui ne fera rien d'irréfléchi, mais l'Église doit faire évoluer son image, sous peine de connaître de graves difficultés. Avez-vous vu les derniers chiffres concernant les séminaires ?

— Je sais. Heureusement, l'Afrique tient le choc, mais aux États-Unis ou ailleurs...

— C'est pourquoi nous avons besoin de quelqu'un comme Sabatani, Victor. Pour ma part, je n'ai que cinquante-quatre ans et, si Dieu le veut, il reste assez de temps à notre génération.

Celui dont ils parlaient, le cardinal secrétaire d'État, n'était nulle part en vue. Il s'était retiré et priait seul à genoux dans sa chambre chichement meublée.

Schäfer attendit que Felici ait fini de discuter avec deux cardinaux influents du bloc asiatique pour les rejoindre.

* * *

Le troisième scrutateur lut les résultats du premier scrutin après le déjeuner :

— Cardinal Salvatore Felici, cinquante-huit voix...

— Cardinal Ferdinando Sabatani, quarante-six voix...

— Cardinal Felix Schäfer, dix-sept voix...

Felici constata avec satisfaction que son lobbying pendant le repas avait fait son effet, mais il était loin des quatre-vingt-une voix représentant la majorité des deux tiers et Sabatani restait encore tout à fait dans la course. Certains n'avaient toujours pas compris tous les dangers que représentait un pape libéral. Une séance d'explication s'imposait avant le prochain vote.

Les scrutateurs enfilèrent les bulletins sur une cordelette pour les faire brûler dans le foyer. Une autre colonne de fumée s'échappa au-dessus de la chapelle Sixtine et, dans un premier temps, la foule s'agita. Quelqu'un avait cru la voir blanche et s'était écrié : « Nous avons un pape ! » Certains journalistes parmi l'immense délégation des médias appelèrent aussitôt leurs rédacteurs en chef pour se rétracter quelques minutes plus tard, quand le scrutateur en charge de la crémation brûla davantage de chandelles noires.

* * *

Quatre heures plus tard, le scrutateur se leva pour annoncer les résultats du troisième tour.

— Cardinal Salvatore Felici, quatre-vingt-deux voix...

— Cardinal Ferdinando Sabatani, trente-trois voix...

— Cardinal Felix Schäfer, six voix...

Un bref spasme crispa la joue de Felici, mais il se maîtrisa rapidement. Il avait triomphé. L'annonce fut accueillie par des applaudissements. Au bout du compte, de crainte d'élire quelqu'un d'aussi progressiste que Sabatani et redoutant davantage les effets d'un long règne, les cardinaux s'en étaient remis à celui qui leur paraissait le choix le plus rassurant. Felici resta impassible quand le doyen du Collège des cardinaux s'approcha.

— *Acceptasne electionem de te canonice factam in Summum Pontificem ?* Acceptes-tu ton élection canonique comme Souverain pontife ?

— Oui, répondit-il d'une voix forte et confiante.

— *Quo nomine vis vocari ?* Par quel nom t'appellera-t-on ?

— *Vocabor Petrus.* On m'appellera Pierre.

Une sourde exclamation parcourut la chapelle Sixtine. Par respect pour le pape fondateur, saint Pierre, nul n'avait jamais choisi le nom de l'Apôtre. Mais Felici était décidé à accomplir la prophétie de saint Malachie – celle qui prédisait tous les papes jusqu'à la fin des temps et selon laquelle cette papauté serait la dernière. *Dans la dernière persécution de la sainte Église romaine, ici sera assis Pierre le Romain qui conduira son troupeau à travers de nombreuses tribulations : et quand tout ceci sera achevé, la cité des sept collines sera détruite et le terrible juge jugera son peuple.*

— Vous êtes sûre, Votre Sainteté ? murmura le doyen.

Felici le fixa d'un regard vide.

— Pierre II, dit-il.

Le doyen hocha humblement la tête et guida le tout nouveau pape vers la petite sacristie rouge sur la gauche de la chapelle. Cette pièce était connue comme la *stanza delle lacrime,* la salle des Larmes, car plus d'un heureux élu y avait succombé à ses émotions. Mais Felici n'était pas du genre émotif. Les tailleurs de chez Gammarelli l'attendaient avec les habits pontificaux. Felici accepta l'anneau du pêcheur temporaire avant de retourner dans la chapelle et de prendre place sur le trône qui avait été installé près de l'autel. L'un après l'autre, les cardinaux se présentèrent devant Pierre II pour embrasser sa bague et lui vouer obéissance.

Une fumée blanche émergea de la cheminée et l'hystérie gagna la foule, tous les regards se braquant sur le balcon de la basilique. Le premier des cardinaux-diacres apparut et les haut-parleurs diffusèrent sa voix sur toute la place :

— Je vous l'annonce avec une grande joie – *Habemus papam !* Nous avons un pape : le cardinal Felici de la sainte Église romaine qui a choisi le nom de Pierre.

Les images des visages choqués dans la foule furent retransmises en direct à des centaines de millions de téléspectateurs à travers le monde. Felici surgit bientôt sur le balcon vêtu de la soutane de soie ivoire, de l'écharpe d'or et du *zucchetto* blanc. Une étrange croix en or pendait sur sa poitrine.

Pierre venait de prendre possession de son Église.

48

Machu Picchu

— Deux voyages en train en deux jours et celui-ci est encore plus luxueux... je vais finir par aimer ça, dit Aleta en essayant de se détendre tandis que l'Orient-Express Hiram-Bingham quittait Poroy, au nord de Cuzco.

Elle examina le wagon autour d'elle. Leur table avait été dressée avec des verres en cristal et de l'argenterie scintillante dans un décor fidèle au style Pullman des années vingt : cuivres et boiseries vernies.

Le contraste était saisissant avec la vue qui s'offrait à eux derrière les vitres. Ayant quitté les hauts plateaux, le train se dirigeait vers l'épaisse forêt tropicale qu'alimentait l'Urubamba, la rivière sacrée, qui depuis des millénaires creusait sa route tumultueuse entre les pics enneigés et volcaniques des Andes.

Le serveur vint leur offrir du champagne et du jus d'orange avant de leur présenter un menu.

— Autant en profiter, dit Aleta qui hésitait entre les *tamales* de maïs avec une sauce tomate, une omelette aux herbes et aux champignons et un filet d'alpaga avec une compote de baies de sureau.

O'Connor opta, quant à lui, pour des cannellonis d'épinards, quinoa et volaille.

— Et comme dessert, *señora, señor* ? demanda le garçon.

Il secoua la tête tandis qu'elle craquait pour le cheesecake aux fruits de la passion.

Deux heures plus tard, le train s'arrêta à Aguas Calientes. La petite ville nichée sur les rives de l'Urubamba au pied du Machu Picchu était encerclée de falaises quasiment verticales. Un minibus les attendait pour les hisser jusqu'aux ruines par une route en lacets. Quand ils les atteignirent, ils gravirent les marches de pierre qui menaient au point le plus élevé du site, la pyramide du Soleil, et le monument en granit qui y était dressé, la pierre Intiwatana.

— Ça fait des années que je ne suis pas venue, dit Aleta, mais, à chaque fois, je ressens quelque chose de mystique ici. Une profonde énergie spirituelle, ajouta-t-elle en inspirant l'air pur et frais à pleins poumons.

Loin en contrebas, l'Urubamba dévalait vers le bassin amazonien. Au nord, le pic du Huayna Picchu était enveloppé de nuages.

La pierre Intiwatana se dressait comme la quille d'un yacht renversé au milieu d'un espace nu. O'Connor et Aleta relevèrent leurs coordonnées et consultèrent ensemble la traduction du Chiffre :

À l'est, se trouve Apu Veronica, à l'ouest Apu San Miguel. Au sud, se trouve Apu Salkantay, au nord Apu Huayna Picchu. Suis le vol du condor depuis Intiwatana sur 8 560 pas vers l'ancienne capitale. À travers l'or et l'obsidienne, tout sera révélé.

— Machu Picchu est entouré par des montagnes sacrées. Là-bas, c'est la chaîne Veronica, dit Aleta en montrant une série de sommets déchiquetés vers l'est. Le plus haut sommet est l'Apu Veronica qui culmine à plus de cinq mille six cents mètres d'altitude.

O'Connor en effectua un relevé à la boussole. Aleta se tourna vers l'ouest.

— Voici l'Apu San Miguel, et ces montagnes enneigées au-delà font partie de la chaîne Pumasillo. Au solstice d'hiver, le soleil se couche juste derrière le sommet le plus élevé, l'Apu Pumasillo.

— Donc, la pierre Intiwatana ne se trouve pas ici par hasard ?

— Non, les Anciens ont choisi son emplacement avec le plus grand soin. Dans la langue quichua, Intiwatana signifie « point d'attache du soleil ». On a longtemps pensé qu'il ne s'agissait que d'une horloge solaire, mais c'est bien plus complexe que cela, et le Chiffre le démontre. La pierre permettait aussi aux Incas de déterminer où le soleil se lèverait lors des solstices d'hiver et d'été et aux équinoxes. Tu ne peux pas la voir d'ici, mais l'Apu Salkantay, une autre montagne sacrée, se dresse précisément au sud de la pierre. Et le mot Salkantay provient du quichua *saliqa* qui signifie « sauvage » ou « invincible ».

— Je suppose que « le vol du condor », dit O'Connor, est la version inca de la ligne droite, et disons que huit mille cinq cent soixante pas, ça équivaut à peu près à huit kilomètres et demi... Si on se place au milieu de la pierre et qu'on vise dans la direction de Cuzco au sud-est, ça situe notre objectif à peu près ici.

Il indiquait une zone inaccessible au nord-est de la piste inca. Il consulta sa montre.

— Allons-y, dit-il. Huit kilomètres à vol d'oiseau en pleine montagne, ça fait une sacrée trotte. Il faudrait qu'on ait bien avancé d'ici ce soir.

Ils chargèrent leurs sacs à dos contenant le crâne inca et leurs sacs de couchage.

* * *

Le tueur envoyé par Wiley gardait ses distances. Il s'était mêlé à un groupe de touristes qui gravissaient avec peine l'abrupte voie en pierres disjointes. Devant eux, il le savait, il n'y avait qu'un seul chemin possible. Si ses cibles se lançaient sur la piste inca, il tiendrait enfin l'occasion qu'il guettait depuis si longtemps. Il ajusta les lanières de sa caisse de guitare et attendit avec patience que ses compagnons de marche achèvent leur pause.

* * *

O'Connor et Aleta atteignirent Intipunku, la porte du Soleil, et ils se retournèrent pour observer les ruines en contrebas et la route blanche tortueuse qui les reliait à Aguas Calientes à travers la forêt tropicale.

— Saisissant, non ?

Aleta écarta les bras comme pour s'offrir au chaud soleil de cet après-midi.

— Oui, approuva O'Connor, c'est très beau... mais il faut parfois se méfier des apparences.

Ses jumelles braquées, il scrutait le sentier et le groupe qui grimpait derrière eux. Il s'arrêta sur l'un des marcheurs. Les jeunes qui se trimbalaient avec une guitare et un sac à dos possédaient en général des étuis abîmés, cabossés et couverts d'autocollants.

— Pourquoi s'embarrasser d'une caisse de guitare flambant neuve quand on monte à la porte du Soleil ? se demanda-t-il à haute voix.

— Tu crois que ce n'est pas une guitare ?

— Tout est possible. Continuons et voyons si ce type nous suit.

Ils s'engagèrent sur le sentier encore plus étroit et plus abrupt qui descendait vers l'Urubamba. Profitant d'un virage soudain, O'Connor le quitta pour se cacher derrière un arbre, faisant signe à Aleta de l'imiter.

— Si on continue, on sera en terrain découvert et si ce type a bien un fusil à lunette dans cet étui, je préfère qu'on ne lui serve pas de cibles.

Ils n'eurent pas à attendre longtemps. Planqué derrière un cèdre, O'Connor ne tarda pas à voir un homme aux cheveux bruns et solidement bâti descendre vers eux en évitant visiblement de faire trop de bruit. Il était, bien sûr, toujours possible qu'il ne s'agisse que d'un innocent musicien qui avait décidé de s'accorder un moment à l'écart du groupe, mais il n'y avait qu'une seule façon de le savoir.

Enfilant une paire de gants, O'Connor vissa le silencieux sur son Glock. Il laissa l'inconnu passer avant de bondir sur le sentier juste derrière lui. L'autre se retourna, le fixa dans les yeux et, en un éclair, dégaina un couteau. O'Connor esquiva la lame du poignard qui siffla à quelques centimètres de sa gorge. Comprenant qu'il avait laissé passer sa chance, le tueur tenta néanmoins de libérer sa caisse de guitare. O'Connor l'abattit d'une balle dans le cœur. Le type s'écroula, mort avant d'atteindre le sol. O'Connor traîna son corps dans la jungle.

— Heckler & Koch à visée télescopique, annonça-t-il à Aleta quand elle le rejoignit.

Devant l'étui ouvert, elle frissonna malgré elle.

— Rien sur lui, reprit O'Connor après avoir fouillé toutes les poches du cadavre. Un professionnel.

Il poussa le corps et l'arme dans une crevasse qu'il recouvrit de feuillage.

— Avec un peu de chance, on aura filé depuis longtemps quand ils le retrouveront... à moins que les animaux ne le dévorent avant.

Ils reprirent leur route, longeant la rivière sur un kilomètre à peu près avant d'arriver sur un site de camping installé sous les ruines de Wiñay Wayna.

— Cet endroit a l'air presque civilisé, remarqua Aleta, j'imagine donc qu'on ne va pas s'y arrêter ?

— Tu as tout compris, répondit O'Connor avec un sourire. Mais tu peux utiliser les toilettes.

Ils continuèrent, grimpant d'un bon pas en terrain découvert jusqu'aux ruines de Phuyupatamarca, une spectaculaire série de terrasses en pierre bâties sur le flanc d'une montagne.

— Nous passerons la nuit ici, dit-il en conduisant Aleta vers l'endroit où la végétation était la plus dense.

— Un vrai cinq étoiles.

* * *

Ils se réveillèrent tôt le lendemain matin pour s'attaquer à l'ascension du col Runkurakay. À trois mille six cents mètres d'altitude, ils se trouvaient maintenant au-dessus des nuages qui scintillaient sous le soleil. Le paysage s'était transformé, et ils traversaient une espèce de toundra constellée de lacs minuscules qui s'étaient formés dans les dépressions du sol granitique. Parfois, ils apercevaient un viscache, un animal à fourrure semblable au lièvre, bondissant parmi les rochers au milieu d'orchidées rouges et blanches.

— C'est vraiment nu par ici, observa Aleta tandis qu'ils redescendaient vers la rivière Pacaymayo. Difficile d'imaginer qu'on ait pu y cacher quoi que ce soit.

— Mais regarde là-bas... dit O'Connor en lui montrant la vallée que le cours d'eau avait creusée entre les montagnes et qui s'éloignait de la piste. C'est là où nous allons.

— Bien sûr ! s'exclama-t-elle. Les Incas l'appelaient la Vallée cachée.

— D'après les photos satellite, ce n'est pas nu du tout. La végétation semble même très épaisse, pour ne pas dire impénétrable... Pas le genre d'endroit où on a envie de s'aventurer. Et donc le coin rêvé pour y cacher quelque chose.

Deux heures plus tard, il vérifia son GPS et ils quittèrent la piste en direction du nord-est. Ils suivirent la rivière sur près de deux kilomètres jusqu'à un ravin abrupt au pied d'un énorme pic de granit.

— Plus que trois cents mètres, à peu de chose près, annonça O'Connor avec un sourire en vérifiant à nouveau les coordonnées sur sa boussole. Mais trois cents mètres là-dedans.

Dégainant sa machette, il entreprit de leur tailler un passage dans la forêt tropicale. Soudain, Aleta le saisit par la manche.

— Attention ! fit-elle en le tirant en arrière de toutes ses forces.

O'Connor avait troublé le repos d'un petit serpent aux superbes écailles bleu-nuit striées d'anneaux couleur crème. Il était vraiment magnifique.

— *Micrurus annulatus*, dit Aleta. Un serpent corail annelé. Ne te fie pas à sa taille, il est mortel.

Ils attendirent sagement que le reptile s'éloigne avant de reprendre leur route.

La forêt se transforma rapidement en jungle qu'O'Connor taillait à coups de machette. Soudain, ils se retrouvèrent dans l'étrange pénombre d'une clairière s'ouvrant sous la canopée. Le tapis végétal en décomposition rendait le sol très mou sous leurs semelles et il leur fallait enjamber d'innombrables et minuscules cours d'eau. Soudain, Aleta trébucha sur quelque chose de dur.

— Qu'est-ce que c'est ? fit-elle avant de fouiller le paillis formé par le feuillage pourrissant depuis des siècles. Curtis !

Elle lui montra la pierre qu'elle venait de révéler.

Il vérifia son GPS.

— Selon ce machin, nous nous trouvons à quelques mètres à peine de l'endroit indiqué par le Chiffre.

Ils se mirent à gratter la couche de végétation pour dénuder d'autres pierres et ne tardèrent pas à se rendre à l'évidence : elles formaient une allée pavée.

— Regarde comme elles sont ajustées ! s'exclama Aleta. C'est sûrement du travail inca !

O'Connor se baissa pour mieux les examiner et, à cet instant précis, les pierres se mirent à bouger.

— Recule ! hurla-t-il tandis que le sol cédait sous ses pieds.

L'allée s'effondra dans un vacarme assourdissant. La terre s'ouvrit pour révéler un puits tapissé de pieux taillés en pointe. O'Connor parvint à stopper sa chute en saisissant une liane, mais Aleta n'eut pas autant de chance. Elle tomba. Dans un effort désespéré, il réussit à l'attraper sous l'aisselle. Sentant que la liane allait céder sous leurs poids réunis, il profita d'instinct de leur élan et jeta Aleta sur la terre ferme avant de la rejoindre.

— Les Incas ne voulaient vraiment pas qu'on trouve ce qu'il y a là-dessous, murmura-t-elle d'une voix étranglée.

— Ce qui veut dire qu'on est tout près, approuva-t-il en se relevant pour contourner le piège.

Quelques mètres plus loin, l'allée de pierre s'arrêtait brusquement au pied d'un rocher couvert de lichen.

— Pas si près, finalement... dit-il. Ce chemin ne mène nulle part.

* * *

Caché dans la jungle, le chaman Carlos Huayta adressa une prière silencieuse au cosmos. Les deux dont la venue était promise depuis si longtemps étaient-ils enfin arrivés ? Selon l'ancienne prophétie, ils devaient résoudre l'énigme seuls, sans aucune aide extérieure. Mais cet homme et cette femme avaient déjà surmonté de nombreux dangers et il avait envie de croire en eux. Il aurait aimé pouvoir leur porter assistance.

* * *

Après des heures de recherche, ce fut Aleta qui trouva l'indice décisif.

— Regarde, dit-elle en grattant la boue au bord d'un ruisseau pour faire apparaître ce qui ressemblait à des éléments de maçonnerie. C'est un disque inca !

Les pierres, toujours aussi parfaitement ajustées, formaient une sorte de petit chenal dans lequel l'eau coulait librement. Celle que montrait Aleta avait été taillée en cercle et était gravée de motifs décoratifs.

— Mais cette boue semble fraîche, dit O'Connor en s'agenouillant auprès d'elle pour l'aider. On dirait un système d'irrigation.

— Ce qui n'est pas très surprenant. Les Incas étaient de brillants ingénieurs. Ils ont construit un canal de huit cents mètres de long à Machu Picchu qui garantissait l'approvisionnement en eau de la cité et qui fonctionne encore de nos jours. Mais pourquoi installer un système de pompage ici ?

— Et pourquoi y a-t-il un second canal ? marmonna O'Connor en contemplant l'installation. Donc, si ce truc se tourne...

Il appliqua une légère pression et la pierre en forme de disque pivota facilement, redirigeant l'eau vers l'autre chenal dans lequel elle s'engouffra avant de s'enfoncer en gargouillant dans un tunnel souterrain. Au bout d'un moment, un bruit étouffé monta du sol.

— Je sais ce que c'est ! s'exclama Aleta. Les premières civilisations possédaient une connaissance très fine de l'hydraulique et les Incas ne faisaient pas exception. Il doit s'agir d'un bélier. Si je ne me trompe pas, il y a deux valves là-dessous et le poids de l'eau va en fermer une pour ouvrir l'autre, ce qui va lui permettre d'inonder une chambre où l'air va se comprimer. La pression engendrée devrait être considérable et...

Elle ne termina pas sa phrase car la terre se mettait à trembler. Ils reculèrent précipitamment tandis qu'une pierre de la taille d'une petite porte glissa dans un logement taillé dans la paroi de granit, révélant l'entrée d'un tunnel. O'Connor attendit un moment avant de sonder l'ouverture avec un bout de bois. Aucun piège ancestral et mortel ne se déclencha. Dans le silence qui suivit, seuls retentissaient sous leurs pieds quelques gargouillements.

— J'imagine que tant que l'eau est déviée dans la chambre souterraine, la pierre restera ouverte, dit-il en braquant le rayon de sa torche vers l'ouverture.

Ils s'y engagèrent prudemment, l'un derrière l'autre, s'enfonçant sous la montagne.

— Des lampes, dit O'Connor en montrant des poteries gravées encore remplies d'huile.

Une centaine de mètres plus loin, ils se retrouvèrent à nouveau face à un mur.

— Il doit bien y avoir un moyen... marmonna O'Connor en balayant la surface de granit avec le rayon de sa torche. Tu te souviens de cette phrase bizarre dans le Chiffre ? « À travers l'or et l'obsidienne, tout sera révélé » ? Il faut bien qu'elle ait un sens…

— Là-haut, dit Aleta, il y a quelque chose qui brille.

Il braqua sa lampe vers l'objet noir et luisant reposant dans une niche taillée dans la paroi. Il tendit la main avec prudence.

— On dirait une sorte de statuette, mais elle ne bouge pas… Attends, il y a un levier derrière.

Ils reculèrent à nouveau tandis que le rocher massif devant eux glissait silencieusement sur le côté.

Aleta poussa un cri. Un roi momifié les fixait depuis son trône.

— Mon Dieu ! Un tombeau inca !

— Et apparemment intact après tous ces siècles.

Redoutant toujours un piège, O'Connor fit courir sa machette tout autour de l'entrée. Mais rien ne vint troubler la quiétude de ces lieux.

— Et regarde ! s'exclama à nouveau Aleta. À ses pieds… le deuxième crâne !

Ils le contemplèrent un instant à la lueur de leurs deux torches avant de remonter vers l'ancien roi.

— Qui est-ce, d'après toi ? demanda O'Connor.

— Il faudrait que je l'examine un peu mieux mais, d'après ses vêtements et même dans cet état, je dirais qu'il s'agit de Pachacuti Yupanqui. Il est mort en 1472 et sa tombe n'a jamais été retrouvée.

O'Connor émit un petit sifflement.

— Donc, cette sépulture a plus de cinq cents ans. Maintenant, je sais ce que Howard Carter a éprouvé en découvrant le tombeau de Toutankhamon.

— Espérons juste que nous ne connaîtrons pas le même sort, dit Aleta, éclairant les niches remplies de statues en or ou en argent massifs, les urnes débordant d'émeraudes et de turquoises, les pierres de la royauté inca.

Une alcôve, à l'écart des autres, ne contenait qu'une simple poterie. Intriguée, Aleta passa derrière les restes momifiés du souverain.

— Viens voir un peu ça, dit-elle à O'Connor. Ça ne ressemble pas au reste.

Il tâta la base de l'urne, y cherchant la présence d'un plateau à pression, avant de la soulever délicatement pour la poser à terre. Soudain, une étrange lueur bleue apparut à l'intérieur du crâne de cristal. Trop occupés par leur nouvelle découverte, O'Connor et Aleta ne la remarquèrent pas. Plongeant les doigts dans l'urne avec d'infinies précautions, la jeune femme en retira deux paquets enveloppés dans du cuir. Le premier contenait une tête de puma en or massif, le second une ancienne carte.

— Une tête de puma – sûrement celle de la prophétie ! Et une carte montrant l'emplacement de la cité perdue ! s'exclama Aleta au comble de l'excitation.

— Oui, avec une référence au zénith et une représentation du crâne de cristal. On dirait bien le bassin amazonien, mais regarde un peu ça. C'est très bizarre : cette carte comporte des coordonnées de latitude et de longitude. Un système que les Incas ne connaissaient pas.

— Ne les sous-estime pas, dit Aleta, c'étaient d'excellents astronomes. Ceci dit et avec tout le respect que je leur dois, cette carte n'est sans doute pas inca. Quelqu'un d'autre connaît cet endroit. Ce système hydraulique fonctionne à merveille... Il a dû être entretenu et je pense même qu'il a été utilisé récemment.

— Oui, c'est évident... Pourtant, ce tombeau est en parfait état. Il n'a été ni pillé, ni vandalisé, ce qui signifie que ceux qui sont venus, ou qui viennent encore ici, respectent ce lieu. Des chamans... Tu te souviens de celui dont parlait Gonzáles ? Ce Huayta ?

— Oui, je suppose que c'est possible, dit-elle. Quant au zénith, Gonzáles avait raison. Tout comme les Mayas, les Incas accordaient une grande importance aux solstices et aux équinoxes, mais ce dessin ici en est une confirmation.

— Le soleil se trouve exactement à la verticale, acquiesça O'Connor. Il nous reste donc moins d'une semaine, et si les précisions qui figurent au bas de cette carte sont exactes, il va nous falloir un peu d'aide pour y arriver. Il est temps de retrouver Huayta le chaman.

49

Cuzco, Pérou

— Le *señor* Huayta est seul ? demanda O'Connor.

Un peu plus tôt dans la soirée, ils avaient trouvé un petit hôtel à Cuzco, y avaient déposé leurs bagages avant de sortir dîner. De retour dans leur chambre, un appel de la réception venait de les informer que le *señor* Carlos Huayta attendait en bas dans l'espoir de les rencontrer. O'Connor était très curieux de savoir comment le chaman était parvenu à les retrouver.

— D'accord, faites-le monter, dit-il avant de se tourner vers Aleta. Quand il frappera, ouvre la porte, mais reste de côté. Si ça s'avère nécessaire, je dois pouvoir tirer.

— Tu penses que c'est un piège ?

— On ne va pas tarder à le savoir.

Le coup sur la porte était ferme et assuré. Aleta ouvrit et s'écarta aussitôt.

Sur le seuil, Carlos Huayta fixa O'Connor qui le tenait en joue avec son Glock 21.

— Vous avez raison de vous montrer prudent, *señor* O'Connor, mais vous pouvez ranger cette arme. Je n'en ai pas, moi-même. Vous pouvez me fouiller, si vous le désirez.

— Veuillez pardonner cet accueil, mais il semble que nous ne manquions pas d'ennemis, dit O'Connor, renonçant à palper le chaman. Voici le docteur Aleta Weizman.

— Ah, oui, l'archéologue mondialement connue. C'est un grand plaisir, *señora.* Et mes félicitations pour avoir retrouvé les deux premiers crânes de cristal. Malgré tous ces ennemis, vous êtes déjà arrivés beaucoup plus loin que tous ceux qui vous ont précédés. Puis-je voir les crânes ?

— Comment savez-vous que nous les avons et comment nous avez-vous retrouvés ? demanda O'Connor.

— Vos ennemis ne sont pas les seuls à vous suivre, *señor.* Quant aux crânes, le chamanisme est un art obscur.

— Mouais... grommela O'Connor. Ces crânes, aussi beaux et importants soient-ils, attirent les ennuis comme la bouse attire les mouches.

Il hocha la tête en direction d'Aleta et celle-ci alla les récupérer dans la penderie.

— Ils ne sont pas très différents du crâne Mitchell-Hedges, dit-elle en les plaçant côte à côte avant de reculer.

Une étrange énergie semblait émaner de chaque artefact.

— Oui, ils sont impressionnants à regarder, mais l'essentiel, ce sont les informations qu'ils contiennent, dit Huayta. Pour le moment, vous n'avez accompli que les deux tiers de votre tâche.

— Donc, le message du crâne Mitchell-Hedges était exact, répondit Aleta. Il nous faudra les trois ?

Huayta acquiesça.

— L'énigme a été créée il y a très longtemps. Ces crânes sont même antérieurs à la civilisation égyptienne, et maintenant que vous en avez récupéré deux, il vous faut trouver le dernier. Décrypter le Chiffre n'était qu'une première étape.

O'Connor et Aleta échangèrent un regard. Le thème d'une mission prédestinée était récurrent chez les chamans mayas et incas.

— Nous avons découvert une carte qui semble indiquer l'emplacement de la cité perdue de Païtiti, dit O'Connor qui avait décidé de faire confiance à cet inconnu. Mais j'ignore si c'est là que nous trouverons le troisième crâne. J'ai examiné les cartes satellite et c'est une zone très reculée d'Amazonie, continua-t-il.

— Oui. Beaucoup d'explorateurs ont disparu en recherchant Païtiti, dit Huayta. Ainsi, en 1970, un journaliste américain accompagné de deux Français a été assassiné durant une expédition ayant pour but de retrouver la cité perdue. Mais mieux vaut commencer là où tout a démarré. La Coricancha n'est qu'à deux pas d'ici.

* * *

— Coricancha signifie l'« enceinte d'or » en quichua, expliqua Huayta tandis qu'ils pénétraient dans le Couvent Santo Domingo ou Notre-Dame-de-l'Assomption, construite sur l'emplacement de la Coricancha.

Après avoir démantelé la plus grande partie du temple inca, les Espagnols avaient bâti leur nouvelle église sur ses fondations.

— C'était ici que les Incas conservaient leur objet le plus sacré, un Disque solaire en or massif incrusté de pierres précieuses représentant le Soleil, expliqua Huayta en montrant les trous dans les poutres au-dessus de leurs têtes. Le disque était suspendu au toit avant que le temple ne soit abattu. Les Incas avaient recouvert les murs sud de feuilles d'or massif qui reflétaient les rayons du soleil et illuminaient la grande salle, mais quand Pizarro a mis la capitale à sac en 1533, les Espagnols ont arraché l'or – environ deux tonnes auxquelles s'ajoutaient des statues et des épis de maïs en or massif eux aussi provenant d'un jardin ornemental – et l'ont fondu pour en faire des lingots qu'ils ont expédiés en Espagne.

— Donc, les récits d'un fabuleux trésor qui aurait été déplacé à Païtiti ne sont que des mythes ? demanda Aleta.

Huayta secoua la tête.

— Oh, non, loin de là. Quand les Espagnols ont débarqué, les Incas ont réussi à sauvegarder le Disque solaire ainsi qu'une grande quantité d'or, d'argent et de joyaux. Beaucoup ont fui dans la jungle où ils ont bâti la cité de Païtiti. Il y a un tunnel qui part d'ici, sous la Plaza de Armas, et qui va jusqu'à Sacsayhuamán, l'ancienne forteresse inca sur la colline qui domine Cuzco, expliqua-t-il. Il ne s'agit pas d'une simple forteresse, à vrai dire, mais d'un lieu spirituel, doté d'une signification plus profonde que nous commençons seulement à entrevoir. Voyez-vous, la capitale, Cuzco, a été dessinée selon la forme d'un puma et Sacsayhuamán en représente la tête. Il y a peu de doute que les Incas se soient servis de ce tunnel comme d'un moyen d'évasion vers Païtiti.

— Donc, cette cité existe bien ? s'enquit Aleta.

— Elle existe, confirma Huayta en baissant la voix. Mais, comme l'indique votre carte, elle se trouve dans une contrée inaccessible.

— Une chose m'intrigue, dit O'Connor. Vous semblez savoir où se trouve cette cité perdue, mais alors pourquoi personne d'autre n'est-il parvenu à la trouver ? Et vous-même n'avez jamais tenté de révéler son existence. Pour quelle raison ?

— Avec les siècles, la jungle amazonienne a pris possession des lieux, comme ça a été le cas avec les pyramides mayas et le Machu Picchu. Quant à révéler son existence, rares sont ceux qui ont hérité de la sagesse des Anciens, dit Huayta. Si j'avais montré les deux crânes de cristal qui se trouvaient encore en terre inca, le Vatican aurait nié l'existence du troisième et les médias auraient présenté mon histoire comme une sorte de conte ou de canular. Mais, surtout, l'avertissement aurait été ignoré. Et, sans vouloir vous faire offense, docteur O'Connor, il vaut beaucoup mieux que cette découverte soit annoncée par une scientifique aussi réputée que le docteur Weizman plutôt que par vous ou par moi.

— Je vois que vous avez fait vos devoirs, répliqua O'Connor avec un sourire. Ça fait un moment qu'on ne m'a pas appelé « docteur ».

— Une licence avec mention en chimie au Trinity College de Dublin et un doctorat sur les effets des virus mortels et des armes biologiques. Vous avez raison, docteur O'Connor, nous avons vérifié.

Ce dernier hocha la tête.

— Nous allons avoir besoin de guides, de provisions et d'un moyen de transport, dit-il.

— Vous pourrez utiliser un véhicule jusqu'à Itahuania, mais il n'y a qu'un seul moyen de pénétrer dans la jungle amazonienne, et c'est à pied, dit Huayta, à moins que vous ne puissiez disposer d'un hélicoptère. Ce qui serait inutile, à mon avis. Personne n'a jamais découvert une ruine perdue dans la jungle depuis les airs. Et je peux vous assurer que ce serait encore plus difficile avec Païtiti. Hiram Bingham a retrouvé Machu Picchu seulement parce qu'il s'est frayé péniblement un passage pendant des jours et des jours. D'autres sites comme Gran Pajatén, Espiritu Pampa et Gran Vilaya, qui ont tous été découverts au cours des cinquante dernières années, l'ont été par des explorateurs dans la jungle. Mais mon peuple peut vous fournir ce dont vous aurez besoin. Ce sont des hommes dignes de confiance, ils connaissent le terrain et ils parlent la langue.

Toujours sur ses gardes, O'Connor pensa au tueur qu'il avait éliminé sur la piste inca. Quelqu'un, ici, les avait trahis.

— Vous viendrez avec nous ? demanda Aleta.

— Avec grand plaisir, même si vous seuls découvrirez le dernier crâne, déclara Huayta avec un sourire énigmatique. Il semble que le moment soit enfin venu, mais je dois vous prévenir : la route qui nous attend est extrêmement périlleuse et le zénith est dans six jours seulement. Il vous faudra affronter les jaguars, les anacondas et beaucoup d'autres serpents mortels, comme le fer de lance et le shushupe, mais le plus grand danger vous attend sans doute au bout de votre voyage : l'Inca a veillé à ce que la ville elle-même soit férocement protégée… même après l'effondrement de sa civilisation.

Aleta sentit un frisson lui parcourir le dos.

* * *

Le convoi des cinq vieux Toyota Prada, des véhicules tout-terrain, avec tout l'équipement pour l'expédition chargé sur le toit, quitta Cuzco. Monsignor Jennings le suivit à distance, conscient qu'il ne pourrait pas continuer très longtemps. La circulation n'allait pas tarder à se réduire et rendrait son véhicule trop repérable. Ils roulaient vers le sud-ouest sur la Via Expressa qui passait près de l'aéroport. Vingt kilomètres plus loin, à la petite ville d'Andahuaylillas, les 4 x 4 obliquèrent vers l'ouest. De chaque côté de la vallée, les pics volcaniques des Andes se perdaient dans les nuages, mais à partir d'ici, le nombre de routes possibles était très limité. Au bout de cinq kilomètres, ils tournèrent vers le nord sur l'unique voie menant à Paucartambo. Satisfait de savoir quelle direction ils empruntaient, Jennings fit demi-tour. Dès qu'il fut à Cuzco, il envoya un texto au cardinal Felici :

> O'Connor et son groupe partis vers Paucartambo, route unique qui va ensuite à Shintuya et Itahuania. Un des guides travaille pour nous. Il est équipé d'un système de communication par satellite.

* * *

Plus tard cette nuit-là, Jennings se doucha, se changea et se rendit en taxi dans son night-club préféré dans San Sebastian. Le quartier était un des plus durs de la ville et, en dépit des efforts des autorités péruviennes, la prostitution enfantine y prospérait. Jennings ignora les signes et les saluts des *bricheras,* ces jeunes garçons qui offraient leurs services pour une centaine de soles, tandis que son chauffeur continuait dans une ruelle étroite en terre battue pour le déposer devant El Buceo.

— *Señor... bienvenido,* dit le videur avant d'empocher les cinquante soles que lui offrait Jennings. Ricardo vous attend.

Dès qu'il franchit la porte, le cœur de Jennings s'accéléra. Des flashes de lumière stroboscopique éclataient sur la peinture pelée des murs tandis que de très jeunes hommes en maillots de corps moulants et jeans serrés se déhanchaient sur la piste de danse. Le barman s'épongea le front avant de jeter son shaker à cocktail en l'air puis de le rattraper d'une main experte. Découvrant Jennings, il le salua et alla chercher sa bouteille de scotch personnelle.

50

Quartier général de la CIA

Wiley se rua dans la salle opérationnelle de la Task Force Inca.

— Appelez-moi Lima, ordonna-t-il à Becker.

Il ne fallut pas longtemps à Megan pour afficher Tête au carré sur l'écran. Le chef de station semblait toujours aussi nerveux.

— Maintenant, écoutez-moi, aboya Wiley. Toutankhamon et Néfertiti se dirigent vers Itahuania dans le bassin amazonien. L'USS *Harry S. Truman* est en train de quitter Chiclayo. Son signal d'appel est Lone Warrior, et trois Sea Hawk de la Navy sont à bord avec des équipes du Special Operations Group, Reyes. J'arriverai sur place à 16 heures aujourd'hui.

— Vous venez ici... monsieur ?

— Je reprends les commandes de ce bordel, Reyes. Vous avez assez merdé comme ça. Désormais, c'est moi qui serai sur le pont.

Becker observait cet échange avec intérêt. Elle ne manquerait pas de transmettre cette information à Lauren Crawford à la première occasion. Hormis pour des réunions ultrasecrètes avec ses *alter ego* des services étrangers, un DAO ne s'aventurait jamais sur le terrain et encore moins pour y diriger une opération. Pourtant, Wiley s'était déjà rendu à Tikal au Guatelama quand Rodriguez y était chef de station. Et voilà qu'il recommençait.

— Je préviens immédiatement l'ambassadeur, monsieur.

— Putain, Reyes ! L'ambassadeur n'est pas accrédité pour l'opération Inca, alors contentez-vous de lui dire que je viens faire un tour dans son pays de merde. Éteignez ça, ordonna-t-il en se tournant vers Becker.

Le visage de Reyes disparut et Wiley s'adressa aux autres membres de la Task Force.

— Toutankhamon n'en sait rien, mais un membre de son groupe est en contact radio. Je veux que ce signal, conclut-il après avoir donné les détails à Davis, soit surveillé vingt-quatre heures sur vingt-quatre.

Becker se demanda à nouveau quelle était sa source si bien informée.

51

Bassin de l'Amazonie, Pérou

O'Connor vérifia une nouvelle fois qu'ils n'étaient pas suivis. La route derrière eux était déserte. Conduisant le véhicule de tête, avec Aleta, Huayta et un guide local, il ralentit en abordant un virage. Bientôt, apparut Paucartambo avec ses eucalyptus et ses palmiers, ses bâtisses passées à la chaux avec leurs toits de tuiles et leurs balcons en bois peints dans des tons très vifs. Les rues pavées étaient étroites et le marché bondé. O'Connor dut s'arrêter pour laisser passer un troupeau de lamas traversant un vieux pont de pierre sur une rivière aux eaux vives. Le village franchi, ils se lancèrent sur une route tortueuse qui partait à l'assaut de la brume sur la montagne. La chaussée était en très mauvais état et, plus d'une fois, O'Connor dut enclencher les quatre roues motrices pour franchir des ruisseaux qui alimentaient le puissant rio Alto Madre de Dios. À chaque rivière traversée, ils devaient attaquer une nouvelle pente dans la forêt tropicale sur l'autre rive avant de redescendre un autre ravin embrumé.

— Heureusement que ce n'est pas la saison des pluies, observa O'Connor tandis qu'il maîtrisait le Toyota qui partait en dérapage.

L'eau arrivait au sommet des pneus.

Huayta sourit.

— On pourrait encore passer… mais en rafting et à pied.

O'Connor franchit le cours d'eau pour s'engager à nouveau dans la jungle où ils devaient rouler plus lentement encore. Une bande de singes hurleurs se balançait de liane en liane, alertant bruyamment les autres habitants de la forêt de l'approche de ces intrus. Deux aras jaune et bleu prirent leur envol tandis qu'un colibri planait au-dessus d'une superbe orchidée pourpre, ses ailes battant au rythme fantastique de soixante-dix coups par seconde. Au sommet d'une crête perdue dans la jungle, ils découvrirent le village de Shintuya. Là, la route obliquait vers le sud, s'enfonçant encore plus profondément dans la forêt tropicale. L'après-midi s'achevait quand ils atteignirent la fin de la piste carrossable à Itahuania.

— À partir d'ici, on continue à pied, déclara O'Connor en s'étirant les jambes. On va camper au bord de la rivière.

* * *

Tandis que les guides préparaient le campement et allumaient un feu pour le dîner, O'Connor décida de faire un tour. Devant un des bars du village, il remarqua une Jeep rutilante. Un engin pareil ne collait pas dans ce décor, pas dans un village aussi reculé et aussi pauvre. À l'intérieur du bar, les gens du coin se réchauffaient. La Cusqueña, la bière péruvienne, coulait à flots et deux hommes et une femme munis de guitares et d'une flûte de pan jouaient avec ferveur. O'Connor commanda un Inca Kola en faisant mine d'écouter la musique. L'homme qu'il avait repéré, un brun, solidement bâti, était assis seul dans un des trois vieux box en bois.

— On a à nouveau de la compagnie, annonça-t-il à Aleta quand il revint au campement.

— Merde.

Ce n'était pas la première fois qu'il l'entendait jurer, mais c'était assez rare chez elle. Ces attaques constantes commençaient visiblement à lui taper sur les nerfs.

— Ce type n'est pas une lumière. On ne voit que sa bagnole dans tout le village. Il ne devrait rien tenter avant le milieu de la nuit mais, par précaution, tu ferais mieux de dormir dans le Toyota.

Peu après, le campement commença à s'assoupir. O'Connor, sachant que le tueur de Wiley ne devait pas être loin, se planta devant sa tente, lui laissant tout le temps de l'identifier et de savoir où le trouver. Il s'étira, bâilla et rentra, refermant les rabats derrière lui avant de ramper sous la toile par l'extrémité opposée. Continuant à se déplacer à plat ventre, il se faufila derrière quelques troncs morts pour gagner la lisière de la clairière. Il vissa le silencieux sur son Glock et attendit.

Il était près de minuit quand l'homme se décida à passer à l'action. O'Connor le repéra à l'autre bout du campement : une silhouette sombre se déplaçant avec précaution. Un reflet au bout de son bras lui apprit qu'il était armé d'un poignard. O'Connor attendit qu'il pénètre dans la tente avant de se mettre lui-même en mouvement. Mais, quand le tueur réapparut, visiblement perplexe, dix mètres les séparaient encore. L'autre lança son couteau qu'il esquiva sans peine. Le tueur tenta de dégainer son pistolet. O'Connor l'abattit d'une seule balle.

Malgré le silencieux, la détonation assourdie résonna dans la nuit, mais nul ne bougea dans le camp. Il ne trouva sur le cadavre qu'un Ruger P94. Aucun papier. Plaçant le corps sur son épaule, il gravit un talus au sommet duquel deux gros camions forestiers étaient garés, chargés de cèdres à destination de Cuzco. O'Connor rampa sous l'un des véhicules et enleva l'énorme roue de secours pour la remplacer par le cadavre. Il prit néanmoins la peine de hisser la roue à l'arrière avec le chargement.

Quand il secoua gentiment Aleta, celle-ci se réveilla en sursaut, toujours aussi anxieuse.

— Quoi ?

— Tout va bien. Ne t'inquiète pas. Tu n'es pas très bien installée ici et on a une longue marche demain. Ton matelas gonflable t'attend dans la tente.

— Il est parti ?

— On peut dire ça comme ça.

O'Connor récupéra quelques outils dans son sac à l'arrière du 4 x 4 avant de raccompagner Aleta.

— Il n'y a plus rien à craindre maintenant. Essaie de dormir. Je ne vais pas tarder.

La Jeep se trouvait toujours devant le bar, là où l'avait laissée le tueur. Un chat sauvage rôdait mais il était bien le seul. Tout le village dormait. O'Connor enfila ses gants et inséra un bout de bois entre la portière et la fenêtre, puis dans cet interstice un sac en plastique qu'il gonfla rapidement, créant ainsi une fente suffisamment large. À l'aide d'un crochet en plastique, il souleva le loquet de la portière. Il fouilla la boîte à gants, empocha le portefeuille du tueur et son téléphone portable avant de s'intéresser à une grosse caisse en aluminium posée à l'arrière.

Il brisa la serrure. Quand il ouvrit le couvercle, un petit sifflement lui échappa. Il y avait là six mines Claymore, des fils-pièges, des fusées éclairantes, ainsi que des détonateurs, des cordons de mise à feu et des « clackers », ces détentes en plastique qui permettent de déclencher une capsule explosive pour faire sauter la mine. Les Claymore contenaient plus de sept cents billes d'acier tassées devant du C-4 et elles étaient mortelles à plus de cinquante mètres. Les militaires en avaient fait un usage intensif au Vietnam mais pourquoi, se demanda O'Connor, un tueur à la solde de Wiley se serait-il donné la peine de s'en procurer et de les amener ici ? À moins que... Il s'empara d'un grand sac à dos posé sur le sol de la Jeep, le vida de ses rations et autres équipements de camping pour les remplacer par les mines, les fusées et les fils-pièges.

* * *

— Quel ordre de marche voulez-vous adopter ? demanda Huayta.

O'Connor venait de lui faire un résumé de ses activités nocturnes.

— Lequel des guides connaît le mieux la région ?

Huayta se retourna pour appeler l'un d'entre eux.

— Les ancêtres de Renzo appartenaient au peuple machiguenga, dit Huayta en lui présentant un jeune homme petit et robuste.

Renzo ne devait pas avoir plus de vingt-cinq ans, estima O'Connor, mais il semblait beaucoup plus âgé. Son épaule droite portait les cicatrices d'un combat avec un jaguar et il lui manquait deux incisives.

— *¿Usted busca Paititi ?* Vous cherchez Païtiti ?

C'était une observation, plus qu'une question, livrée avec un sourire.

— Vous pensez que nous pourrons la trouver ? demanda O'Connor.

Renzo haussa les épaules.

— Beaucoup ont déjà essayé, dit-il, mais pour vous, nous ferons de notre mieux.

— Merci, répondit O'Connor. Renzo passera devant, dit-il en se tournant vers Huayta, et je le suivrai. Aleta et vous, vous pouvez rester au milieu de la colonne. Il nous faut quelqu'un de confiance pour fermer la marche.

Devant l'air perplexe du chaman, O'Connor s'expliqua :

— Il devra s'assurer que nous ne sommes pas suivis. Nous nous sommes sans doute donné un peu de temps en éliminant ce dernier tueur, mais on peut compter sur Wiley : il nous retrouvera.

Huayta se tourna vers ses hommes. Juan Carlos, un membre de l'équipe plus âgé, se porta volontaire pour la mission.

O'Connor calibra sa boussole GPS. La carte de base pour cette région du monde n'était pas particulièrement détaillée et les guides locaux se débrouilleraient beaucoup mieux que n'importe quel engin électronique, mais l'altimètre était en ligne et les satellites fournissaient une précision de localisation de l'ordre du mètre. Ceci fait, il ajusta son pointeur de géocaching, une grosse flèche rouge qui pointait vers les coordonnées révélées par le document qu'ils avaient trouvé dans le tombeau inca. Ce pointeur secondaire, il le savait, leur indiquerait s'ils se détournaient de la route fixée et, sur ce terrain, cela allait leur arriver souvent.

— Pendant les premiers jours, nous pourrons suivre un sentier dans la jungle, annonça Huayta, mais après cela, ce sera à vous de jouer.

Ils partirent en file indienne, dans l'étrange lumière voilée de la forêt amazonienne. Mou sous leurs pieds, le tapis de feuilles émettait une odeur de moisi. Il y avait assez de place entre les énormes racines des immenses ceibas qui crevaient le toit de la canopée pour loger une petite voiture. Des figuiers et des noyers du Brésil donnaient naissance à des fontaines de lianes qui se déversaient sur les cèdres, les sapotilliers et les balsas. Plus bas, palmes, fougères, mousses et orchidées se disputaient le peu de place disponible sous les cris d'une bande de singes-araignées se balançant de branche en branche. Une nuée de perruches à collier rouges et vertes jacassaient bruyamment et un toucan avec son bec rouge, noir et jaune risqua sa tête à travers le trou dans un tronc. Bien plus haut, invisible pour O'Connor et son groupe, un immense condor planait sur les courants thermiques.

52

Moins de vingt-quatre heures les séparaient du zénith et la jungle semblait impénétrable. Renzo et O'Connor se frayaient un chemin à grands coups de machette à travers les épaisses broussailles qui avaient envahi une ancienne piste longeant une crête. Au loin, une montagne perdue se dressait dans la brume. Soudain, O'Connor s'immobilisa pour tendre l'oreille. Le bruit était faible, mais il le reconnut aussitôt. Se dissimulant sous un arbre pour braquer ses jumelles, il ne tarda pas à le repérer : le point noir là-bas très haut qui se déplaçait au-dessus de la canopée. L'hélicoptère Iroquois venait dans leur direction. Soudain, l'engin plongea et disparut dans un petit ravin. Le régime des moteurs changea.

— Qu'est-ce qu'un hélicoptère vient faire ici ? demanda Aleta en soulevant sa chemise trempée de sueur qui lui collait à la peau.

— On se le demande, dit O'Connor. Mais ce qui m'intrigue, ajouta-t-il en se tournant vers Huayta, c'est comment Wiley parvient-il toujours à nous retrouver, même dans un coin aussi paumé. Tous les guides sont là ?

— Tous sauf Juan Carlos... Il est reparti en arrière pour aller aux toilettes. Maintenant que j'y pense, ajouta Huayta d'une voix plus sourde, il a aussi fait ça hier et avant-hier.

Le visage d'O'Connor changea d'expression. Dans la jungle, personne ne quitte jamais le groupe.

— Bon, on s'occupera de lui plus tard. Si j'en juge d'après le bruit des rotors, ils ont trouvé une clairière où ils ont dû atterrir... selon moi, à un kilomètre devant nous, avant cette montagne là-bas. Et je suis prêt à parier que notre piste y mène tout droit.

— Combien sont-ils, d'après vous ?

— En plus de son équipage, un Iroquois peut embarquer dix hommes. Ils sont donc plus nombreux que nous et ces gars ont sûrement reçu l'ordre de tirer à vue. Mais, même s'ils savent où nous sommes, ils ne sont pas certains que nous les avons entendus arriver. On va utiliser ça à notre avantage. Installez le camp ici. Je vais faire une reconnaissance.

Cinq cents mètres plus loin, O'Connor trouva la configuration de terrain qu'il recherchait. La piste sur la crête contournait une étroite gorge tout en passant sous un aplomb rocheux.

— L'un de vos hommes s'est-il déjà servi d'une arme à feu ? demanda-t-il à Huayta quand il fut de retour.

Le chaman secoua la tête.

— Mais moi, oui, ajouta-t-il.

— Il fera nuit dans une demi-heure, il faut donc agir vite. Quand ces types vont venir, je veux leur donner l'impression que nous ne nous doutons de rien. Allumez un feu et une radio. Qu'ils entendent de la musique.

O'Connor guida Aleta et Huayta vers le lieu de l'embuscade où il posa les six mines Claymore dans les fourrés, sur le côté le plus élevé de la piste. Ceci fait, il ramena les cordons de mise à feu vers la position qu'il avait choisie pour lui-même, sur l'aplomb qui dominait le centre de la zone. Préférant toujours son Glock, il confia l'Uzi à Huayta et lui demanda de se poster au-dessus du sentier, après la dernière mine, en direction du camp. L'endroit était idéal, masqué par des fougères et permettant à Huayta de faire feu dans l'axe du chemin et non en travers.

— Les militaires appellent ça un tir en enfilade, expliqua-t-il. Je vais placer un fil-piège juste devant vous, ce qui vous donnera la lumière nécessaire pour descendre le premier qui posera le pied dessus. Je ferai aussitôt sauter les mines et je veux que vous vidiez tout votre chargeur sur la piste, mais veillez à tirer plutôt sur la droite et à éviter ce grand noisetier du Brésil là-bas, vous pourriez toucher Aleta. Attachez ça à votre poignet, ajouta-t-il en lui tendant l'extrémité d'un cordon. Deux secousses, ça veut dire qu'ils arrivent.

O'Connor rejoignit rapidement la position où il avait laissé Aleta, dominant l'autre virage de la piste.

— Huayta est là-bas, parmi ces fougères, alors vise plutôt à gauche. J'ai placé un piège lumineux près de lui, donc, à moins que ces types ne se déploient, quand ils le déclencheront, ils devraient tous se trouver dans la zone idéale. Tu auras une ligne de feu dégagée. J'ai installé une fusée éclairante juste devant toi qui partira au moment où les mines exploseront. Comment tu te sens ?

Aleta hocha la tête, le cœur battant déjà à tout rompre.

— Ce n'est pas vraiment le genre de truc qu'on m'a enseigné à la fac.

Ce fut au tour d'O'Connor d'acquiescer, conscient de l'énorme responsabilité qu'il lui confiait.

— Tire sur ce cordon deux fois quand tu les entendras approcher. On va faire de toi une vraie *guerillera* !

Aleta grimaça, mais elle était bien décidée à remplir son rôle.

O'Connor vérifia encore une fois sa position ainsi que celle de Huayta, s'assurant qu'on ne pouvait les voir depuis la piste. Satisfait, il installa le piège lumineux, plaça les détonateurs dans les Claymore et prit son propre poste. L'attente commença. Dans l'air frais de la jungle, les échos lointains de la radio lui parvenaient du campement. Formé au combat aussi bien en milieu urbain que dans la jungle, il avait été entraîné à utiliser ses cinq sens et, même à cette distance, il parvenait à détecter la très légère odeur de feu. Bien. Les gorilles de Wiley, il l'espérait, ne se douteraient de rien. Soudain, il perçut un mouvement derrière lui. Le bruit, une sorte de froissement furtif, était tout proche. Il brancha le rayon rouge de sa torche et se leva très lentement.

Même dans la faible lueur, le serpent était parfaitement reconnaissable. Des taches noires triangulaires couraient sur toute la longueur de son corps épais et brun. À vue d'œil, il devait faire plus de trois mètres et O'Connor savait que la moindre morsure serait fatale. La plus grande vipère du monde, un grage à grands carreaux aussi appelé le « maître de la brousse », avait bien choisi son moment pour partir à la chasse. Ses longs crocs étaient comme des seringues hypodermiques, injectant à ses victimes de copieuses quantités de venin qui détruisaient les globules rouges, provoquant des hémorragies et, au bout du compte, la destruction des organes internes. O'Connor respira un bon coup. Il renonça à utiliser son silencieux, préférant marteler le sol du talon. Les reptiles, il le savait, étaient sourds, mais la plupart évitaient les contacts avec les humains et préféraient s'éloigner des sources de vibrations. Celui-ci glissa silencieusement vers la piste au moment même où O'Connor sentit les deux secousses du cordon d'Aleta. Il maudit le serpent et son sens du timing avant de répéter le signal pour Huayta. Une série de chocs au son très mat retentit. Quelqu'un se servait d'une machette. Les agents de Wiley approchaient et le grage s'était immobilisé en plein milieu de la piste. S'ils le voyaient, ces types allaient sûrement abandonner le chemin et tous ses préparatifs ne serviraient à rien.

Aleta se forçait à rester calme. Elle enleva sans bruit le cran de sûreté du Socimi et attendit, se demandant comment il était possible que personne n'entende les battements de son cœur. Une première silhouette dépassa sa position, puis une seconde. Elles étaient si proches qu'elle aurait presque pu les toucher en tendant le bras. Pendant un bref instant de panique, elle se dit qu'ils allaient la voir avant de se rappeler qu'O'Connor savait ce qu'il faisait.

Les hommes de Wiley passèrent en silence devant la position d'O'Connor. Le serpent mortel avait fini par disparaître dans les fourrés et les tueurs progressaient avec aisance sur la piste, chacun muni d'un M4A1, les carabines utilisées par le Special Operations Group. O'Connor compta sept hommes avant que leur leader ne déclenche le piège lumineux qui explosa dans un éclair aveuglant. O'Connor pressa aussitôt les détentes des Claymore et la nuit s'embrasa dans un vacarme assourdissant. Chacun posté à une extrémité de la zone d'embuscade, Huayta et Aleta ouvrirent le feu, vidant tous les deux leurs chargeurs. Quand la fusillade s'interrompit, un des rescapés gémit et chercha à s'éloigner du carnage. O'Connor l'abattit. Un silence hallucinant tomba sur la jungle... avant d'être brisé par une rafale de fusil-mitrailleur. Aleta hurla et s'écroula dans les feuillages. Un des hommes resté en arrière-garde n'avait pas franchi le périmètre d'embuscade. Il tira à nouveau, des flammes orange trahissant sa position. O'Connor visa soigneusement avant de riposter. Le silence revint.

O'Connor courut jusqu'à la position d'Aleta.

— Où es-tu touchée ?

Elle gisait à terre, le visage blafard, du sang ruisselant sur son avant-bras.

— Ce n'est rien. Juste une égratignure au poignet, dit-elle avec un vaillant sourire.

— Reste allongée, dit-il avant d'inspecter sa blessure. On va soigner ça dans une seconde. Mais, d'abord, je dois m'assurer que plus personne ne rôde dans le coin.

Aussi silencieux que la nuit, il remonta la piste jusqu'au cadavre du dernier tueur et loin au-delà, mais il n'y avait plus personne. Quand il revint, Huayta était en train d'enlever les corps.

— Inutile de les enterrer, déclara O'Connor tandis qu'ils récupéraient armes et munitions. Les animaux les déterreront et les dévoreront de toute manière.

— Un seul portefeuille, dit Huayta. Les autres n'ont rien.

— Il y en a toujours un qui ne respecte pas les consignes. Tant mieux pour nous.

O'Connor banda le poignet d'Aleta et ils revinrent au campement, emportant avec eux toutes les armes récupérées. Ne tenant pas à être pris pour un ennemi, O'Connor s'arrêta à une centaine de mètres et demanda à Huayta de lancer un appel rassurant en quichua. Ils furent accueillis en héros.

Juan Carlos n'était toujours pas revenu.

* * *

— La piste sur cette crête n'a pas été utilisée depuis très longtemps, mais les traces sont faciles à suivre. Comparé à ces coins de jungle qu'on a dû débroussailler, ça va être du gâteau, observa O'Connor tandis qu'ils se préparaient à lever le camp de très bonne heure.

Il leur restait moins d'une demi-journée avant que le soleil n'atteigne son zénith.

— C'est exact, répondit Huayta. Il arrive qu'un chaman l'emprunte, mais elle n'est plus fréquentée depuis des siècles.

— Sommes-nous proches ? demanda Aleta en enfilant son sac à dos, les yeux tournés vers la montagne au loin.

Le versant tapissé de jungle se perdait dans la brume.

O'Connor consulta sa boussole.

— Si les coordonnées du Chiffre sont justes, il nous reste moins de vingt kilomètres à faire, dit-il en ramassant une des carabines confisquées la veille.

— Et les hommes de Wiley ?

— Il y a fort à parier qu'ils sont encore avec l'hélicoptère. On en a éliminé huit cette nuit. Il doit donc en rester deux. Ce matin, je passe devant.

O'Connor appela le jeune garçon auquel Huayta avait confié la charge de fermer la colonne.

— Garde l'œil ouvert, Fernando. Juan Carlos est peut-être encore derrière nous.

La longue marche reprit. Ils dépassèrent le lieu de l'embuscade où les arbres et la végétation avaient subi les ravages des explosions et de la fusillade. La zone où ils avaient déplacé les corps avait déjà été fouillée et O'Connor savait que, d'ici peu, il ne resterait plus que des os. La piste continuait à longer la crête, les forçant à grimper encore et encore, franchissant un sommet pour en découvrir aussitôt un autre devant eux. En dépit de la brume et de la relative fraîcheur, O'Connor était en nage. Soudain, une vallée s'ouvrit devant eux.

Deux heures plus tard, ils atteignirent un torrent, l'eau cascadant sur des rochers polis par le temps. Renzo rejoignit O'Connor.

— Fernando dit qu'il y a quelqu'un derrière nous.

O'Connor retourna en queue de colonne et se cacha derrière un arbre. La carabine en bandoulière, il dégaina le Glock. Encore une fois, il attendit.

Quelques minutes plus tard, Juan Carlos apparut, progressant avec méfiance. O'Connor le laissa venir quasiment à sa hauteur avant de surgir devant lui.

— Donne ton sac, ordonna-t-il.

— Je vais bien, répondit Juan Carlos.

O'Connor braqua son Glock entre ses deux yeux.

— Donne-le.

Le guide blêmit alors qu'Aleta les rejoignait, fusil-mitrailleur à la main. Il obéit.

— À plat ventre, ordonna O'Connor en s'emparant du sac qu'il tendit à Aleta.

Il ne lui fallut pas longtemps pour trouver un téléphone satellitaire Iridium et trois batteries de rechange cachés dans un compartiment secret. O'Connor vérifia le journal d'appels. Depuis qu'ils avaient quitté Itahuania, Juan Carlos avait joint un seul et même numéro deux fois par jour.

— Pas difficile de savoir qui était au bout du fil, maugréa O'Connor.

Après lui avoir lié les poignets dans le dos, il attacha Juan Carlos sur les énormes racines d'un ceiba.

— Je vous demande pardon, dit Huayta qui venait de les rejoindre. Je me sens responsable… et trahi, ajouta-t-il, l'air profondément offensé. Autrefois, cet homme voulait devenir chaman, mais nous avions jugé qu'il n'en était pas digne. Je n'avais jamais envisagé qu'il irait jusqu'à nous trahir.

— La pomme pourrie du panier, dit O'Connor. On n'a pas le choix : si on veut arriver à temps pour le zénith, il faut continuer, même si les hommes de Wiley sont derrière nous.

Deux heures plus tard, il fit stopper la colonne et posa un genou à terre. Sous les feuilles en décomposition et les autres détritus qui formaient le tapis de la jungle, il avait repéré quelque chose d'inhabituel dans la pénombre. S'emparant de sa machette, il écarta quelques feuilles, mettant au jour des pierres très anciennes.

— On approche. Les coordonnées indiquent que nous sommes à moins de cent mètres.

— Soyez prudents, se contenta de dire Huayta.

O'Connor consulta sa montre, se demandant si la prudence était encore de mise. Dans moins d'une heure, le soleil atteindrait son apogée. Ils repartirent, Aleta et lui, le reste du groupe demeurant désormais derrière eux. Les pierres étaient difficiles à suivre sous les feuilles et O'Connor devait tailler un passage à travers les broussailles et l'épaisse végétation. Soudain, il se retrouva à l'orée d'une petite clairière où commençait une allée assez semblable à celle qu'ils avaient déjà rencontrée. Il fit encore un pas avant de sentir quelque chose contre sa jambe.

— À terre ! hurla-t-il en repoussant Aleta.

Il avait déclenché un mécanisme assez rustique qui avait relâché un immense rocher enfermé dans une sorte de filet en osier. Suspendu grâce à des lianes tressées, le boulet passa à une vitesse ahurissante sur le sentier, les frôlant de quelques centimètres. Choquée, Aleta écarquilla les yeux.

— Ne bouge pas, dit calmement O'Connor.

Ils attendirent le retour du rocher qui se balança encore un moment avant de ralentir sa course.

— Premier piège évité, fit-il avec un sourire en l'aidant à se relever.

— Il en reste combien ? demanda-t-elle, haletante.

Ils traversèrent la clairière avec prudence, avançant sur les pierres pour s'enfoncer à nouveau dans la jungle. La canopée était si épaisse maintenant qu'il faisait presque nuit.

— Si la cité perdue se trouve par ici, je comprends pourquoi aucun satellite ne l'a jamais repérée, dit O'Connor. Bientôt, il va falloir allumer nos torches.

La piste les conduisit à une rivière qu'ils franchirent pour soudain se retrouver face à un mur recouvert de mousse.

— Regarde les jointures des pierres... C'est une construction inca ! s'exclama Aleta.

— Oui, acquiesça-t-il.

Elle lui saisit le bras.

— Qu'est-ce que c'est ?

O'Connor les avait vus : deux crânes montés sur des piques de part et d'autre du sentier, les mâchoires crispées dans une grimace grotesque.

Ils longèrent l'ancienne muraille et, soudain, une entrée apparut. Le groupe s'immobilisa devant la grande arche tandis qu'Aleta s'exclamait dans un murmure étranglé :

— La cité perdue de Païtiti !

53

La jungle avait depuis bien longtemps submergé la ville, mais la forme des bâtiments ne laissait aucun doute. Recouverte d'une mousse épaisse et dure, la Plaza de Armas s'étalait entre quatre grandes pyramides, chacune montant la garde à l'un des points cardinaux. Au milieu de deux des côtés, se dressaient deux tours qui se faisaient face, chacune à une extrémité de la place. Au-delà, O'Connor distinguait d'autres bâtisses en pierre, dévorées par une végétation insatiable.

En proie à des émotions contradictoires, Huayta suivait O'Connor et Aleta de près : il voulait les prévenir des dangers qui les attendaient, mais cela lui était interdit. La prophétie devait se révéler selon la façon choisie par ses ancêtres.

Le silence était étrange et rien, dans l'ancienne cité, ne semblait bouger. Soudain, du coin de l'œil, O'Connor surprit un infime mouvement au sommet d'une des pyramides.

— À terre !

Il poussa Aleta derrière un ancien autel de pierre recouvert d'un plateau en bois.

Fwock ! Une pointe empoisonnée se ficha dans le bois.

— Les Yaminahuas... les protecteurs de la cité, expliqua Huayta. Certains d'entre eux n'ont jamais vu d'homme blanc.

— Eh bien, au moins, nous savons que nous sommes au bon endroit et je suis prêt à parier qu'ils ne sont pas d'humeur à parlementer, répliqua O'Connor.

Huayta acquiesça.

— La seule chose qu'ils comprendront, c'est une démonstration de force de votre part. Tel que le prédit leur propre prophétie. Malgré une attente qui a duré plusieurs siècles, ils ont toujours su qu'un jour les élus viendraient.

O'Connor prit position derrière l'autel et ajusta les viseurs sur son M4A1. Quand un guerrier surgit derrière le sommet d'une des pyramides, il appuya sur la détente. Le cri de l'homme retentit étrangement avant qu'il ne roule sur les marches de l'édifice pour venir s'écraser sur la place. O'Connor se réfugia à nouveau derrière l'autel tandis qu'une volée de flèches s'abattait sur le plateau.

Soudain, la détonation d'un autre fusil déchira le silence. Les guides de Huayta étaient en train d'engager le combat contre les Yaminahuas depuis des positions sur les sommets des murs d'enceinte. Les corps couverts de peintures éclatantes de cinq autres Indiens vinrent s'effondrer sans vie sur la place. Soudain, des sons de flûtes de pan retentirent un peu partout dans la jungle.

— Bon Dieu, c'est quoi, ça ? demanda O'Connor à Huayta.

— Ils vous saluent, dit le chaman avec un grand sourire. Regardez !

O'Connor estima qu'il devait y avoir plus de trois cents guerriers. Ils émergeaient des ombres projetées par les pyramides, vêtus de leurs tuniques de guerre cérémonielles. Chacun portait des amulettes en or et certains des diadèmes dorés sur lesquels étaient fichées des plumes multicolores. Le chant des flûtes de pan s'éteignit doucement tandis que, une à une, elles s'éloignaient dans la jungle. Les Indiens avaient bien reconnu les élus.

— Je veux qu'on poste des sentinelles au sommet des quatre pyramides, annonça O'Connor.

Huayta sourit.

— C'est fait.

Ses hommes grimpaient déjà vers leurs nouvelles positions.

O'Connor consulta sa montre. Moins de vingt minutes avant le zénith... et, ici, le soleil ne se voyait pas ! La tâche semblait impossible et pendant un moment il faillit se décourager. Il parcourut la ville du regard, à la recherche du moindre indice.

— À ton avis, à quoi servent les tours ? demanda-t-il à Aleta.

— Je n'en suis pas sûre... mais il y a des marches.

— Qui sont donc faites pour qu'on les monte.

Il gravit avec prudence celles de la tour la plus proche, Aleta sur ses talons. Quand ils parvinrent au sommet, il poussa un petit sifflement. Une dalle en or massif avait été enchâssée au milieu du parapet de pierre. Elle n'était pas placée à l'horizontale, mais selon un certain angle et, en son centre, était gravée la lettre grecque Φ.

— Les Mayas ne sont pas les seuls à avoir utilisé le nombre d'or dans leur architecture, remarqua Aleta, émerveillée.

— La question est : qu'est-ce que ça signifie ? répondit O'Connor, plaçant son pied sur le symbole sans obtenir le moindre résultat. Sauf si...

— À quoi penses-tu ?

— Ceci doit avoir un lien avec la suite de Fibonacci.

Pour beaucoup, cette série était au cœur du monde naturel : depuis le nombre de graines dans un tournesol jusqu'aux spirales des coquillages ou l'embranchement des arbres, tout cela obéissait au rapport défini par cette séquence mathématique.

— Je me demande si, au lieu d'utiliser le nombre d'or, les Incas n'ont pas choisi l'angle d'or ? se demanda O'Connor.

— Cent trente-sept degrés virgule cinq ?

— Et ça pourrait être l'indice que nous recherchons, poursuivit-il, le cerveau en ébullition. La suite de Fibonacci se retrouve partout dans la nature, dans le dessin des feuilles...

— Le tournesol ! s'exclama alors Aleta. La fleur qui tourne avec le soleil !

— Exactement ! L'angle entre les fleurons du tournesol est de cent trente-sept degrés virgule cinq.

— Et le tournesol est originaire des Amériques. Les Incas y ont peut-être vu un signe ?

— Nous n'allons pas tarder à le savoir.

O'Connor sortit sa boussole pour l'aligner avec le centre du symbole en or.

— Soixante-huit et trois quarts de degré... la moitié de l'angle d'or !

— Et s'il y a une autre dalle sur l'autre tour, il y a de fortes chances pour que ce soit l'autre moitié !

Ils comprirent dans le même instant.

— L'intersection ! s'exclamèrent-ils en chœur.

— Carlos ! Vite ! cria O'Connor en dévalant les marches vers la place. Nous n'avons que dix minutes avant le zénith. Je veux que vous montiez au sommet de l'autre tour et que vous me guidiez pour que je sois dans l'alignement du symbole qui se trouve là-haut. Allez-y, lança-t-il quand Huayta eut atteint la dalle opposée.

— Déplacez-vous un peu plus vers Aleta. Oui… voilà, comme ça.

— Avance, dit Aleta, prenant le relais. Encore… encore… stop.

Il s'empara de son couteau pour gratter la mousse qui recouvrait les pierres ajustées avec une si étonnante précision. La lame s'enfonça profondément dans une couche de débris vieille de plusieurs siècles, révélant petit à petit la forme d'une tête de puma. Dans son sac, O'Connor récupéra celle en or massif qu'ils avaient découverte dans le tombeau. La même taille et la même forme exactement que la gravure en creux dans la pierre. S'assurant qu'Aleta et Huayta avaient bien quitté les tours, il plaça lentement la tête dans le logement qui lui était destiné. À sa grande joie, elle s'y inséra à la perfection. Le sol se mit à trembler tandis que la façade de la tour de gauche s'enfonçait dans la terre, révélant un nouvel escalier en pierre qui n'avait pas vu le jour depuis que les Incas avaient fui l'invasion espagnole et fondé cette cité bien des siècles auparavant.

Aleta ne put retenir un cri de stupeur.

— Les murs… ils sont tapissés d'or !

Huayta acquiesça.

— Oui, des feuilles de vingt-deux carats, confirma-t-il. Comme les murs du temple de Cuzco. Si les Espagnols avaient découvert ceci, ils auraient tout pillé, mais heureusement Païtiti leur a échappé.

— Nous n'avons pas beaucoup de temps, les pressa O'Connor. Deux minutes !

Il s'empara des boîtes contenant les précieux crânes de cristal et les précéda vers la citadelle, fouillant l'obscurité avec le rayon de sa torche. L'escalier descendait tout droit avant de tourner brusquement pour s'arrêter sur le seuil d'une vaste catacombe circulaire munie d'un toit en dôme. Les niches dans les murs étincelèrent dans le rayon de la torche. Elles débordaient d'inestimables artefacts incas : statues en or incrustées d'émeraudes et d'autres pierres précieuses, répliques miniatures du Disque solaire, épis de maïs en argent et grains en or, gobelets en or ou vases remplis d'émeraudes et de turquoises. Mais tout ceci n'était rien comparé au fabuleux alignement qui garnissait toutes les parois de cet ultime sanctuaire : des momies incas en or.

Elles semblaient veiller sur ce qui se trouvait sur le sol au centre de la salle.

— Le Disque solaire et le dernier crâne de cristal ! s'exclama Aleta. Regardez le diamant au milieu !

Le disque sacré en or incrusté de pierres précieuses avait été inséré dans un logement parfaitement circulaire creusé dans la roche. À ses côtés, se trouvaient des cordes de fils d'or qui sans doute avaient servi à le suspendre autrefois dans la Coricancha. Un immense diamant, de la taille d'une boule de billard, était enchâssé en son centre. Juste derrière le disque, un crâne, identique à ceux que détenaient Aleta et O'Connor, reposait dans une petite niche. Une étrange lumière bleue luisait au fond du cristal. O'Connor balaya toute la salle avec le rayon de sa lampe.

— Là-bas ! s'écria Aleta qui ne parvenait plus à contenir son exaltation.

Tout près de l'entrée, une icône en or en forme de crâne avait été gravée dans une dalle.

— Et il y en a une autre de l'autre côté !

Ils sortirent avec précaution les deux crânes pour les placer dans ces emplacements qui leur étaient réservés.

— Et maintenant ? se demanda O'Connor à haute voix.

Au moment même où il posait cette question, un rayon de soleil surgit du plafond.

— Là-haut ! s'exclama Aleta, montrant un petit orifice dans la feuille d'or qui recouvrait la coupole. Il doit y avoir une trouée dans la canopée.

— Que les Yaminahuas ont entretenue pendant des siècles, dans l'attente de ce moment, confirma Huayta avec une crainte mêlée d'admiration.

— Alors, les Yaminahuas sont vraiment de notre côté ? demanda Aleta en observant les particules de poussière dansant dans le rayon de lumière qui ne cessait de prendre de la consistance.

— Oui. Ils vous ont traités en ennemis jusqu'à ce que vous parveniez à tuer plusieurs d'entre eux. C'était le signe qu'ils espéraient. Ceux qui ont donné leur vie l'ont fait avec joie. Loin de vouloir se venger, le reste de la tribu est heureuse que ce moment soit enfin arrivé.

Le rayon se renforçait, se déplaçant vers le centre du disque et le diamant. Avec un poids de plus de mille carats, il était de loin le plus gros du monde, bien plus formidable que le Golden Jubilee ou le Cullinan.

Soudain, le rayon lumineux toucha les facettes de la pierre et fut aussitôt séparé en trois, chaque nouveau rayon ainsi créé venant illuminer un des crânes de cristal.

— Le soleil est à son zénith, annonça calmement Huayta. La Prophétie inca va maintenant être révélée.

Le pouvoir d'Inti, le Donneur de Vie, pénétra dans les crânes qui furent instantanément connectés. Des éclairs d'un bleu profond en jaillirent pour venir rebondir sur les murs.

— Reculez et laissons apparaître les images, conseilla Huayta.

— On dirait un hologramme, murmura Aleta, fascinée, tandis que la première image surgissait au-dessus du Disque solaire. Bon sang, on dirait le président des États-Unis et le Premier ministre d'Israël.

— Ils sont dans le Bureau ovale, confirma O'Connor, incapable d'arracher son regard de cette scène inattendue. Et ils sont seuls.

* * *

— Comme vous le savez, monsieur le président, déclara le Premier ministre israélien, quand Eisenhower occupait ce bureau en 1956, mon prédécesseur, David Ben Gourion, l'a trompé. Il ne lui a pas parlé de ses réunions secrètes avec les Anglais et les Français, et Eisenhower a appris notre invasion de Suez par la presse. Je ne veux pas commettre la même erreur. Un Iran doté de l'arme nucléaire est tout simplement inacceptable pour Israël. Nous attaquerons après-demain. Nous n'avons pas le choix.

— À mon tour d'être franc, répondit McGovern avec détermination. Une offensive sur les installations nucléaires iraniennes déstabilisera tout le Moyen-Orient et ceci est tout aussi inacceptable, pour employer votre propre terme, pour les États-Unis. Quinze millions de barils de pétrole – près d'un tiers de la production mondiale – passent chaque jour par le détroit d'Ormuz. Si vous les attaquez, ils le fermeront. Ce qui doublera – quadruplera – l'inflation du jour au lendemain. Les conséquences seraient désastreuses non seulement pour les États-Unis, mais pour le monde entier. Vous devez laisser une chance à la diplomatie.

— Nous avons essayé et cela n'a rien donné. Pas plus que les sanctions.

— Il ne vous reste plus beaucoup d'amis dans le monde, monsieur le Premier ministre, dit le président qui ne retenait plus ses coups. Depuis le désastreux abordage de la flottille d'aide pour Gaza dans les eaux internationales, même la Turquie est contre vous – et c'étaient vos seuls alliés dans le monde musulman. Si vous attaquez l'Iran, un milliard de musulmans considéreront que vous vous en prenez à l'islam.

Le Premier ministre haussa les épaules.

— C'est ce qu'ils ont dit quand nous avons détruit les installations nucléaires irakiennes en 1981 et ce qu'ils ont répété quand nous avons attaqué le réacteur syrien à al-Kibar. Le monde doit comprendre que nous ne resterons pas les bras croisés alors que nos ennemis se dotent d'armes capables d'accomplir le vœu le plus cher d'Ahmadinejad : rayer Israël de la carte !

La colère entre les deux hommes était palpable et le réseau d'éclairs qui unissait les crânes de cristal s'intensifia tandis que l'hologramme changeait pour montrer la base aérienne de Ramon dans le désert du Néguev où le colonel Erez Rosenberg briefait ses pilotes de F-15 et F-16.

* * *

Aleta poussa un petit cri.

— Mon Dieu ! Ce n'est pas possible.

— Malheureusement, ça le sera, sauf si nous changeons résolument de cap, dit O'Connor. Quant à cette réunion entre les deux chefs d'État... Avant que nous ne quittions Cuzco, les médias en annonçaient une dans trois jours.

— Nous avons encore beaucoup à apprendre quant à la nature du temps, déclara Huayta. Même la façon dont sont créés ces hologrammes n'est pas totalement comprise, mais cette réunion dans trois jours sera identique à celle que vous venez de voir. Si vous voulez changer cette prophétie, il vous faut trouver un moyen de prévenir votre président.

— Même si je pouvais rejoindre Washington sans me faire arrêter, les mots n'auront jamais un impact suffisant, répliqua O'Connor qui réfléchissait à toute allure. Ces conditions – je veux parler de cet endroit et de cet instant – sont-elles les seules qui permettent d'activer les images ? Si nous trouvons un moyen de diriger un rayon de lumière sur les trois crânes en même temps, cela donnera-t-il le même résultat ?

Huayta acquiesça.

— Si vous parvenez à reproduire ces conditions, le disque fera le reste.

— En d'autres termes, un simple laser – un rayon de photons – pourrait simuler le zénith ?

— Exactement, déclara le vieux chaman.

— Et où, au juste, comptez-vous emmener ces artefacts qui sont la propriété du peuple péruvien ?

O'Connor et Aleta se retournèrent pour découvrir Howard Wiley, accompagné par un commando du Special Operations Group de la CIA en cagoules noires et treillis de camouflage. Les guides de Huayta, postés sur le périmètre de la cité perdue, n'avaient pas été de taille face à l'unité de forces spéciales la plus secrète des États-Unis.

Wiley se tourna vers leur commandant.

— Qu'on charge les artefacts dans mon hélicoptère. Quant à vous deux, ajouta-t-il en se tournant vers O'Connor et Aleta, vous êtes en état d'arrestation. Vous serez rapatriés vers notre ambassade à Lima où, bien sûr, vous aurez droit aux services d'un avocat, ricana-t-il. Puis vous serez extradés vers les États-Unis où vous serez jugés pour haute trahison... ce qui vous vaudra la peine de mort.

54

Quartier général de la CIA

Dans la salle de l'opération Inca, Megan Becker regarda avec incrédulité le reportage en provenance de Lima. L'image d'O'Connor et de Weizman, menottés et sous bonne garde, fut remplacée par celle d'un podium dressé dans l'enceinte de l'ambassade sur l'Avenida La Encalada. Une conférence de presse allait démarrer.

— Je suis heureux d'annoncer au peuple américain, commença Wiley, que l'agent traître en fuite, Curtis O'Connor, ainsi que sa complice, le docteur Aleta Weizman, ont été capturés alors qu'ils tentaient de voler des artefacts d'une valeur inestimable sur un ancien site inca du bassin amazonien. Ils sont à présent sous les verrous.

Visiblement fier de lui, il contempla le groupe de journalistes triés sur le volet, leur signifiant d'un signe de la tête qu'il était prêt à répondre à leurs questions.

— Quelles sont exactement les charges qui pèsent contre eux ?

— Pour commencer, trahison. Quant au reste, il faudra attendre que nous ayons achevé nos investigations. Les autorités péruviennes nous accordent une totale coopération dans cette affaire et l'extradition ne devrait être qu'une formalité.

— Seront-ils appelés à comparaître devant la commission d'enquête sénatoriale ?

— Les preuves contre O'Connor et Weizman sont irréfutables. Je pense que le Sénat a mieux à faire que de s'occuper d'affaires qui seront jugées par un tribunal.

— Et qu'en est-il de ces artefacts ? Est-il vrai qu'O'Connor et Weizman ont découvert la cité perdue de Païtiti ?

Le visage de Wiley se congestionna.

— Vous ne tarderez pas à apprendre qu'ils n'ont pas grand-chose à voir avec cette découverte. Les guides locaux connaissaient cet emplacement depuis très longtemps. L'essentiel est que ces objets seront bientôt rendus aux autorités péruviennes, dit-il, mettant un terme abrupt à la conférence de presse.

— Eh bien, on dirait qu'O'Connor et Weizman vont enfin recevoir ce qu'ils méritent, observa Davis.

Becker l'ignora et retourna à son bureau. Son iPhone vibra et son pouls s'accéléra quand elle ouvrit le texto en provenance d'un numéro inconnu :

Rodriguez a repris conscience - veut vous voir. Urgent.

* * *

Une heure et demie plus tard, Becker fut autorisée à pénétrer dans le couloir menant à la chambre de soins intensifs de l'hôpital militaire.

— Dustin Coburn.

L'avocat lui offrit une main énorme qu'elle accepta.

— Megan Becker. Elle s'est réveillée ?

— Hier matin et vous êtes l'une des premières personnes qu'elle a demandées.

— A-t-elle identifié son agresseur ?

— Oui et ça a été confirmé. Mais elle vous dira tout elle-même.

— Quelques minutes seulement, madame, elle est encore très faible, prévint une des infirmières.

Quand Becker pénétra dans la pièce, un maigre sourire apparut sur les lèvres de Rodriguez. De multiples tuyaux s'enfonçaient dans son corps très amaigri, mais le moniteur montrait un rythme cardiaque solide et régulier.

— Ellen… je suis si heureuse de vous voir, dit Becker en lui prenant la main.

— Moi aussi. Mais cet enfoiré a bien failli m'avoir… C'était Wiley, Megan.

— Wiley ? s'exclama Becker. Ellen… pardonnez-moi, mais vous êtes sûre ?

— Wiley, répéta Rodriguez d'une voix étranglée, à peine audible.

Dustin Coburn qui avait suivi Becker dans la chambre prit la parole.

— Juste après l'agression, le FBI a prélevé des échantillons de peau sous les ongles d'Ellen, mais, jusqu'à présent, nous n'avions aucune correspondance ADN.

— Et vous voulez dire… ? demanda Becker, éberluée.

La perspective d'un directeur adjoint des opérations de la CIA tentant lui-même d'assassiner un témoin avait quelque chose d'ahurissant. Pire même, de grotesque.

— Dès qu'Ellen a repris conscience, elle nous a parlé de Wiley. Le FBI s'est donc rendu dans son appartement et les résultats du labo viennent de nous parvenir. L'ADN correspond.

— Mon Dieu. Il faut que j'informe la Maison Blanche, dit Becker en déposant un baiser sur le front d'Ellen. Vous êtes si courageuse. C'est stupéfiant. Je reviens le plus vite possible.

* * *

— Le chef de cabinet ne peut pas être dérangé, Megan. Il est avec le président.

Rares étaient ceux qui osaient défier Donna Ferguson, la gardienne de la porte du président McGovern, mais Becker en faisait partie.

— Vous allez devoir les déranger tous les deux. Croyez-moi, Donna, le président voudra entendre ce que je vais lui dire.

Donna Ferguson secoua la tête.

— Le Premier ministre israélien arrive demain et ils sont en train de préparer ce sommet. Quoi que ce soit, vous devrez attendre.

— J'arrive de Bethesda, Donna. Rodriguez a repris conscience. Je pense que le président doit savoir qui a tenté de l'assassiner avant que CNN ne le révèle au monde entier. Pas vous ?

* * *

— Il vaudrait mieux pour vous que ce soit important, Becker, maugréa Chuck Buchanan qui devant tant d'insistance avait dû quitter le président.

— Ne me prenez pas pour une idiote ! rétorqua-t-elle. Et écoutez.

À mesure qu'elle parlait, la bouche de Buchanan s'affaissait.

— Seigneur Dieu ! Ils en sont sûrs ?

— Vous croyez que je serais ici sinon ? Dustin Coburn n'est pas né de la dernière pluie, Chuck, et il ne gardera pas le secret très longtemps. Mais, surtout, il est désormais établi que Wiley est capable d'assassiner ceux qui pourraient l'incriminer… et je songe à deux personnes, actuellement entre ses mains, qui appartiennent justement à cette catégorie. Si vous croyez qu'O'Connor et Weizman quitteront Lima sains et saufs, vous vous faites des illusions. Leur extradition doit absolument être supervisée et accélérée.

Buchanan secoua la tête.

— Vous vous battez contre des ombres, Becker. C'est au système judiciaire de s'occuper de ça. La Maison Blanche ne s'en mêlera pas.

— Mais putain, bordel, Chuck, réfléchissez ! Comment, selon vous, réagira Wiley quand il apprendra le réveil de Rodriguez ? Il faut prévenir le président sur-le-champ et l'un de vous deux doit appeler l'ambassadeur au Pérou pour faire arrêter ce sinistre connard. Sinon, c'est sur vous que ça retombera !

— Je vais ignorer cette dernière remarque, Becker. Je n'apprécie guère les menaces.

— Et je n'apprécie guère qu'on m'envoie travailler pour un psychopathe, Buchanan. Le président et vous m'avez mise sous les ordres de ce malade. Je démissionne, et si vous refusez de prendre des mesures, je préviendrai le président – et la nation – *via* les médias.

Elle tourna les talons.

— Attendez ! dit Buchanan, soudain moins sûr de lui. Je vais voir s'il peut se libérer.

— Non. Vous me faites entrer ou je m'en vais pour de bon.

55

Ambassade américaine, Lima

L'ambassadeur Edwin Sanchez prit l'appel dans son bureau. Depuis quelques heures, la CIA avait quasiment envahi son ambassade, mais cette pièce demeurait son sanctuaire. En bon diplomate, il avait accepté avec calme, mais non sans appréhension, cette intrusion. Il savait d'expérience que l'agence était généralement composée d'hommes et de femmes honnêtes et convenables, mais qu'il y avait aussi parmi eux quelques « cowboys ». Il était convaincu que l'opération secrète actuellement dirigée depuis ses locaux était l'œuvre de certains nostalgiques du Far West.

— Edwin… Ici, William McGovern.

— Monsieur le président. En quoi puis-je vous aider ?

— C'est une longue histoire, mais je vais faire court.

Sanchez écouta avec une incrédulité croissante. En quarante années de service au département d'État, il n'avait jamais connu de situation aussi extravagante – ni aussi explosive – que celle que le président était en train de lui exposer. Durant la conversation, il appela sa secrétaire pour lui tendre une note. Peu après, le commandant du Special Operations Group, Hank Perez, qui avait servi en Afghanistan et en Irak, pénétra dans le bureau.

— Vous vouliez me…

Levant la main, Sanchez lui imposa le silence et continua à parler dans le combiné.

— Je comprends. Il vient d'arriver.

L'ambassadeur baissa le téléphone pour s'adresser à Perez.

— Vous êtes désormais sous mes ordres. Monsieur Wiley doit être arrêté et mis en détention jusqu'à nouvel ordre.

— Vous rigolez ? C'est une mission clandestine et vous n'avez pas autorité...

Sanchez sourit et reprit le téléphone.

— Monsieur Perez semble éprouver quelques réticences à prendre ses ordres de moi, mais peut-être vous écoutera-t-il.

L'ambassadeur tendit l'appareil à l'agent.

— Vous êtes qui vous, bordel ? demanda Perez.

Ce fut avec une certaine jubilation que Sanchez le regarda blêmir.

56

La Maison Blanche

Les médias ignoraient encore que Rodriguez avait repris connaissance ; on ne les informa pas non plus de l'arrivée de l'avion de la CIA en provenance de Lima à la base d'Andrews. Deux 4 x 4 noirs du Secret Service déposèrent leurs passagers devant l'aile ouest, où O'Connor, Aleta et Carlos Huayta furent aussitôt escortés en salle de crise.

— Ravie de te revoir, dit Becker en serrant chaleureusement la main d'O'Connor.

Tandis qu'on la présentait, Aleta se demanda ce qu'il y avait pu avoir entre cette séduisante scientifique et lui, mais ses interrogations furent interrompues par l'arrivée du chef de cabinet de la Maison Blanche.

— Je vous donne dix minutes, dit Buchanan. Le président et le Premier ministre ont un emploi du temps très serré.

O'Connor se tourna vers les techniciens en grande discussion avec Huayta. Suivant les indications du chaman, ils étaient en train de placer les crânes de cristal et l'antique Disque solaire sur une sorte d'estrade à l'autre bout de la pièce. Un projecteur laser avait été fixé au plafond. O'Connor adressa un clin d'œil à Aleta avant de s'adresser au chef de cabinet.

— Quand la séance de cinéma va commencer, je peux vous assurer qu'ils vont vite oublier leur emploi du temps, Buchanan.

Peu après, le président McGovern et le Premier ministre israélien prirent place au bout de la longue table vernie. O'Connor préféra laisser parler Carlos Huayta, mais le chaman s'en tint au strict minimum. Les hologrammes, il le savait, auraient bien plus d'impact. Il fit un signe de tête vers les techniciens.

Un étroit rayon vert vint frapper le gros diamant au milieu du disque au même endroit exactement que le rayon de soleil dans la jungle. Il se divisa en trois lignes qui vinrent chacune se ficher dans un des crânes qui, aussitôt, émirent un étrange bourdonnement. Sous le regard fasciné du président, des fils de lumière bleue jaillissant de l'intérieur des cristaux se réunirent pour former une grille mouvante au-dessus du disque et un hologramme scintillant apparut. Le Premier ministre israélien sursauta quand il reconnut la base aérienne de Ramon. Le colonel d'aviation Erez Rosenberg était en train de s'adresser à ses pilotes pour la première de leurs attaques sur l'Iran.

— Nous partirons vers le sud et le golfe d'Aqaba, expliquait-il. Une fois que nous atteindrons la frontière jordano-saoudienne, nous obliquerons vers l'est pour la suivre dans l'espace aérien jordanien, mais rappelez-vous, souligna le vétéran de l'attaque de 2007 sur le réacteur syrien d'al-Kibar, il faudra voler à cent cinquante pieds au-dessus du sol et utiliser les signaux d'appel saoudiens. Toutes les transmissions radio se feront en arabe. Les Jordaniens doivent être persuadés que nous sommes un appareil saoudien qui a un peu dévié de sa route. Quand nous passerons dans l'espace saoudien, nous utiliserons les signaux jordaniens. C'est ici que nous larguerons les réservoirs de carburant extérieurs.

Rosenberg montrait une zone dans le nord du désert saoudien.

— Nous sommes en train de prévenir les Américains et l'espace aérien irakien sera ouvert, nous donnant un accès direct à la frontière iranienne. Les cibles essentielles sont l'usine d'enrichissement d'uranium à Natanz et le réacteur à eau lourde d'Arak.

L'hologramme changea, abandonnant la salle de briefing pour les déserts du centre de l'Iran. Des jets israéliens hurlaient vers le réacteur d'eau lourde, volant à quelques mètres à peine au-dessus du sable. Soudain, le F-16 de tête grimpa rapidement, vira et plongea. À trois mille cinq cents pieds exactement, le pilote lâcha une bombe de deux mille livres. Le dôme du réacteur explosa dans une énorme boule de feu et de fumée, relâchant des particules radioactives mortelles que le vent poussa vers Téhéran. D'autres engins frappèrent les laboratoires et l'usine d'eau lourde.

Les explosions disparurent et les remparts de la porte de Damas dans la vieille ville de Jérusalem les remplacèrent. Une immense foule de Palestiniens furieux y était rassemblée. Les forces de sécurité israéliennes, armées de fusils à balles en caoutchouc, de gaz lacrymogène et de canons à eau les empêchaient d'accéder à la mosquée al-Aqsa pour la prière du vendredi.

Ahmed Shahadi portait un simple sac à dos. Il saisit le détonateur dans sa poche et se fraya un chemin vers le barrage policier qui bloquait les Palestiniens tandis que les Israéliens se voyaient accorder le droit d'aller se recueillir au mur des Lamentations. Un vieil Arabe vêtu d'un keffieh noir et blanc abreuvait les soldats d'insultes. Shahadi s'approcha du barrage et un jeune réservite israélien armé d'un fusil d'assaut Tavor s'avança.

— *Allahou Akbar.* Pour la petite Rashida ! hurla Ahmed en pressant la détente qui fermait le circuit.

Dans un éclair blanc aveuglant, l'explosion de la bombe atteignit une température de cinquante millions de degrés, cinq fois plus élevée qu'à la surface du soleil.

La porte de Damas et les vénérables murailles de Jérusalem qui avaient survécu à des siècles de guerres et de bombardements furent aussitôt vaporisées. Un immense nuage de débris radioactifs s'éleva à des milliers de mètres dans les airs, couronné par un immense champignon atomique, plus vénéneux que tous les poisons de la Terre réunis. La chaleur fut suivie par une onde de choc hallucinante. Les vents atteignirent six cents kilomètres par heure tandis que la vague balayait tout sur son passage. La Vieille Ville de Jérusalem fut éradiquée : le mur des Lamentations, le dôme du Rocher, la mosquée al-Aqsa oblitérés, les souks et les ruelles avoisinantes dévorés. Partout, les cadavres de milliers de juifs, de musulmans et de chrétiens, israéliens ou palestiniens, touristes ou locaux, jonchaient le sol là où la tempête de feu les avait saisis, le tissu de leurs vêtements soudé à leurs chairs carbonisées. Des milliers d'autres, encore vivants, mais atrocement brûlés poussaient des cris d'agonie. Invisibles, des neutrons, des rayons alpha et gamma et des électrons fonçaient dans toutes les directions à des vitesses qui approchaient celle de la lumière. Des milliers d'autres victimes ne survivraient pas aux radiations mortelles et des centaines de milliers d'autres finiraient par succomber à des cancers interminables et atroces.

La scène changea. Un petit avion avait pénétré dans l'espace aérien au-dessus de New York et la tour de contrôle tentait frénétiquement de joindre le pilote.

— Beechcraft November Un Huit Zéro Neuf Victor, vous vous trouvez dans un espace interdit. Je répète, vous vous trouvez dans un espace interdit. Virez à tribord, cap 270. Je répète, virez à tribord, cap 270, maintenez une altitude de deux mille pieds.

Mais ces appels désespérés ne recevaient aucune réponse. Soudain, apparut une patrouille de deux F-15 Eagle du Massachusetts Air National Guard 102nd Fighter Wing. Les deux appareils se lancèrent en piqué pour attaquer le Beechcraft.

Le pilote leader du premier F-15 verrouilla sa cible, mais avant que le missile AIM-9 Sidewinder n'atteigne son but, New York fut frappé par une explosion nucléaire cataclysmique. La bombe au plutonium pulvérisa le mémorial de Ground Zero et, dans les ruines incandescentes de Manhattan, les corps de dizaines de milliers de personnes furent brûlés au point de devenir méconnaissables.

De l'autre côté de l'Atlantique, une autre déflagration aveuglante apparut entre l'abbaye de Westminster et les Chambres du Parlement, mettant la Tamise en ébullition. L'hologramme changea pour montrer les poutres d'acier fumantes et tordues de ce qui avait été le Harbour Bridge de Sydney. Un nuage de fumée radioactive passait au-dessus du cratère qui avait remplacé l'Opéra.

Le président Ahmadinejad, visiblement choqué, apparut sur Al Jazeera, condamnant les bombardements israéliens et niant avoir jamais détenu la moindre information concernant les attaques apparemment coordonnées sur les villes occidentales. Pour une fois, il disait la vérité. Le général Shakiba et le Yawm al-Qiyamah Jihad avaient pris le contrôle, vouant la civilisation occidentale à la destruction. Ahmadinejad plaida pour un cessez-le-feu, mais il était trop tard.

Dans une formidable gerbe de flammes et de fumée blanche, un missile bleu et blanc étincelant quitta son silo sur la base de Palmachim, au sud de Tel Aviv. L'engin de quinze mètres de long et de trente tonnes prit rapidement de la vitesse, tonnant dans le ciel pur de la Méditerranée, semant derrière lui un long panache. Un autre missile le suivit puis un autre et un autre ; les ordinateurs de bord étaient programmés pour frapper Téhéran, Qom, Ispahan, Shiraz et une douzaine d'autres villes iraniennes.

Le général Shakiba apparut dans son bunker de commandement situé dans une chaîne montagneuse au nord de l'Iran. Il contemplait les photos satellite qui affluaient sur ses écrans de contrôle avec une fureur croissante. Téhéran n'était que ruines fumantes, les majlis et la mosquée de l'ayatollah Khomeini avaient été transformés en cratères radioactifs. Des dizaines de milliers de corps jonchaient les débris atomisés de ce qui avait été une ville. Des centaines de milliers d'autres, agonisants, gisaient sans que personne ne puisse leur venir en aide.

— L'Occident tente de détruire l'islam ! Activez l'opération Badr, ordonna Shakiba.

Badr avait été la première victoire significative de Mahomet sur les forces païennes de La Mecque, adressant au monde le signal de l'émergence de l'islam.

Des vérins hydrauliques ouvrirent les épais toits de béton des silos de missiles enfouis dans les montagnes de l'Elbourz et du Zagros, révélant les cônes mortels des Shahab-3. Ceux-ci étaient stratégiquement déployés sur des centaines de kilomètres et visaient chacun une cible différente. D'immenses nuages de combustion surgirent des cheminées d'évacuation creusées dans les montagnes au nord de Shahrak-e-Moallem, Chashmidar et d'une douzaine d'autres sites. Les missiles géants survolèrent le pays ravagé pour foncer hors de l'atmosphère terrestre à plus de cinq mille kilomètres par heure, certains pour retomber sur Tel Aviv et plusieurs villes et bases israéliennes tandis que d'autres allaient frapper les bases américaines au Proche-Orient, vitales pour le ravitaillement de l'immense flotte de guerre. La gigantesque base de la 5e flotte à Bahreïn se transforma en boule de feu, les carcasses tordues des navires détruits alors qu'ils étaient amarrés rappelant Pearl Harbour. Trois supertankers brûlaient dans le détroit d'Ormuz, provoquant la fermeture de celui-ci et l'arrêt de la fourniture de pétrole.

Un nouvel hologramme remplaça l'ancien. De retour à la Maison Blanche, McGovern, l'air sombre, présidait le Conseil de sécurité nationale. Le vice-président, le secrétaire d'État, le secrétaire à la Défense, le secrétaire à l'Énergie et le chef d'état-major étaient assis dans la pièce même où la prophétie était en train de se révéler. Des conseillers occupaient les chaises le long des murs et tous les écrans montraient des reportages en direct de l'holocauste en cours.

— Il faut réagir, monsieur le président ! gronda le chef d'état-major. C'est une déclaration de guerre !

— Le président de la Russie sur la ligne sécurisée, monsieur le président, annonça le chef de cabinet.

McGovern prit l'appel.

— Nous devons rester en dehors de cette affaire, prévint le président russe, de sa voix sourde et gutturale. Israël, et Israël seul, est responsable.

— Nous n'avons aucune querelle avec la Russie, répondit le président, mais nous ne pouvons rester sans réagir tandis que nos hommes se font massacrer.

— Je vous préviens, monsieur le président, n'alimentez pas cette escalade vers la violence.

McGovern baissa le téléphone. Mâchoires serrées, il expliqua la position russe aux personnes présentes dans la pièce.

— Ce n'est que du bluff, aboya le chef d'état-major. Les Russes ne prendront pas le risque d'être frappés à leur tour. Il faut éliminer l'Iran, la Corée du Nord, le Pakistan et la Syrie de l'équation nucléaire !

Le bourdonnement d'électricité à haut voltage entre les crânes atteignit un crescendo tandis que des missiles intercontinentaux Minuteman, transportant leurs effroyables têtes nucléaires multiples, jaillirent en rugissant de leurs silos sur la base de Vandenberg sur la côte californienne.

L'un après l'autre, les bombardiers stratégiques à géométrie variable B1-B Lancer prirent leur envol depuis la base d'Ellsworth dans le Dakota du Sud et de Dyess au Texas, en direction de l'Iran. Les sous-marins nucléaires USS *Maryland, Nevada* et *West Virginia* lancèrent leurs Trident II depuis les profondeurs de la Méditerranée, du golfe Persique et de l'océan Pacifique.

Des missiles balistiques russes R-36 provenant de silos proches de Nalobikha dans le sud du pays grimpèrent à leurs tours dans les cieux, rejoints par des missiles provenant de Nizhny Tagil dans l'Oural, puis l'hologramme se modifia...

Les images de dévastation furent remplacées par celles d'un hiver nucléaire glacial étreignant la planète. Des centaines de millions de personnes étaient mortes et des centaines de millions d'autres agonisaient. Les immenses incendies dans les villes avaient expédié des millions de mètres cubes de fumées dans la troposphère, à dix kilomètres d'altitude, où, réchauffées par le soleil, elles montaient encore vers la stratosphère où elles allaient demeurer, bloquant la lumière du soleil pendant des années et provoquant une chute durable et terrible des températures à la surface du globe. Des millions de tonnes de suie absorbaient les radiations solaires, réchauffant les gaz environnants et brisant la couche d'ozone. Un trou aussi grand que le sous-continent indien s'était formé dans celle-ci, permettant aux mortels rayons ultraviolets de saturer la Terre.

Les plaines autrefois fertiles étaient réduites à l'état de déserts et les réserves de nourriture s'effondraient. Les images d'êtres humains mourant de faim par centaines de millions s'effacèrent lentement tandis que les filaments bleus qui reliaient les crânes s'éteignaient. Un silence halluciné emplit la salle de crise.

Au bout d'un très long moment, seul Carlos Huayta osa reprendre la parole.

— Les politiques que vous menez vous ont conduits au bord du gouffre et à présent vous risquez de tomber dans l'abîme. Tout comme les Incas avaient prévu avec exactitude leur propre destruction des mains des Espagnols, les crânes ont envisagé la destruction de votre propre civilisation. La course à l'armement nucléaire en est le signe avant-coureur.

Le vieux chaman s'interrompit pour laisser ses paroles pénétrer chacun.

— Mais il existe une autre voie, dit-il, et les tout premiers mots de la Prophétie inca expliquent comment l'emprunter : « Quand l'Aigle du Nord et le Condor du Sud voleront ensemble, la Terre se réveillera. » L'Aigle du Nord est le monde moderne, développé, expliqua Huayta. Les grandes puissances possèdent d'immenses richesses matérielles, mais beaucoup des vôtres sont spirituellement et culturellement appauvries. Le Condor du Sud représente les peuples qui sont restés proches de la terre. Ils possèdent la sagesse qui provient du lien avec le monde naturel. L'Aigle du Nord ne sera jamais libre tant qu'il ne volera pas avec le Condor du Sud. Si nous parvenons à les rassembler, il en résultera une grande harmonie.

J'appartiens au peuple q'ero, les derniers des Incas qui ont fui en haute altitude pour échapper aux conquistadors. Nous avons préservé cette prophétie pendant cinq cents ans. Maintenant, nous savons que le *pachacuti,* le grand changement, va se produire. Le moment est venu de rétablir l'ordre des choses.

Il s'interrompit à nouveau pour regarder toutes les personnes présentes autour de la table.

— Le choix, mes amis, conclut-il, vous appartient.

Remerciements

En juillet 2010, alors que je venais tout juste de redescendre de la route tortueuse creusée à flanc de montagne sous le Machu Picchu, je me suis mis à errer dans les rues pavées d'Aguas Calientes. Dans une librairie, je suis tombé sur *Machu Picchu Forever, City of Pilgrims,* un livre fascinant de Mallku Aribalo[1]. Je l'ai contacté et Mallku a gentiment accepté de me rencontrer à Cuzco très peu de temps après. En deux heures, nous n'avons pu qu'effleurer la surface, mais je lui suis reconnaissant pour ce qu'il m'a appris des pratiques chamaniques et des extraordinaires richesses de l'ancienne culture inca. Bien que certaines prophéties prédisent la fin des temps en 2012, Mallku n'est pas de cet avis. Il voit plutôt cette période comme celle d'un *pachacuti* – d'un grand changement – *pacha* signifiant « terre » ou « temps » et *cuti* voulant dire « remettre les choses en ordre ».

La Prophétie inca provient des Q'eros. Pendant cinq cents ans, ceux-ci, les derniers des Incas, sont restés cachés dans les Andes. Mais, en 1949, l'anthropologue Oscar Nuñez del Prado, qui assistait au festival de Paucartambo, a rencontré

1. « Machu Picchu à jamais, cité des pèlerins ». Livre non traduit en français.

deux Indiens qui parlaient le quichua, l'ancienne langue des Incas ; c'est ainsi que l'existence des Q'eros fut révélée. Comme Mallku, les Q'eros croient qu'un grand changement surviendra quand l'Aigle du Nord (l'Occident) et le Condor du Sud (les peuples indigènes qui vivent en harmonie avec *pachamama*, la Terre-Mère) voleront à nouveau ensemble. Un réveil spirituel se produira, une conscience des rythmes de la planète se fera. Quant à moi, je suis d'avis que, si nous ne changeons pas radicalement de cap, nous raterons cette dernière opportunité.

Nous avons déjà frôlé la destruction nucléaire en pas moins de cinq occasions et certains continuent à envisager une attaque contre l'Iran. Quelles que soient les conséquences du rare alignement planétaire qui se produira en décembre 2012, nous avons déjà semé les graines de notre propre destruction, et si nous continuons sur cette voie, nous n'aurons pas besoin que les éléments se déchaînent. Est-ce exagéré ? Non, malheureusement.

La plupart l'ignore, mais le matin du 25 janvier 1995, en conjonction avec des scientifiques norvégiens, des chercheurs américains ont lancé une fusée Black Brant XII à quatre étages pour étudier les aurores boréales dans l'Arctique. Trente pays, dont la Russie, avaient été prévenus que sa trajectoire lui ferait survoler la mer de Barents sur mille cinq cents kilomètres. Mais l'information ne fut jamais transmise à l'équipe de la station radar d'Olenegorsk. Sur ses écrans, la séparation des étages de la fusée pouvait se confondre avec les multiples têtes issues d'un missile Trident lancé par un sous-marin américain. L'alerte nucléaire fut déclenchée et on conseilla au président, Boris Eltsine, une frappe sur les États-Unis. Heureusement, Eltsine était sobre ce jour-là et il refusa de croire que les USA avaient attaqué l'Union soviétique. Dans le cas contraire, la suite de l'histoire aurait fortement ressemblé au scénario horrible décrit dans ce livre. Toute capacité nucléaire, quelle que soit son origine – les USA, la France, le Pakistan, Israël ou n'importe lequel des neuf autres pays qui en sont dotés – est extrêmement dangereuse si elle tombe entre de mauvaises mains, comme le prouve, je l'espère, *La Prophétie inca.* J'ai voulu que ce roman soit un avertissement.

J'ai une dette envers mon équipe chez Penguin : Ben Ball, Belinda Byrne et Arwen Summers ; le talentueux designer Adam Laszczuk, les gens merveilleux du marketing et des relations publiques, dirigés par Sally Bateman et Anyez Lindop ; Peg McColl et Kate McCormick du département des droits qui se tapent les kilomètres de foires aux livres à travers le monde à ma place. Comme d'habitude, Clare Forster, mon agent chez Curtis Brown, a été bien plus qu'un agent : relisant différentes ébauches et fournissant conseils et aide. Je suis reconnaissant à Barak Zero One de m'avoir expliqué le pilotage d'un F-16 Falcon. Et merci à Urania, qui parle si admirablement l'arabe, le français et l'anglais et dont les avis sur la situation libanaise ont été essentiels.

Comme toujours, Robyn qui me voit dans les pires moments a été un monument de force. Antoinette et les amis, je vous en dois une. Caroline Ladewig m'a, encore une fois, prodigué ses sages conseils – un grand merci. À Tom, Wendy et l'équipe de Megalong Books, je frémis à l'idée d'un monde *online* sans librairie – merci d'être là. Merci aussi à mes deux garçons, David et Mark, et à Tammy et Catherine pour votre humour et votre camaraderie.

En rédigeant ce livre, j'ai effectué de considérables recherches au Pérou et dans les Andes afin de connaître par moi-même ces merveilleuses contrées. J'ai aussi consulté des centaines d'ouvrages et documents, mais en dresser ici la liste serait plus que fastidieux. J'ai une dette envers tous ces auteurs.

Les Escales

Jeffrey Archer
Seul l'avenir le dira

Jenna Blum
Les Chasseurs de tornades

Chris Carter
Le Prix de la peur

Titania Hardie
La Maison du vent

Cécile Harel
En attendant que les beaux jours reviennent

Casey Hill
Tabou

Victoria Hislop
L'Île des oubliés

Gregorio León
L'Ultime Secret de Frida K.

Amanda Lind
Le Testament de Francy

Paolo Roversi
La Ville rouge

Eugen Ruge
Quand la lumière décline

Amy Sackville
Là est la danse

RÉALISATION : NORD COMPO À VILLENEUVE-D'ASCQ

CET OUVRAGE
A ÉTÉ ACHEVÉ D'IMPRIMER
SUR ROTO-PAGE
PAR L'IMPRIMERIE FLOCH
À MAYENNE EN OCTOBRE 2012

N° d'impr. : 83407
D.L. : novembre 2012
Imprimé en France